中國學術思想 研究輯刊

六 編

林 慶 彰 主編

第 16 冊

魏晉言意思想研究

沈 維 華 著

陶淵明的生命哲學

鄭 宣 玟 著

花木蘭文化出版社

國家圖書館出版品預行編目資料

魏晉言意思想研究　沈維華　著／陶淵明的生命哲學　鄭宜玟
著 — 初版 — 台北縣永和市：花木蘭文化出版社，2009〔民
98〕

目 2+132／目 2+68 面：19×26 公分
（中國學術思想研究輯刊 六編：第 16 冊）
ISBN：978-986-254-067-1（精裝）
1.（晉）陶潛 2. 學術思想 3. 生命哲學 4. 魏晉南北朝哲學
123　　　　　　　　　　　　　　　　　　　　98015288

ISBN - 978-986-2540-67-1

9 789862 540671

中國學術思想研究輯刊
六　編　第十六冊　　　　　　　　ISBN：978-986-254-067-1

魏晉言意思想研究
陶淵明的生命哲學

作　　者　沈維華／鄭宜玟
主　　編　林慶彰
總　編　輯　杜潔祥
出　　版　花木蘭文化出版社
發　行　所　花木蘭文化出版社
發　行　人　高小娟
聯絡地址　台北縣永和市中正路五九五號七樓之三
　　　　　　電話：02-2923-1455／傳眞：02-2923-1452
網　　址　http://www.huamulan.tw 信箱 sut81518@ms59.hinet.net
印　　刷　普羅文化出版廣告事業
封面設計　劉開工作室
初　　版　2009 年 9 月
定　　價　六編 30 冊（精裝）新台幣 50,000 元

魏晉言意思想研究

沈維華　著

作者簡介

沈維華。國立臺灣師範大學國文學系碩士。曾任國小教師，國立臺灣師範大學國文學系助教。現任臺灣師範大學國文學系講師。專長：老莊思想。授課科目：外系大一國文、散文選及習作及四書等課程。著有：《魏晉言意思想研究》、〈王弼「得意忘象」說析論〉、〈莊子、向郭、支遁之逍遙觀試析〉、〈從形影神談陶淵明的生死觀〉、〈《莊子・德充符》釋義〉及〈試論《莊子》的言意困境與審美超越〉等論文。

提　　要

　　本文論題是「魏晉言意思想研究」。首章說明本文研究的動機、研究的方法，以及前人研究的成果。第二章介紹魏晉言意思想的學術淵源為《老子》、《莊子》、《易傳》三玄。先秦道家老子以「道可道，非常道；名可名，非常名」發其端，說明常道不可說，可說者即非常道。莊子則在繼承老子的基礎上，有言：「可以言論者，物之粗者；可以意致者，物之精也。言之所不能論，意之所不能察致者，不期精粗焉。」從言到意到道，莊子層層遞進，最後臻於「超言意」境，達到先秦道家言意思想的高峰。至於儒家《周易・繫辭傳》則提及：「書不盡言，言不盡意」點出「言不盡意」語源之所出。因此歐陽建才會說：「世之論者，以為言不盡意，由來尚矣。」此為「緣起部」。第三章分別析論魏晉各家的言意觀，如荀粲的「言象不盡意論」、管輅的「微言妙象盡意論」、王弼的「忘言忘象得意論」、嵇康的「言非意」、歐陽建的「言盡意論」、郭象的「寄言出意」、張湛的「言意兼忘」、張韓的「不用舌論」與庾闡的「蓍龜論」等言意思想，對其殊義及勝義進行探討，構成本論文主要內容。此為「析論部」。第四章說明「言不盡意」對魏晉文學及佛學的影響。最後，對魏晉言意之辨之「言盡意」與「言不盡意」二論出發，對其語言所涉及的真理領域（外延真理與內容真理）及「不可說」的問題，加以說明，並回顧、反省本文。

目

次

第一章 緒 論

第一節 問題的緣起

「語言是有聲的思想，思想是無聲的語言。」當人們在思想時，腦子常藉語言進行活動。也就是說，思想通過語言而實現，語言是思想的工具，思想不離語言。兩者相互依賴，各以對方的存在爲自己存在的條件。〔註1〕但是從另一方面來看，人們也常會面臨「辭不達意」的困境，有時甚至「只可意會，不可言傳。」《先知》一書有言：「當你無法和你的思想自在相處時，你就會說話；當你無法再居處於心靈的孤境時，你就會靠你的口舌維生，聲音成爲一種娛樂和消遣。就在你大部份的言談中，思想已被扼殺近半。」〔註2〕換言之，當人們可以和自我的思想自在相處時，即選擇以沉默不語自處。凡事一入言詮，則有主客對立，它即非絕對，唯有選擇沉默不語，思想才得以完整被保存。由此不難發現，語言與思想的關係，至爲密切。

二十世紀，「語言」、「文字」、「符號」等等這些西哲最核心的問題，已在兩種完全不同的研究方向中，被探討得淋漓盡致。其中一個研究方向是以羅素等人爲代表的英美分析學派，他們對語言的看法是，要加強、擴大語言的邏輯功能，因而竭力要求概念的確定性、表達的明晰性及意義的可證實性；另一方向則是指當代歐陸哲學，他們對語言的看法是，要全力弱化、淡化、以至拆解消除語言的邏輯功能，因此他們強調的是語詞的多義性、表達的隱

〔註1〕 竺家寧《中國的語言和文字》（臺北：臺灣書店，1998 年），頁 19。
〔註2〕 吉布蘭《先知》（臺南：大眾書局，1979 年），頁 121。

喻性及意義的可增生性。〔註3〕儘管當代歐陸哲學家要打破語言文字所遵守的邏輯法則，但並非是要取消、否定語言的功能。現代傑出的語言學家索緒爾在《普通語言學教程》一書中說：「離開了語言，我們的思想只是渾沌一片。……思想本身恰似一團迷霧。語言出現之前絕無預先確定的思想可言，一切都模糊不清。」〔註4〕由此看來，西方語言，最終仍是要經由語言本身來尋求突破的。他們這項主張，恰好與中國老莊玄禪的「語言觀」有本質的區別。《道德經》首篇即言：「道可道，非常道；名可名，非常名。」《莊子·知北遊》亦云：「道不可言，言而非也。」魏晉玄學家王弼首唱「忘言忘象得意」說，張韓有「不用舌論」，禪宗則有「不立文字」之說。這些學說，都反覆說明語言文字之局限性，以及「語言背後的東西」——即「道」之不可言說性，且主張破除對文字之執著，並轉向內心的體驗與修養。

但是，中國哲學之「不可說」並未導致哲學言說的沉默，因爲儘管哲學問題大到不可言說，但並非不能言說，反而是要藉著言說去處理哲學的問題。我們面對的是一個活潑多樣的世界，它對於人類既有顯揚的一面，也有隱抑的一面。表現在語言上，就體現爲未說和已說兩個方面。對於未經說出的部分，是有待於我們去掘發和創造的。至於對已說的部份，世人採兩種態度。一是採取消極重覆地說，二是提倡積極創造性地說。一件事情往往經由人們不斷重覆地言說，反倒使原本顯明的內容重新又進入模糊混沌的狀態。爲此，創造性的言說就顯得極爲重要。當然，已說的創造是不同於未說部份內容的創造，爲了維護已說的內容，避免引起重覆言說時所造成的遮蔽現象，人們必須執行形式上的創造，因爲同樣的言說內容是可以接受無限的言說形式。〔註5〕正是在這種意義上，魏晉王弼注《易》及注《老》，郭象注《莊》，《易》、《老》、《莊》對他們而言，係提供可理解的思想材料，亦即文本。王弼、郭象是以讀者的身份，面對《易》、《老》、《莊》的原始義理結構，透過自身存在的時代體驗，進行動態的詮釋活動與理解。王弼的「得意忘言」，郭象的「寄言出意」均屬一方法上的姿態，他們擬藉對《易》、《老》、

〔註3〕 參見恩思特·卡西勒著，于曉譯，《語言與神話》一書之代序——〈從「理性的批判」到「文化的批判」〉（臺北：久大文化、桂冠圖書公司，1990年），頁134。

〔註4〕 同前註，頁134。

〔註5〕 參見張天昱〈說「不可說」——試析哲學言說形式與內容關係〉（北京：《北京大學學報》第一期，1991年），頁92。

《莊》的啓發來理解自我及時代的處境，進而安頓自己的生命。〔註6〕而理解有其語言性，但語言又無可避免有其局限性。如何超越此種「不可言傳」的局限性，而以「心領神會」的方式直探尋繹經典之內涵深蘊，這不僅僅是理解上的問題，也是方法上的問題，魏晉「言意之辨」，即是對此一問題的探討。

第二節　研究的方法

　　勞思光先生在論中國哲學史的方法時，提出四種研究法，其實也是一般哲學的研究方法。這四種方法爲：一爲系統研究法、二爲發生研究法、三爲解析研究法、四爲基源問題研究法。所謂「發生研究法」著眼於一個哲學家的思想如何一點一點的發展變化，而依觀念的發生程序作一種敘述。〔註7〕此法的優點，是能根據哲學家的資料理解，較爲客觀；缺點則是，只見零碎片段的事實資料，較不注意思想的完整系統。所謂「系統研究法」，就是將哲學作系統的陳述，發現或建立哲學的完整架構。〔註8〕這是一種宏觀的方法。此法優點是能完整呈現思想全體，有助於理解，且彌補發生研究法的不足。至於缺點，有兩種情形。一爲哲學家的理論，有時無法避免會有些歧出其系統的觀念。單用此法的研究者，如果只注意與系統相容的觀念，這些歧出的觀念有可能就被遺漏。二爲用系統研究法的學者，有時爲求思想的系統化，不自覺地自行增補了原來哲學家所沒有的說法，因此造成研究的「失實」。〔註9〕上述兩種說法，仔細說來都不能視爲是「系統研究法」本身的缺點，而是研究者之態度失於主觀所致。所謂「解析研究法」，是解析哲學家所用的詞語及論證的確切意義，所根據的是客觀的分析，而非主觀意見。〔註10〕這是一種微觀的方法。有關此法，勞先生說得較爲簡單，約略提到「哲學解析」、「語法解析」等詞，大體上是指當代的「分析哲學」的方法。馮耀明先生則非常重視這種方法。他認爲中國哲學雖「超」乎語言、理論、分析及邏輯等等，

〔註6〕　參見曾春海〈魏晉玄學及臺灣近五十年來研究之回顧與展望〉（臺北：《哲學雜誌》第二十五期，1998年8月），頁46～47。
〔註7〕　見勞思光《新編中國哲學史》（一）（臺北：三民書局，1993年），頁8。
〔註8〕　同前註，參頁6。
〔註9〕　同前註。
〔註10〕　同前註，見頁10。

但要說明及證成此一觀點，卻不得不借助西方哲學，尤其是分析哲學的方法來探討。他說：「要使中國哲學現代化、世界化，發展出一種包含著概念分析、語言分析及邏輯分析的正常話語來表述化，乃當務之急。」〔註11〕此法優點，是對思想可以進行精確而客觀的理解，避免主觀的臆測甚至誤解。至於缺點是此方法無法提供連貫性的觀點或全面的圖象，有見樹不見林之病。〔註12〕此法和系統研究法，在方法上是相反而相成，相得而益彰。解析研究法做得愈精確，則由此建立的系統愈周延而穩固；反之，系統的研究做得愈嚴謹，在系統中的各部分意義的解析也愈準確而清晰。〔註13〕所謂「基源問題研究法」，主要是以邏輯意義的理論還原爲始點，而以史學考證工作爲輔佐，以統攝個別哲學活動於一定設準之下爲歸宿。〔註14〕上述四種方法是目前學術界在從事哲學史研究時最常使用的研究方法。

對於研究魏晉言意思想，筆者是依實際需要兼採各種方法。也就是說，研究者隨著探討子題對象的不同，擇取較恰當的方法作研究。如探究言意之辨的發生及發展的歷程，採用發生研究法；對於探討魏晉各家言意思想時，便轉換選用「系統研究法」或「解析研究法」。本文除兼採上述三種方法外，也使用了「比較法」，如老莊之「詭辭爲用」、惠莊之「詭辭」、中西哲學之「不可說」、道玄佛禪之言意觀、言盡意與言不盡意等等之比較說明。筆者以「原始資料」爲基礎，經由閱讀文獻，將內容及基本問題予以定位，再參酌前人研究成果，選用較合適的研究方法，並加以歸納、分析、比較，而後再加以完整地詮釋。

筆者期待本文能融入「實踐研究法」，因爲系統、發生、解析、比較四種研究法均屬學問思辨的方法，但中國哲學是以「實踐」爲進路的。而實踐的進路，正是要經由實踐的功夫來獲致眞理，〔註15〕也才能對其研究的思想有深入、眞切的體悟，這就是實踐的研究法。

〔註11〕見馮耀明《中國哲學的方法論問題》中〈哲學的現代性與中國哲學的未來——代序〉（臺北：允晨，1989 年），頁 23。

〔註12〕參見《新編中國哲學史》（一），頁 11～12。

〔註13〕見王開府先生〈思想研究法綜論——以中國哲學爲例〉（臺北：《師大國文學報》第二十七期），頁 157。

〔註14〕參見《新編中國哲學史》（一），頁 15。

〔註15〕參見〈思想研究法綜論——以中國哲學爲例〉，頁 181。

第三節 前人的研究成果

魏晉言意之辨是「中國文化發展中義理開創的十大諍辯」〔註16〕之一大問題。此種諍辯雖發生在魏晉時代，但溯其根源，其實可前推至先秦道家之老子，而且即使在當今，言意問題仍是新而又新的問題。

近二十年來，有關魏晉言意思想研究的論著，接連不斷，大部分是學位論文或單篇論文，至於專著成書者，則因學者多以魏晉特定的玄學家做全面的研究，〔註17〕所以至今似尚無以「言意」為主題式研究的重要專書。

碩博士論文，以魏晉言意之辨為專題研究的有：孫大川先生《言意之辨——魏晉玄學對語言的反應及其影響》，本論文是以魏晉玄學對語言的反省為線索，嘗試重估魏晉玄學在哲學史上的地位。劉繩向《魏晉言意之辨與魏晉美學》，本文是從言意之辨對魏晉美學各領域的影響逐一做討論。施忠賢《魏晉言意之辨研究》，是以思想理論為研究方式，提舉說明荀粲、孫盛、韓康伯、王弼、嵇康、歐陽建等人的言意理論，並簡單介紹佛教的言意思想。賴卓彬《言盡意論與言不盡意論》則是從立論背景及本質內容對「言盡意」與「言不盡意」進行討論。

至於單篇論文討論魏晉言意之辨的有：湯用彤〈言意之辨〉一文，收錄於《魏晉思想乙編三種》之《魏晉玄學論稿》。袁行霈〈魏晉玄學中的言意之辨與中國古代文藝理論〉，收錄於《魏晉思想甲編三種》。李煥明〈易學與言意之辨〉、蒙培元〈「言意之辨」及其意義〉、孫尚揚〈「言意之辨」在魏晉玄學中的方法論意義〉、王葆玹〈魏晉言意之辨的發展與意象思維方式的形成〉、王曉毅〈魏晉言意之辨的形成及其意義〉、劉宇〈魏晉玄學與言意之辨〉、余衛國〈一場虛假的論辨——魏晉之際言意之辨剖析〉、劉琦與徐潛〈言意之辨與魏晉南北朝文學思維理論的發展〉、宋協立〈言意之辨：語言的局限性與文學的重要性〉、岑溢成〈魏晉「言意之辨」的兩個層面〉等數十篇。上述諸文皆

〔註16〕牟宗三先生主講、邱才貴整理〈中國文化發展中義理開創的十大諍辯〉（臺北：《鵝湖月刊》一四三期，1987 年 5 月），頁 1。

〔註17〕對魏晉玄學家的專家研究，有林麗眞《王弼》、莊萬壽先生《嵇康研究及其年譜》、謝大寧《歷史的嵇康與玄學的嵇康》、曾春海《竹林玄學的典範——嵇康》、莊耀郎先生《郭象玄學》（以上五書為專書）。莊耀郎先生《王弼玄學》、劉貴傑《竺道生思想研究》、涂豔秋《僧肇思想探究》（上述三書為博士論文）。林麗眞《王弼及其易學》、劉貴傑《支道林思想研究》、周美吟《張湛「列子注研究」》（以上為碩士論文）。

從湯用彤肯定「言意之辨」後，逆溯此問題的淵源、發展，得到許多成果。除了湯氏的研究成果，對大陸的玄學研究產生深遠的影響外，臺灣的學者中，能深辨明析的先驅者、佼佼者，當推牟宗三先生，牟先生所著《才性與玄理》在第七章〈魏晉名理正名〉對魏晉言意之辨有詳細的論說，對於本文的撰寫，有相當大的啟發和幫助。

前面所提的論文，確為研究魏晉言意思想的重要成果，雖有這些重要的成果，然而就言意之辨的淵源、影響，或是張湛、張韓等人的言意思想以觀，都有可以再努力的空間。是以，本文在前人研究成果的基礎上，加詳轉密，希望能對魏晉言意思想有全幅的觀照。

第二章　言意之辨的淵源

　　先秦思想是中國文化的總源頭，所以對亟欲創新的魏晉學者而言，他們最終仍要回歸至先秦典籍中吸取資料，藉由對先秦著作的詮釋來闡明他們的思想。「言意之辨」此一課題，早在《老子》、《莊子》、《易傳》等典籍中出現，但直到魏晉學者選擇此三書作為他們思想的主要依據時，才使典籍中有關言意關係的看法受到重視，進而成為一個論題，引發人們對言意問題的關注，繼而引起廣泛的討論。在討論言意之辨的學術根源——《易》、《老》、《莊》三玄之前，筆者想先對言意之辨興起之本質根源——「品鑒才性」，〔註1〕做簡單的說明。

　　品評人物之所以與玄學有關聯，乃是由於人之才性抽象，不易掌握。葛洪《抱朴子‧清鑒篇》曰：「區別臧否，瞻形得神，存乎其人，不可力為。自非明並日月，聽聞無音者，願加澄清，以漸進用，不可頓任。」〔註2〕湯用彤先生據此推論：「蓋人物偽似者多，辨別極難。而質美者未必優於事功，志大者而又賞識不足。前者乃才性之名理，後者為志識之名理，凡此俱甚玄微，難於辨析。而況形貌取人必失於皮相。聖人識鑒要在瞻外形而得其神理，視之而會於無形，聽之而聞於無音，然後評量人物，百無一失。此自『存乎其人，不可力為』；可以意會，不能言宣（此謂言不盡意）。故言意之辨蓋起於

─────────────

〔註1〕　牟宗三先生說：「由品鑒才性，必然有『言不盡意』之觀念之出現。此為「言意之辨」興起之直接的理由。此理由不是歷史的，而是本質的或問題的」。見牟宗三先生《才性與玄理》（臺北：臺灣學生書局，1993年8月），頁243～244。
〔註2〕　見葛洪《抱朴子》四部備要本，外篇卷之二十一（臺北：臺灣中華書局，1965年），頁169。

識鑒。」〔註3〕此即牟先生所言「識人之難」。〔註4〕因為人之秉賦差異性大，品行良善者未必才能佳，才能佳者又未必品行良善，而才、行兼優者又未必志識俱足。因此，當吾人在品評人物時，對於其細微玄妙處，必當細心體會，因為單憑外形是無法得其神理的。此時人物品鑒帶有些許玄意，這是只可意會，而無法言傳的。由此可見，人物品鑒，莫不是以「言不盡意」來推求名理應有之結論。從歐陽建〈言盡意論〉可讀到這樣的訊息：

> 世之論者，以為言不盡意，由來尚矣。至乎通才達識，咸以為然。
> 若夫蔣公（濟）之論眸子，鍾（會）、傅（嘏）之言才性，莫不引此
> 為談證。〔註5〕

當時魏晉人士莫不引「言不盡意」為談證，可見「言不盡意」論之風行。如蔣濟著文論說「觀其眸子，足以知人」，〔註6〕可惜其理論已佚。《世說新語・文學》提到：「鍾會撰四本論」注曰：「魏志曰：會論才性同異，傳於世。四本者，言才性同，才性異，才性合，才性離也。尚書傅嘏論同，中書令李豐論異，侍郎鍾會論合，屯騎校尉王廣論離。」〔註7〕可惜四本論亦已失傳。《三國志・傅嘏傳》亦曰：「嘏常論才性同異，鍾會集而論之。」〔註8〕此外，劉邵在《人物志・九徵》中亦指出：「夫色見於貌，所謂徵神。徵神見貌，則情發於目。」「物生有形，形有神情；能知精神，則窮理盡性。性之所盡，九質之徵也。」〔註9〕對魏晉人士而言，人物品評所面對的是一整全的具體的生命，他們講求透過神色顯出人物的精神生命，然而，吾人對神色的掌握，必須是建立在經驗的直觀上，〔註10〕此「象徵的直感」是難以用語言文字精準地表

〔註3〕 見湯用彤〈言意之辨〉，收於《魏晉思想乙編三種》（臺北：里仁書局，1995年8月），頁24。

〔註4〕 見《才性與玄理》，頁244。

〔註5〕 見唐・歐陽詢等撰著《藝文類聚，卷十九》（文光出版社，1974年），頁348。

〔註6〕 見晉・陳壽撰，宋・裴松之注《三國志》（臺北：鼎文書局，1975年），頁784。《三國志・魏書卷二十八，鍾會傳》：「中護軍蔣濟著論，謂『觀其眸子，足以知人』。」

〔註7〕 見南朝宋・劉義慶撰、梁・劉孝標注《世說新語，文學第四》卷上之下（臺北：中華書局，1992年），頁8。

〔註8〕 見《三國志》，頁627。

〔註9〕 見陳喬楚註譯《人物志今註今譯》（臺北：臺灣商務印書館，1996年2月），頁29、32。

〔註10〕 參劉繩向《魏晉言意之辨與魏晉美學》（臺北：輔大哲學研究所碩士論文，1992年7月），頁5。

達出來，所以主張「言不盡意」是很自然的事情。由此推知，「品鑒才性」乃是言意之辨之本質根源。總之，言意之辨乃是興起於魏初人物鑒識之活動，並首先以「言不盡意」的形式出現。

歐陽建雖主張「言盡意」，然亦知「言不盡意」自古而然。《周易·繫辭傳上》言：「書不盡言，言不盡意。」〔註11〕此是「言不盡意」語源之所出。《老子》曰：「道可道，非常道；名可名，非常名。」〔註12〕是說明常道不可言說，可言說者即非常道。《莊子·秋水》曰：「可以言論者，物之粗也；可以意致者，物之精也。言之所不能論，意之所不能察致者，不期精粗焉。」〔註13〕莊子之言意境，從言（物之粗者）到意（物之精者）到道（言之所不能論，意之所不能察致者），層層遞進，最後臻於「超言意」的層次，比「言不盡意」更進一層。牟先生言：「此是述古。」〔註14〕由此推知，《易》、《老》、《莊》三玄應是言意之辨的學術淵源。以下試著分別說明之。

第一節　老子的言意觀

老子哲學之核心是「道」，研究老子的言意思想，首要之務即是要對《道德經》中「道」之義涵的把握。老子《道德經》，開宗明義即點出：「道可道，非常道；名可名，非常名。」〔註15〕道既然不可言說，老子何以又說了五千言呢？這其間便涉及到名言與道的微妙關係。因為若能言說「道」，則「道」乃是一不可言說者的命題便被推翻；然若承認此一命題，則「道」之義涵為何之此一問題，將永遠無法獲得解答。面對如此的兩難局面，筆者試著從兩方面做說明。一方面，名言有其局限性。名言無法窮盡道的真實完整性，因此以名言來指稱大道，其實就是對大道本身的限制。但是從另一個方面來看，名言是有其工具價值意義的。名言對道家老莊而言，只是彰顯至道的權宜設施而已，因此對於至道的說解，是在不可言說中假名言為說的。因為若不假名言為說，是無法說明至道的。老子深知執定語言概念，均會使道之內涵失於一偏，而無法朗現道之全體，故他不時以「正言若反」、「以遮為詮」之詭

〔註11〕見《周易》十三經注疏本（臺北縣：藝文印書館，1993年），頁157～158。
〔註12〕見樓宇烈校釋《王弼集校釋》（臺北：華正書局，1992年12月），頁1。
〔註13〕見郭慶藩輯《莊子集釋》（臺北：華正書局，1989年），頁757。
〔註14〕見《才性與玄理》，頁245。
〔註15〕見《王弼集校釋》，頁1。

辭的表達方式來反省語言文字的局限性。要言之，老子是由對語言的否定與超越，以彰顯常道之性格。

一、老子之道

「道」是老子哲學思想中最高的原理原則。老子之「道」，究竟何意？《道德經》中出現了七十四次的「道」字，以詞性分析來看，除了首章「道可道」之第二個「道」字，具有動詞的意義，作「言說」解外，其餘均作名詞。但是，這七十三個作為名詞使用的「道」，其意涵並不相同，甚至極為複雜，唯有通過章句脈絡的解讀與意義的釐析，才能確定其涵義。老子表述之「道」，依據《道德經》的章句，並參照前賢研究的成果，大體上可分為「形上之道」與「實踐哲學意義之道」兩大類。〔註16〕「形上之道」，是指一、「萬物生化之根源之『道』」，如：「道生一、一生二、二生三、三生萬物。」〔註17〕（四十二章，頁117）「天地萬物生於有，有生於無。」（四十章，頁110）二、「生化作用沖虛無窮，以自然為法，以反為動，以弱為用之『道』」，如：「道沖而用之或不盈，淵兮似萬物之宗。」（四章，頁10）「反者，道之動；弱者，道之用。」（四十章，頁109）三、「一切事物活動規律之『道』」，如：「天之道，不爭而善勝，不言而善應，不召而自來。」（七十三章，頁182）「天之道，利而不害。」（八十一章，頁192）至於「實踐哲學意義之道」，是為一、「人間最高價值歸趣之『道』」，如：「失道而後德，失德而後仁，失仁而後義，失義而後禮。」（三十八章，頁93）「大道廢，有仁義；慧智出，有大偽。」（十八章，頁43）二、「人格修養的法則之『道』」，如：「為學日益，為道日損。」

〔註16〕 林秀茂析道為二義，及其細目，均詳見《老子哲學之方法論》（臺灣，臺大哲學研究所博士論文，1994年），頁5～7。當代學者陳鼓應先生析道為三義（見《老子今註今譯及評介》，臺北：臺灣商務印書館，1997年1月）。袁保新先生析道為三義（見《老子形上思想之詮釋與重建》，臺北：文化大學哲學研究所博士論文，1983年12月）。嚴靈峰先生析道為四義（見《老莊研究》，臺北：中華書局，1966年）。唐君毅先生析道為六義（見《唐君毅全集·中國哲學原論·導論篇》，臺北：臺灣學生書局，1993年2月）。林義正先生析道六義（見〈論先秦儒道兩家的哲學方法〉，《臺大哲學論評》第十四期，1991年1月）。以上各家學者說法並無衝突，因為「道」字之含義會隨文生義，所以不論二分、三分、四分或六分，這些分類絕非一成不變，分類僅供理解之便，實無拘泥之必要。

〔註17〕 見《王弼集校釋》（臺北：華正書局，1992年），頁117。以下老子原文均從此出，不再一一標註。

（四十八章，頁 127-128）「上善若水。水善利萬物而不爭，處眾人之所惡，故幾於道。」（八章，頁 20）三、「政治理想實現的方法之『道』」，如：「以道佐人主者，不以兵強天下。」（三十章，頁 78）「道常無為而無不為。侯王若能守之，萬物將自化。」（三十七章，頁 91）《道德經》中有關「道」的章句尚有許多，本文不一一列舉。由此可知，老子言「道」有解說宇宙本體與生成的意味，也有垂示聖人體道的價值論色彩。[註18]

　　面對老子書中如此豐富而又歧義互見的有關「道」的描述，究竟何者才是老子之「道」的核心概念？亦即何者才是老子之主要關懷？大多數的人將「道」理解為「萬物所以生之總原理」，或是「一形而上之存在的實體或實理」，此詮釋型態屬於「客觀實有型態」。其實，視老子之道為客觀實有型態，絕非老子首要關心之所在，因為，老子在提出形上道體時，是與其整個生命的價值導向關連起來，使道成為價值世界的形上基礎，而不致落在自然世界客觀的探討上。牟宗三先生因此詮釋「道」為「境界型態的形而上學」。[註19]

　　究竟是「客觀實有型態」抑或是「主觀境界型態」較能扣緊老子思想的精神呢？就思想史而言，西方哲學自希臘開始，一直到現在，走的即是理智思辨的進路，哲人一講到形上學，大體都是從「存在」上講，屬於「客觀實有型態」。[註20]他們對宇宙萬物，是以理性思維來架構其形上學的，並以形上學為第一哲學，而形上實體或第一因的探求便成哲學的首要課題。反觀中國哲學自始走的即是實踐的進路，道家在言形上學時，不是從客觀存有方面講，而是從主觀心境方面講，是以實踐修養來證成其形上的思考合法性。老子說：「致虛極，守靜篤。」（十六章，頁 35）人要真誠地通過致虛守靜的實踐工夫，才得以企及大道。顯然「道」不是一個形上學的觀想對象，而是價值世界的形上基礎。老子第二十五章言：「人法地，地法天，天法道，道法自然」，[註21]其中「法道」、「法自然」為老子哲學的重心所在。王弼注解「法道也，道不違自然，乃得其性。法自然者。在方而法方，在圓而法圓，於自然無所違也。」[註22]老子的道是法自然，無為無執的，言道的目的則是希

[註18] 參李正治〈老子「超禮歸道」型的禮樂思索〉（臺北：《鵝湖月刊》第二十二卷第六期，1996 年 12 月），頁 19。
[註19] 見牟宗三先生《中國哲學十九講》（臺北：臺灣學生書局，1993 年），頁 103。
[註20] 見《中國哲學十九講》，頁 128。
[註21] 見《王弼集校釋》，頁 65。
[註22] 同前註。

望每一主體能保有自然純樸的本性，如此才能以無爲而無不爲的態度面對客體，生命才得以清靜自在。總之，老子法道、法自然的價值便是道家生命存在的最高價值。所以，「客觀實有型態」的理論，無法做爲解釋老子之道的全幅內容。

　　牟宗三先生將老子的形上思想理解爲「實踐的形上學」或是「境界型態的形上學」，是一種基於主體修養實踐工夫之上的有關宇宙人生的解釋。〔註23〕他進一步界定「境界型態的形上學」爲「不生之生」。何謂「不生之生」？牟先生引王弼老子第十章「生之，畜之」注曰：「不塞其源也，不禁其性也。」（頁24）來解釋「不生之生」。「不塞其源，不禁其性」即是說，順著萬物的本性，讓萬物自己生、自己長，而且讓它的源頭能開通暢流，不要把它的源頭塞死。亦即讓開一步，萬物自會生長。若能如此就等於生它了，事實上是它自己生。在道家而言，生就是不生之生，而這「不生之生」就成了「境界形態」，這也才是道家的本質、眞實的意義。〔註24〕牟宗三先生以「不生之生」講「境界形態」的形上學，與老子哲學重視實踐修養的精神相符應。是以，將老子之道，理解爲「主觀境界型態」的形而上學，是較能扣緊老子思想精神之特質的。

二、道之不可言說性

　　以往老子哲學的研究似乎偏向「道」之內容的討論，忽略了「道」之超越名言的思考，這乃是就道之不可言說而言。老子《道德經》中多次表達語言不足以傳達或規範眞常大道的概念。如「是以聖人處無爲之事，行不言之教」（二章，頁6）、「道常無名」（三十二章，頁81）、「道隱無名」（四十一章，頁113）、「知者不言，言者不知。」（五十六章，頁147、148）等章句。尤其開宗明義「道可道，非常道；名可名，非常名」，更是直接點出絕對之常道、常名，不能落入言詮之中。簡要的說：道，說得出的，它就不是常道；名，叫得出的，它就不是常名。因爲凡言說可及者，必是有一定範圍的事與物，即王弼所註解之：「可道之道，可名之名，指事造形，非其常也，故不可道，不可名也。」〔註25〕指乎事，則爲事所定；造乎形，則爲形所限。爲事所定、

〔註23〕見陳信義《老子的名言觀研究》（臺北：文化大學哲學研究所碩士論文，1988年6月），頁27。

〔註24〕參見《中國哲學十九講》，頁104～108。

〔註25〕見《王弼集校釋》，頁1。

爲形所限，則不能至於超越而普遍，而恆只是形下的可道之道、可名之名，無法進至常道、常名。是以唯有不爲事所定、不爲形所限，且超越言詮思辨的限制性與相對性，才是至道的存有性格，也才可作爲有形有名之萬物的根源。〔註26〕由此可知，常道具有不可言說，不可命名的特性。

然而，老子卻也一再地爲無法言說的「道」加以描述。如：

> 道之爲物，惟恍惟惚。惚兮恍兮，其中有象。恍兮惚兮，其中有物。窈兮冥兮，其中有精，其精甚眞，其中有信。自古及今，其名不去。（二十一章，頁52-53）

> 有物混成，先天地生。寂兮寥兮，獨立不改，周行而不殆，可以爲天下母。吾不知其名，字之曰道，強爲之名曰大。（二十五章，頁63）

> 大道氾兮，其可左右。萬物恃之而生而不辭，功成不名有，衣養萬物而不爲主。常無欲，可名於小。萬物歸焉而不爲主，可名爲大。（三十四章，頁86）

可知，老子並未絕對徹底地否定名言。

老子既然著書五千言，對道「強爲之名」，爲何又有「名可名，非常名」的說法？他一再地強調「道不可言說」，把可道與可名，都列爲道之否定，似乎言語道斷才是「道」的存在之處。兩者間看似衝突矛盾，其實不然。老子只是對「名言」有所批判，可是並沒有否定名言，老子並不是爲批判而批判，爲否定而否定，而是透過此一批判與否定，來「作用地保存」人間的價值根源。

只是，老子爲何要批判「可道」與「可名」？亦即他是在什麼立場上批判「可道」與「可名」呢？要解決此一問題，非得回到基本課題裏去尋找線索不可。老子的基本課題是爲針對「周文疲弊」而來。在當時，一些積極有爲的思想與主張，都不足以解救已疲弊之周文，於是老子提出「清靜無爲」的主張，藉反省正面有爲的思想與作爲，來「作用地保存」人間的價值秩序。

周朝的禮樂典章制度，到了春秋中葉後起了變化，變成外在化、形式化，沒有眞實生命的空架子。〔註27〕就一個完整的禮樂活動而言，「文」與「質」兩部分是缺一不可的。禮儀的規定及禮器的使用，屬於禮之「文」的範圍。然而

〔註26〕見周雅清《成玄英思想研究》（臺北：臺灣師大國文研究所碩士論文，2002年5月），頁90。
〔註27〕見〈中國哲學十九講〉，頁89。

禮樂活動要有其真實的意義，就得在參與者的主體方面有其真實的敬意，亦即必須對於行禮對象，必須要有真的禮敬之情，否則禮樂活動便喪失其內在本質，這是屬於「禮」之「質」的範圍。孔子認為「文質彬彬」是禮樂表現最完滿圓融的一種狀態。但是周禮在當時的春秋時代後期剩下的只是一套「虛文」，競事鋪排，專事繁文，明顯表現出禮樂的浮文無質。對於這種禮樂淪為空文的現象，孔子就曾經感嘆地說：「禮云禮云，玉帛云乎哉！樂云樂云，鐘鼓云乎哉？」（《論語·陽貨》）〔註28〕之感嘆，其中玉帛只是禮器，此乃禮之文，但當時所言之禮，卻著重在這些形式上，於是禮的內在精神喪失，不再具有真實的生命意義。孔子更發出「人而不仁，如禮何？人而不仁，如樂何？」（《論語·八佾》）〔註29〕之深嘆。孔子以為由於人缺乏真實生命的自覺，以致生命向外追求，禮樂的本質也因而外在化、形式化。而外在化、形式化的禮樂，如果沒有人的文化理想與道德意識作基礎，是沒有價值與意義的。

老子反省到儒家的聖智仁義之道並沒有成功地解救「周文疲弊」之文化危機，即周文流於形式而成虛文，因此反對人文造作，希望人們走回自然的路。張起鈞先生說：「在上古之時本無仁義德禮之分，人們既不知有仁義德禮之存在，自然更不會去推崇法效。不過此刻人們雖未肯定的去為此仁義德禮，卻因其本質之為渾噩淳樸，而仁義德禮早已『在其中矣』。」〔註30〕老子是以「返回自然，回歸於道」的思考模式來看待聖智仁義之道，他認為聖智仁義之道本來就存在於人心本質之中，自然無須以特別的言說方式去推崇效法。老子的想法是當人們愈重視聖智仁義之道的時候，其實可能是聖智仁義之道已經開始失去原本面目。此時惟有回歸於自然的本心，道才能自然回歸於最初、最真之面目。因此，老子說「道可道，非常道；名可名，非常名。」即是批判儒家的聖智仁義之道，他認為儒家所說的人文之道，是可道，而非真常大道。

老子思想的價值走向在歸復生命的大道，亦即復歸生命的自然純樸狀態。因此儒家以聖智仁義之道作為修身治國的主張，在老子看來，不但會造成個人生命外化，而且會為社會招致大患，因此對聖智仁義之道的提倡持反對的立場。〔註31〕老子說：「上德不德，是以有德；下德不失德，是以無德。」

〔註28〕《論語》十三經注疏本，（臺北縣：藝文印書館，1993年），頁156。
〔註29〕同前註，頁26。
〔註30〕見張起鈞《老子哲學》（臺北：正中書局，1980年），頁61。
〔註31〕參見〈老子「超禮歸道」型的禮樂思索〉，頁21。

（三十八章，頁 93）儒家的德行規範，依道家看，是下德。人們執守社會既成的道德規範，唯恐不能符合外在世俗的標準，就在執守不失中，失落了真實的自我，與生命的自然。〔註32〕老子又說：

> 故失道而後德，失德而後仁，失仁而後義，失義而後禮。夫禮者，
> 忠信之薄而亂之首。前識者，道之華而愚之始，是以大丈夫處其厚，
> 不居其薄；處其實，不居其華，故去彼取此。〔註33〕

老子提出生命離道而層層降轉的歷程。道、德、仁、義、禮五項是相因而遞生，離質樸愈來愈遠而愈趨文華。「仁義」雖同屬於有心的作為，且是有執有為之物，但「義」比「仁」又退了一步，至於「禮」，則因注入了強制的成份，使人的內在精神蕩然消失，顯其生命執為的外在化。所以「禮」在老子眼中又再退一步了。王弼因此云：「夫仁義發於內，為之猶偽，況務外飾而可久乎！故夫禮者，忠信之薄而亂之首也。」〔註34〕所謂「忠信之薄」，是指只有外在的俯仰周旋威儀之禮的表現，而內心並無實踐禮的行為內在必須具有的真實感情。例如處喪之哀，為喪禮須具有的內在的真情。若處喪不哀，則喪禮均成外在空文，而人情也成一大虛偽。這便是戰國俗儒屢被批評的內外不符的現象。為何說「亂之首」？因為若禮已成為空文，再以禮來規範天下人，則適足以桎梏人類活潑的生命，使天下人均不能歸真返樸。所以，老子不厭其煩地再次提醒人們：「大道廢，有仁義；慧智出，有大偽」。（十八章，頁 43）而且要「絕聖棄智」、「絕仁棄義」（十九章，頁 45）。

　　老子於此批判儒家的聖智仁義之道，並非完全否定儒家的人文之道，他只是求其放開與放鬆，使生命不致僵化而得自由與自在。牟宗三先生就曾對此問題提出精闢的看法。

> 道家不是從存有層否定聖、智、仁、義，而是從作用層上來否定。
> 「絕」、「棄」是作用層上的否定字眼，不是實有層上的否定。〔註35〕

> 老子之「絕聖棄智，絕仁棄義」，實非否定聖智仁義，而乃藉「守母
> 以存子」之方式，「反其形」以存之也。……「守母存子」之方式，
> 即「正言若反」之方式，亦即「辯證詭辭」之方式。惟藉此詭辭之

〔註32〕見王邦雄《中國哲學論集》（臺北：臺灣學生書局，1986 年），頁 171。
〔註33〕見《王弼集校釋》，頁 93。
〔註34〕見《王弼集校釋》，頁 94。
〔註35〕見《中國哲學十九講》，頁 133。

方式以保存聖智仁義，是一種作用之保存，並非自實體上肯定之。
〔註36〕

牟先生是藉「實有層的肯定」和「作用層的否定」兩個語詞來說明老子對聖智仁義之道的看法。儒家是正面的肯定聖智仁義之道的存在，而道家只是順儒家所說而提，並非作正面的肯定與否定。道家對聖智仁義之道只有一個「如何」的問題，即是「如何以最好的方式體現之？」所謂「絕聖棄智」、「絕仁棄義」等話語，都不是在實有層上加以否定，而是從作用層上否定。作用層的否定，其實即作用地保存住聖智仁義之道。〔註37〕也就是說，「凡此所謂絕棄聖智，並不是本質的否定，而是作用的保存；不是否定道德踐履的價值，而是開拓道德的形上根源，來保住聖智仁義的可能。」〔註38〕總之，老子棄絕仁義禮智的作用，是為了保存生命的真實，他是以更高的心靈境界來體現聖知仁義之道，而道家之「無為而無不為」之精義亦從此處透露。

由於老子「無為而無不為」之道是自然之道，故「可道之道」的儒家人文、人為之道就不合於老子大道的標準。而自然之道最佳的表達方式即在於「道隱無名」。故知「道隱無名」是老子思想義理之必然之途。而老子所言「道隱無名」，其目的並非否定名言，究其實，他只是憂心世人對於名言過度執著，因而徇名忘實，遠離素樸之真常大道。因此，老子批判名言，其最終目的是在以「作用的保存」之方式保住大道，而非否定、取消名言。

三、老子言說之特色

老子不但深明道之真義，也深知人若是以有限之名言描述道，是無法契悟道之奧妙的。當然，他更清楚知道，語言文字仍然是表述道的可能途徑之一，故終究留下五千餘言，義蘊豐富，意賅言簡，留給後人無窮盡的探討。因此老子在對「道」的表達的形式上，運用了高度的語言技巧，間接地傳述玄之又玄的道理。此種言說方式，有三項特色：一是「道之譬喻」，二是「否定詞的使用」，三是「正言若反」。

（一）道之譬喻

《道德經》中常出現「如」、「若」、「似」、「猶」等聯結譬喻的辭項以喻

〔註36〕見《才性與玄理》，頁163。
〔註37〕見《中國哲學十九講》，頁133～140。
〔註38〕見王邦雄《老子的哲學》（臺北：東大圖書公司，1990年），頁63。

道,如:

> 道沖而用之或不盈,淵兮似萬物之宗……湛兮似或存。吾不知誰之
> 子,象帝之先。(四章,頁 10)

> 綿綿若存,用之不勤。(六章,頁 16)

> 上善若水……故幾於道。(八章,頁 20)

> 天下皆謂我道大,似不肖。夫惟大,故似不肖。若肖,久矣其細也
> 夫。(六十七章,頁 170)

譬喻總是「意在言外」,而所傳達的意義總是超過其字面的意義,也就是說,譬喻不是以固定的,或一對一直接對應的單一概念來表達對象的。譬喻在某種意義上而言,和道一樣,都是模糊而不確定的。因而譬喻的這些特性也正可藉以表達無確定內容而又難以掌握的道。對於道之譬喻含藏了比一般的表達方式具有更豐富的意義積澱,這種表達方式固然無法達到認知上所要求的精確性,但卻是人們面對無名之道時,除了常名之表達以外,另一種充分體現語言之譬喻作用的方式。〔註 39〕以下簡單說明老子如何透過「水」與「嬰兒」之譬喻型態以言說道。

> 上善若水;水善利萬物而不爭,處眾人之所惡,故幾於道。居善地,
> 心善淵,與善仁,言善信,正善治,事善能,動善時。夫惟不爭,
> 故無尤。(八章,頁 20)

> 天下莫柔弱於水,而攻堅強者莫之能勝,其無以易之。(七十八章,
> 頁 187)

水之上善在其「不爭」與「處下」。水雖被澤萬物,但卻「生而不有,為而不恃,長而不宰。」(五十一章,頁 137)換言之,水之得以利萬物,即在於其能「不爭」,提供空間給萬物自由伸展之可能,只是默默的付出,而不求回報。即使是在一般人所厭惡的環境下(「處眾人之所惡」),亦能以謙卑居下,無私地為天地萬物之生育付出力量。而水之不爭,則因其「柔弱」之性。水之柔在於其能方能圓,曲直隨形。故應變無窮,不膠滯,亦表現了另一種無限制之可能性。道就像水一樣,因為「道不是事物本身,不是事物實在體。它是通過事物的象表現出來的事物的本性。它的作用必須靠『物形之』,實體才能

〔註39〕見伍志學《老子語言哲學研究》(臺北:臺大哲學研究所博士論文,1995 年 6
月),頁 53~54。

顯現出來。」〔註40〕水之隨機而變，以柔克剛，以弱勝強，正是老子以爲大道之大用所在，此用亦無用之用，正所謂「無之以爲用」（十一章，頁 27）。其各種「用」方能表現在各種存在狀態，如「居善地，心善淵，與善仁，言善信，正善治，事善能，動善時」等立身行道的行爲之中。

《道德經》言：「我獨泊兮，其未兆，如嬰兒之未孩。」（二十章，頁47）老子認爲體道之人澹泊無欲，恬靜素樸的心境，沒有一絲外顯炫示之跡。而其渾然不露，正如尚未受到外界之刺激影響，仍然混混沌沌不懂得笑的初生嬰兒。老子認爲，唯有人們擺脫了成年所習染之機心嗜欲，「復歸於嬰兒」（二十八章，頁 74），不再競逐名利權位之時，人的生命才得以回復到原初的、本眞的無知無欲之單純狀態。總之，對老子而言，有道者應該像「嬰兒」一般，因爲「嬰兒」代表了生命的無邪與純眞，一個純然的狀態，這就是道的狀態，也是善爲道者應師法者。〔註41〕

以上的討論顯示了道與譬喻之間的密切關係。譬喻豐富了《道德經》簡約樸質的文字，正如道雖質樸但卻奧蘊無窮，譬喻所產生之意義總超越其原本字面之意義；反言之，正因譬喻之表達方式乃闇通於道，故道之表達亦常需藉助譬喻。譬喻與道的關係實乃必然之聯結，而非偶然成之。〔註42〕

（二）否定詞的使用

研讀《道德經》，發現文中否定詞的出現頻率很高。根據鄔昆如先生的統計，共有五百四十五詞次的否定詞。從比較輕微的「小」、「柔」、「弱」、「寡」、「希」等，進而發展到「莫」、「非」、「不」「絕」、「棄」，一直到當作名詞用的「無」，共可分六十四個不同等級、意義有等差的否定詞。其中單「不」字，如：「不爲」、「不仁」、「不爭」、「不自見」、「不自是」、「不自貴」等等，出現近二百三十七次；「無」字，如「無爲」、「無欲」、「無心」、「爲無爲」、「事無事」、「味無味」等等，出現近九十八次。〔註43〕「不」字與「無」字加起來，

〔註40〕見拉多薩夫〈老子：嬰兒與水〉，收錄於陳鼓應編《道家文化研究》第四輯（上海：上海古籍出版社，1994 年），頁 61。

〔註41〕上述論說多參見《老子語言哲學研究》，頁 55～57。伍先生除了以「水」、「嬰兒」來隱喻「道」，尚有以「母」、「門」、「谷」來隱喻「道」的論述，可參頁 58～63。

〔註42〕同前註。

〔註43〕參見鄔昆如〈否定詞在《道德經》中所扮演的角色〉一文，收錄於《文化哲學講錄（六）》（臺北：東大圖書公司，1995 年），頁 19。

共有三百三十五字。而老子一書，總共也只有五千餘字，否定詞的使用，竟佔了百分之十六點七，亦即每百字中，即出現了將近十七字的「不」字或「無」字，這樣的比例，不能說不高。由此可知，否定詞的使用，實爲老子語言哲學的一大特色。〔註44〕

　　然而，老子否定詞的使用，並非只是單純就語言哲學立場，對語言強加否定，而是扣緊他所面對的歷史文化而來的。如前面提過「絕聖棄智」、「絕仁棄義」，就老子的思想義理觀之，可知他並非否定聖智仁義之道，而是批判地反省儒家的聖智仁義之道。王弼懂得老子用心所在，有言：「既知不聖爲不聖，未知聖之不聖也；既知不仁爲不仁，未知仁之爲不仁也。故絕聖而聖功全，棄仁而後仁德厚。夫惡強非欲不強也，爲強則失強也；絕仁非欲不仁也，爲仁則僞成也。」〔註45〕此亦即牟宗三先生所言老子是「作用地保存聖智仁義」，在作用層上否定聖智仁義，以保住在價值層上的聖智仁義。〔註46〕

　　總之，老子語言哲學雖多次使用否定詞，然卻有其正面的、積極的與肯定的價值意義存在。他批判假仁假義，批判人心習知的名言規範系統，〔註47〕究其眞正用心，即是：提醒人們放棄對熟知名言的執著，而回歸「道隱無名」的眞常大道之中。

（三）正言若反

　　道順應自然，不造不設，好像是無所作爲，其實萬物都是由道而生，恃道而長，因此，實際上是無所不爲。所以老子說：「爲無爲、事無事、味無味。」（六十三章，頁164）那麼如何地「爲無爲」呢？「無爲」是「有所爲」的否定，「無不爲」就是「無爲」的否定。老子的思維歷程是由「有所爲」到「無所爲」再到「無不爲」；老子的思維形式是由「正」（相對之正）到「反」（相對之反）再到「大」（絕對的正）。如此，《道德經》全書充滿「似非而是」的詭辭（paradox）才得以理解。〔註48〕

　　《老子》短短八十一章，多次運用「正言若反」之詭辭。如

　　　　曲則全，枉則直，窪則盈，敝則新，少則得，多得惑。是以聖人抱

〔註44〕參見《老子的名言觀研究》，頁44。
〔註45〕見〈老子旨略〉收錄於《王弼集校釋》，頁199。
〔註46〕見《中國哲學十九講》，頁133～134。
〔註47〕見袁保新〈老子語言哲學試探〉（臺北：《鵝湖月刊》一四八期，1987年10月），頁15。
〔註48〕見《老子哲學之方法論》，頁VIII。

一，爲天下式。（二十二章，頁 55、56）

將欲歙之，必固張之；將欲弱之，必固強之；將欲廢之，必固興之；
將欲奪之，必固與之。是謂微明。（三十六章，頁 89）

曲爲什麼可以全？枉爲什麼可以直？「曲－全」、「枉－直」、「窪－盈」、「敝－新」、「少－得」、「多－惑」、「歙－張」、「弱－強」、「廢－興」、「奪－與」等語詞，均是相對反的概念，但老子卻主張「枉則直」、「將欲弱之，必固強之」。面對老子這類的章句，顯然用普通的常識概念幾乎是無法加以解讀的，所以被稱爲「詭辭」。

《道德經》中，類似「曲則全」、「將欲歙之，必固張之」之類的「詭辭爲用」的例子還有許多，如「明道若昧」、「進道若退」、「夷道若纇」、「上德若谷」、「大白若辱」、「廣德若不足」、「建德若偷」、「質眞若渝」、「大方無隅」、「大器晚成」、「大音希聲」、「大象無形」（以上十二句，四十一章，頁 111～113）、「大成若缺」、「大盈若沖」、「大直若屈」、「大巧若拙」、「大辯若訥」（以上五句，四十五章，頁 122～123）、「正言若反」（七十八章，頁 188）等等語句。

老子爲何不採取正面的表述方式，而使用詭辭呢？究其因，正在於老子以爲名言概念不足以充份、全盡的傳述所要表達的理念。〔註 49〕簡單地說，就是名言概念有其限定性。凡欲辨解地展示形上至道與修養境界這兩種絕對眞實時，其實都是不可名而強爲之名的。若執意於循名責實，以爲名言所表達者，即是形上至道與修養境界的意義，則此時執著於名言的絕對眞實，卻也失卻了道的絕對的眞實性。爲了防止人們對名言傳述的執著，老子提出一帖良方，即是將用來表述絕對眞實的那些概念，一一否定，經由此否定的辯證發展過程，以顯示絕對眞實不落入言詮之中。而老子之道之所以深奧不落言詮，其本質的意義便是以「辯證」來展現的。〔註 50〕是以老子「正言若反」的語句，牟宗三先生以爲正是一種「辯證的詭辭」。〔註 51〕此「辯證的詭辭」的語言表達形式，其目的在銷融名言表相的執著以逼顯形上至道與修養境界。因爲形上至道與修養境界是不可言說的，只能藉可言說的表相的銷融以逼顯之。〔註 52〕簡言之，藉由辯證的銷融，以呈顯至道與境界的圓融性。

〔註 49〕見莊耀郎先生〈試論道德經的生命進路〉（臺北：《師大中國學術年刊》第八期，1986 年 6 月），頁 130。

〔註 50〕參見《成玄英思想研究》，頁 77～78。

〔註 51〕見《中國哲學十九講》，頁 142。

〔註 52〕轉引自陳信義《老子的名言觀研究》（臺北：文化大學哲學研究所碩士論文，

經由上述的分析，老子「曲則全」等等看似衝突矛盾的的句子，便可得正確的理解。「曲」，是指表相界之曲；而「全」，是指形上界之全。而「則」，則是表一辯證的圓融。老子之所以要以如此方式來表示形上真理（全），乃是因形上真理（真實之「全」）一落入言詮（「全」之概念），便非形上真理。所以必須在使用任何言說以表示形上真理之時，即同時對所使用之言說予以遮撥銷融，而後呈顯出一超越名言世界之上的最高圓融境界。而在此句中，「曲」者並非素樸地指涉表相界中一一屈曲之事物，而是帶有對表相界之「全」之銷融的意思。此銷融，不是指對表相界中某一實事實物之否定，而只是指對名言概念執著之否定，即「作用層之否定」。由此銷融，而後一不可言說之形上真理（全）才可能在吾人心中被逼顯出來。所以「曲則全」此句之意，實即：當吾人銷融掉、「曲」掉對名言概念上之全的執著之後，一真實之全才可能被吾人所肯定。〔註53〕

總之，老子深明言語與道之間無法直接對應，但又不能不說，故採取了這種間接不著的名謂方式，藉此凸顯名言之間的矛盾與緊張，迫使心靈放棄對習知名言的執著，往上一躍，進入一個遼闊開放，不可言說的意義領域，來重新諦觀一切相對立的名言，於是乎，曲可以全，全可以曲，相反者，其實是相成者，將一切對立與矛盾渾化於不可名言的「大道」之中。〔註54〕是以，老子詭辭的意義不在其弔詭性自身，而是藉著此一弔詭性來呈現或逼顯出名言所造成的限制與執著，而引導人的思維至一超越名言限制與破除執著的本體上。〔註55〕

四、小　結

綜上所述，老子並不否定名言有其表意的功能，但從形上學的立場看來，名言仍有其難以表意的局限性存在。因為常道非由語言範疇所能決定，是只可意會而不可言詮的。因此，對道的認識，老子以為惟有透過「致虛極，守靜篤」之虛靜無執的修養工夫，方能體證道之精義所在。因此老子五千言

1988 年 6 月），頁 49。
〔註53〕同前註，頁 49～50。
〔註54〕參袁保新〈老子語言哲學試探〉（臺北：《東吳大學哲學系傳習錄》第六期，1987 年 10 月），頁 16。
〔註55〕參杜方立〈試論老子的辯證思維〉（臺北：《鵝湖月刊》第二九四期，1999 年 3 月），頁 47。

中，大量使用否定詞，以及「正言若反」的詭辭，其實就是以一種「以遮爲詮」〔註56〕的方式，間接傳達隱於無言之中，或無法用一般語言表達的眞常大道。也就是說，老子藉由對名言文字的否定與超越，來表達他超乎言外的智慧眞理（常道）。因此，若站在《道德經》所要傳達的是「道」的立場看來，老子的言意觀點是：「常道」之「意義」，是「語言」所不能「窮盡」的。簡言之，即是：「言不盡意」之意。

第二節　莊子的言意觀

如果說「言不盡意」的思想在道家由《老子》萌芽，那麼《莊子》則在繼承老子的基礎上，作了全面的發展與推進，達到先秦道家言意思想的高峰。本節即試著說明莊子的言意觀。

一、道可道，亦不可道

在〈齊物論〉中，莊子爲至道與名言劃定了各自的畛域：

> 夫道未始有封，言未始有常，爲是而有畛也。請言其畛：有左，有右；有倫，有義；有分，有辯；有競，有爭，此之謂八德。六合之外，聖人存而不論；六合之內，聖人論而不議。春秋經世先王之志，聖人議而不辯。……故曰：辯也者，有不見也。夫大道不稱，大辯不言，大仁不仁，大廉不嗛，大勇不忮。道昭而不道，言辯而不及，仁常而不周，廉清而不信，勇忮而不成，五者圓而幾向方矣。故知止其所不知，至矣。孰知不言之辯，不道之道？若有能知，此之謂天府。〔註57〕

莊子認爲大道是無始無終、無窮無盡、無邊無際，是渾然一體，無所不在的，所以不曾有任何封界；而人的言論多發自成見，所以是非就沒有一定。言有其界限，即在物質時空、社會人倫、邏輯名理範圍內，即左右、論議、分辨、競爭「八德」之範圍內。至多擴大至「六合之內」。六合之內，是可以言論、可以意致的現象世界。可以言論者，是物之粗也；可以意致者，是物之精也。

〔註56〕遮者，遣其所非。所謂遮詮的方式，是只從反面來表達「不是什麼」，卻不從正面來詮釋「是什麼」。見《成玄英思想研究》，頁69。
〔註57〕見《莊子集釋》，頁83。

無論或精或粗，總是不離有物之域，亦即莊子所謂之「夫粗精者，期於有形者也。」〔註58〕天地四方以內之事理，雖是可以言論，但以天地之大，古今之異，其理亦不易盡知，所以聖人也不加以評議。而道則在「六合之外」的形而上領域。成玄英疏曰：「六合者，謂天地四方也。六合之外，謂眾生性分之表，重玄至道之鄉也。……妙理希夷，超六合之外，既非神口所辯，所以存而不論也。」〔註59〕六合之外，是不可以言論、也不可以意致之超言絕象之至道。即便有善辯妙口者，運用再玄妙的名言、再精微的思辨，也是無法充份、窮盡至道之眞實。也就是說，「至道」是無法用「名言」論說的。這一劃分，把至道與名言劃在彼岸與此岸兩界，執著於言辯者不見至道，故而眞正的大道是不可稱謂，大辯是不以言語爭勝的。反之，道若顯著，便不是眞道；言若巧辯，則辯不勝辯。所以「不言之辯，不道之道」方是眞辯、眞道，方是渾然之中無所不藏的「天府」。〔註60〕

關於至道屬於「無」之形上境界，因而不可命名、不可言說的觀點，在《莊子·知北遊》中隨處可見。如：「道不可致」、「道不可聞」、「視之無形，聽之無聲，於人之論者，謂之冥冥，所以論道，而非道也」、「道不可聞，聞而非也；道不可見，見而非也；道不可言，言而非也」、「道不當名」、「有問道而應之者，不知道也。雖問道者，亦未聞道。道無問，問無應。無問問之，是問窮也；無應應之，是無內也。以無內待問窮，若是者，外不觀乎宇宙，內不知乎大初。」〔註61〕這些語句，都是說明至道是不可以音聲、形色求之，因音聲、形色皆非道也。當然，至道更不允許以言詮致詰，因言說非至道也。倘若以言詮求道，則「可言可意，言而愈疏」，〔註62〕愈是想要以言詮說解至道，勢必離至道愈遠，故莊子言「道不當名」。

然而，就另一方面來看，莊子又言道可道。如「行於萬物者，道也。」（〈天地〉，頁404）「夫道，有情有信，無爲無形；可傳而不可受，可得而不可見；自本自根，未有天地，自古以固存；神鬼神帝，生天生地；在太極之先而不爲高，在六極之下而不爲深，先天地生而不爲久，長於上古而不爲老。」（〈大

〔註58〕見《莊子集釋》〈秋水篇〉，頁572。

〔註59〕見《莊子集釋》，頁85。

〔註60〕參見朱立元，王文英〈試論莊子的言意觀〉（上海：《上海社會科學院學術季刊》總第四十期，1994年12月），頁172。

〔註61〕見《莊子集釋》，頁731、747、755、757、758。

〔註62〕見《莊子集釋》〈則陽〉，頁917。

宗師〉，頁 247）等文句。莊子之「道」是遍在於宇宙萬物，是萬物之源頭，它是永恆的，是唯一的，是無限的。

究竟莊子之「道」是「不可道」還是「可道」呢？對於此問題的回答，可先從其對「知識」的看法來談。莊子在知識論中提出了「可知」與「不可知」兩層域。所謂「可知」是指現實中可認知的對象或範圍，在此範圍中必以「名」（即「概念」）來表達，亦即知識不能僭越以語言概念所表達的範圍之外。故我們亦可說莊子在「名」的作用中，區分了「可名」與「不可名」兩層域。〔註63〕在《莊子·逍遙遊》提到：「名者，實之賓也。」〔註64〕成玄英疏其言：「然實以生名，名從實起，實則是內是主，名便是外是賓。」〔註65〕《莊子·外物》言：「言者，所以在意。」〔註66〕可知，「名言」的目的即是要將認識到的「實」及「意」表達出來，「名言」明顯具有執著性。所以「名言」只能落實於經驗或現象世界，亦即是說「可名」是就「可知」的「道」的種種屬性及現象而言，諸如永恆性、遍在性，雖非吾人所可明證，但確為吾人可意知的（至少莊子如此以為），〔註67〕故道可道。而「不可名」即是就「不可知」的「道」之層域來說，超越的形上世界因無定相，具有執定性之名言便無法發揮其認識的功能。故於此，對於「道不當名」此命題之正確理解為：本體世界「道」是不可以名言概念去執定之。也就是說，絕對之至道，有著不可言說，超越言說的性質，是無法經由語言此一途徑而獲得。經由「可知」與「不可知」兩層域之認識，可知莊子「可道」與「不可道」彼此之間，非但沒有衝突矛盾，反而是相輔相成的。

莊子基於語言不完備的理由，以為「道不可道」。語言文字之表達，必有所指涉，此指涉必有固定的對象。因此，一旦有所指涉，即在整個宇宙中造成掛一漏萬之現象。即使使用了全稱量辭，仍然是無法對一切的一切作一清楚的描述，此為言語在量上的困難。再者，通常人們使用語言文字，乃是表述一般知識，言語活動乃心知活動之表徵，然而此表徵永遠只為表徵，無法全然無誤地

〔註63〕見簡婉君《莊子一書中有關「語言」問題的初步探討》（臺北：輔大哲學研究所碩士論文，1991 年 5 月），頁 37。

〔註64〕見《莊子集釋》，頁 24。

〔註65〕同前註，頁 25。

〔註66〕同前註，頁 944。

〔註67〕見何保中《莊子思想中道之可道與不可道》（臺北：臺大哲學研究所碩士論文，1982 年 6 月），頁 106～107。

將人內心之意念表達出來，即言不能全等同於「意」，而且還可能錯表了「意」。再加上語言文字乃出自人之口手，一言一字之產生，其背景盡是不同，隨著表達者所處之時、空等等情境的改變，而使得表達之內容多有轉變，令人難以掌握，此為言語在質上的困難。由於以上質與量的困難，使得吾人之言語無法精確深入之表達，尤其是在對於「至道」之描繪上，產生極大的困擾。倘若人們執著語言以求大道，則必定徒勞無獲，而且吾人心靈生命也因而受其桎梏，故而言不如默，道不可道。至於道之可道又有何意義呢？如果不知莊子之道是永恆存在，人們必會執持其片刻之偶然而以為宇宙之永恆實然，而形成諸多層次不等之「成心」，而此成心是會斲傷吾人之靈府的。因此，唯有通曉莊子之道之流變現象永恆存在，才能將自己放大心量，並與萬物「道通為一」。如此，「常心」方可烘顯，〔註68〕吾人的生命方得安頓。

「知人之所為者，以其知之所知以養其知之所不知。」〔註69〕人之所為，必須以其所知以養其所不知，也就是說以能道之道，來安頓人心，而勿競進於不可道之道的領域。因此，人們一方面要知道有道之存在，另一方面，又要不斷提醒自己，避免陷溺道之不可言詮致詰的部分。因此，兩者缺一不可，故言莊子之道，可道，亦不可道。

二、言意三部曲

當清楚莊子「道」與「名言」的關係後，便可直探其言意觀。在〈天下〉篇中莊子說關尹、老聃的道術是「以本為精，以物為粗」，〔註70〕成玄英疏：「本，無也；物，有也。用無為妙，道為精；用有為事，物為粗。」〔註71〕粗精的關係即道與物、無與有、跡與所以跡的關係。道下墮於物，乃是以粗寓精。雖則「精」寓於「粗」，卻不可以「粗」代「精」，假若拘執於物，則無法得其道。在〈秋水〉中，粗精問題還有另一層意思，即認為「粗」、「精」都是「有」，而「道」則在精、粗之外。〔註72〕其說云：

　　夫精粗者，期於有形者也；無形者，數之所不能分也；不可圍者，

〔註68〕參見《莊子思想中道之可道與不可道》，頁19、115、116。
〔註69〕見《莊子集釋》〈大宗師〉，頁224。
〔註70〕同前註，頁1093。
〔註71〕同前註。
〔註72〕參吳曉菁《王弼言意之辨研究》（臺北：政大中文研究所碩士論文，1995年6月），頁131～132。

數之所不能窮也。可以言論者，物之粗也；可以意致者，物之精也；
言之所不能論，意之所不能察致者，不期精粗焉。〔註73〕

莊子將「意」一分為二：一為知性名理範圍內之「意」，二為形上超驗領域之「意」。
在知性名理範圍內，「意」又分二層：一為小知對「物之粗者」的感知，二為大
知對「物之精者」的認識。所謂「物之粗者」，在莊子看來，必然是具體的、有
形有名的，故可以用概念性的語言加以指涉；而「物之精者」，所謂「小之微」，
是只可意會而不可言傳的。至於形上超驗領域之「意」，是「言之所不能論，意
之所不能察致者」，其所以能如此，則在於其無形可滯，無名可執，故能超越於
言象之表，而介於有意與無意、有形與無形之間。〔註74〕關於此點，莊子於〈天
道〉舉了「輪扁斲輪」的故事加以說明。

> 桓公讀書於堂上。輪扁斲輪於堂下，釋椎鑿而上，問桓公曰：「敢問，
> 公之所讀者何言邪？」公曰：「聖人之言也。」曰：「聖人在乎？」
> 公曰：「已死矣。」曰：「然則君之所讀者，古人之糟魄已夫！」桓
> 公曰：「寡人讀書，輪人安得議乎！有說則可，無說則死。」輪扁曰：
> 「臣也以臣之事觀之。斲輪，徐則甘而不固，疾則苦而不入。不徐
> 不疾，得之於手而應於心，口不能言，有數存焉於其間。臣不能以
> 喻臣之子，臣之子亦不能受之於臣，是以行年七十而老斲輪。古之
> 人與其不可傳也死矣，然則君之所讀者，古人之糟魄已夫！」〔註75〕

輪扁以自己斲輪的經驗為例，說他自己在斲輪中能心手相應、不快不慢、恰
到好處，是心靈有所體悟之故，而此體悟是「口不能說」，亦即「言不可傳」
也。所以輪扁不能喻其子，其子亦無法受之於輪扁。此寓言，所欲傳達的要
旨有二：一、讀書人應當超越前人所留下來的語言文字，以掌握藏在語言文
字背後之前人的真精神。因為語言文字固然無法完全記載聖人之所聞、所見、
所感，而企圖透過語言文字去了解聖人之意或他所契會的「道」，也無異於緣
木求魚。〔註76〕二、人生崇高的精神、境界，是只能透過身心來自覺、自證，
而不能靠客觀法式的傳授。猶如揣摩斲輪之疾徐之道，應用之妙，得全憑個
人體會。而此「體會」是只能「得之於手而應於心」，是口不能言，筆不能載，

〔註73〕見《莊子集釋》，頁 572。
〔註74〕《王弼言意之辨研究》，頁 132。
〔註75〕見《莊子集釋》，頁 491。
〔註76〕見《王弼言意之辨研究》，頁 131。

故可自悟，而不可傳授。所以各人應通過一番自覺自證的工夫去成就、把握
崇高的精神，而不能向外有所依賴。〔註 77〕因此，輪扁據此推論：古聖人體
道之意，其精微的義理，必定是不能透過任何語言文字傳達於後人；若是可
以，那就必定不是悟道之精華，而只能算是滯於「物」之「糟魄」而已。因
爲「道」本身原是「不可道」的，凡不可道之道，善言者即使道之，亦非眞
道。於此，莊子語重心長地說：

> 世之所貴道者，書也。書不過語，語有貴也。語之所貴者，意也。
> 意有所隨，意之所隨者，不可以言傳也。而世因貴言傳書。世雖貴
> 之哉，猶不足貴也，爲其貴非其貴也。〔註 78〕（〈天道〉）

莊子是將書、語、意、意之所隨者，四者依其粗精層次作排列。其中「書」、
「語」指文字語言，而「意」與「意之所隨者」之「意」的意義截然不同。
前一「意」指「語」所含之「意」，可能與「語」相吻合，這是可能被清楚表
述的，似可界定在「盡物」之「意」的範圍內，歸屬於形下名理的範疇；後
一「意之所隨者」，乃是指體道之「意」，超驗之「意」，此意，往往隱微不彰，
故無法言說，不可傳達，因而是言不能盡的。在此有一點須留意的是，莊子
以爲語言文字是「不可以」表達「意之所隨者」，而非是「不足以」表達而已。
「不可以」是完全不可能；「不足以」則指表達得不完善、不窮盡而已。

莊子在處理言意問題時，將「意」一分爲二。「語之所貴者，意也」及「可
以意致者，物之精也」，兩者「意」應爲形下名理範圍內之「意」。在此意義
上（也只有在此意義上），我們可以說莊子主張「言盡意」論。但仔細探究「意
有所隨，意之所隨者，不可以言傳也」一句，此「意」則屬形上超驗領域，
此意不可言說，言亦無法盡意。在此意義上，莊子又是「言不盡意」論者。
如果我們進一步思索「言之所不能論，意之所不能察致者，不期精粗焉」等
文字內容時，我們可看出莊子其所「貴」的，並非「言」，也非「意」（此指
形下名理範圍內之「意」），而是在超越「言」、「意」之外的一種無形可滯，
無名可執的直覺體驗或感悟，亦即是道。

綜合上述所論，我們或許可以如是說：雖然莊子承認在形下名理範圍內
「言可盡意」，但若從莊子哲學之道「無」之本體論來看，「言不盡意」論才

〔註 77〕 參見周美吟《張湛「列子注研究」》（臺北：臺灣師大國文研究所碩士論文，
　　　　 2001 年 6 月），頁 98。
〔註 78〕 見《莊子集釋》，頁 488～489。

是他主要的言意思想。至於「超言意論」，莊子僅是開其端，所以著墨並不多。然而，此論卻是《莊子》整部書所要傳達之重心所在，而且，此論也帶給魏晉玄學言意命題新的發展，如荀粲的「象外之意、繫表之言」之「言象不盡意論」，王弼的「無稱之言」、「得意忘言」，郭象的「寄言出意」，入於「無言無意」的理境，甚至，後來佛教所謂的「離言說相，離心緣相」及禪宗所言的「言語道斷，心行路絕」，在論述上皆深受莊子「超言意論」思想的影響。

至此，我們可以看出，莊子的確在繼承老子言意觀的基礎上做了進一步的發展與充實。然而，莊子言意觀最具卓見且遠遠超越老子的，乃是其「得意忘言」論。〈外物〉結合說理與譬喻，說到：

　　荃者所以在魚，得魚而忘荃；蹄者所以在兔，得兔而忘蹄；言者所
　　以在意，得意而忘言。吾安得夫忘言之人而與之言哉！〔註79〕

成玄英疏其義：「此合喻也。意，妙理也，夫得魚兔本因荃蹄，而荃蹄實異魚兔，亦猶玄理假於言說，言說實非玄理。魚兔得而荃蹄忘，玄理明而名言絕。」〔註80〕荃、蹄分別為釣魚、捕兔之工具，其目的在於得魚和兔。一旦得到魚兔後，即可忘卻荃蹄之工具。莊子以「言」為「荃蹄」，是「得意」之工具，所以得意後應即忘言，也就是說，得其玄理後就不應再滯泥、拘執於語言。

現就「得意而忘言」句申述之。得意之「意」，當是超乎知性言詮之外，是指體道、悟道之意，屬形上超驗的層次。「而」字的使用並不具有強制的意向，它毋寧是富於轉圜餘地的柔性字眼，表明「得意」之後自然而然的趨勢。「忘」字最單純的解釋是忘卻，進而可謂不拘執、不黏滯，更進則具有工夫、境界之義，即所謂「坐忘」。人要得「道」的關鍵在於「忘」，「得意」的關鍵就在「忘言」。〔註81〕忘言之「言」，則屬形下名理之言，是指日常的知性語言。體道之意與知性語言畢竟屬於不同領域，因此「忘言」當是指「知性語言」不能詮釋「體道之意」，人們應隨說隨掃，不拘執固守於工具或表象，亦即惟有超脫一切外在形式，才能把握住事物的本質。〈外物〉篇接著又說：「吾安得夫忘言之人而與之言哉？」此句豈不矛盾？既然已經說是「忘言之人」，何以又說要「與之言」？其實在莊子看來，他單純的希望能與出入於言意之表，而不為名言所黏滯之「忘言」之人，以默識心通的「無言之言」的方式

〔註79〕見《莊子集釋》，頁944。
〔註80〕同前註，頁946。
〔註81〕見《王弼言意之辨研究》，頁130。

與之神交。〔註82〕總之，在莊子「得意忘言」此命題中，「忘言」是「得意」的必要條件，亦即只有不拘泥一切外在形式，而以空明之心觀照萬物，方可掌握事物本質，亦才能進入「道」的境界。所以「得意」後不但可以「忘言」，而且是一定要「忘言」的，此乃「得意忘言」之眞義。玄學思辨的天才王弼乃承繼莊子「得意忘言」的思想成果，在《周易略例・明象》對言意問題作了更完整、更有系統的闡發。

　　莊子言意思想從「言盡意」到「言不盡意」，再轉而爲「得意忘言」，層層遞進，最後進入「超言意」的境界，而此境界正是莊子「自然無爲」的生命哲學境界。

三、詭辭爲用

　　承上文，莊子認爲「道不當名」且「得意」須「忘言」。因此當他試圖要表達「不可道」的世界時，勢必要採取某些特別的表意方式，此即「謬悠之說，荒唐之言，無端崖之辭」〔註83〕之「詭辭」。如：

> 今且有言於此，不知其與是類乎？其與是不類乎？類與不類，相與爲類，則與彼無以異矣。（〈齊物論〉，頁79）

> 今我則已有謂矣，而未知吾所謂之其果有謂乎？其果無謂乎？（〈齊物論〉，頁79）

> 天地與我並生，而萬物與我爲一。既已爲一矣，且得有言乎？既已謂之一矣，且得無言乎？一與言爲二，二與一爲三。（〈齊物論〉，頁79）

莊子自覺地問自己的言說較一般之是非成見的言論，是「與是類」抑或是「與是不類」？或者意識到自己的言說應屬「有言」抑或「無言」？而且他既然「與萬物爲一」，則他應當是「無言」或「忘言」的，但是既然言「與萬物合爲一體」之「一」，則是否已經落入「有言」之弔詭中呢？〔註84〕此即莊子「自我指涉」之弔詭。

　　自我指涉之弔詭的基本問題結構，最早是出現於古希臘人「說謊者的弔

〔註82〕同前註。

〔註83〕《莊子集釋》，見頁1098～1099。

〔註84〕林永崇《莊子弔詭語言之研究——一個比較哲學之探究》（臺中：東海哲學研究所碩士論文，1986年5月），頁7。

詭」，〔註85〕有一個名叫埃彼梅尼德的人，他是所有克利特人的一分子，可是他卻說了一句，包括自己在內的陳述句－「所有克利特人都是說謊者」－因為此陳述句是全稱命題之形式，故必然會涉及自己是否為陳述句中所肯斷的情境（如說謊）。在此種陳述的結構中，若肯定「所有克利特人都是說謊者」此陳述句為真，乃表示屬於克利特人的埃彼梅尼德說了一句真話，亦即有一克利特人不說謊話，如此則推翻了原來的陳述句，而「所有克利特人都是說謊者」此陳述句反而為假了。反之，若肯定「所有克利特人都是說謊者」為假，乃表示克利特人所作出的陳述一定有些是真的。但若之前設定克利特人所作的其它一切陳述都是謊話，而所有謊話均等同於假的陳述，則必推得埃彼梅尼德自己的陳述句「所有克利特人都是說謊者」為真。如此，使我們陷入矛盾之中。

上述說謊者之弔詭是屬於自我指涉之弔詭，此「自我指涉」（self-reference）一詞在西方哲學的用法中，含有「自我矛盾」（self-contradiction）之意。只是「自我矛盾」一詞過於強烈，不適合指謂道家之問題及其解答。老子所謂「道可道，非常道；名可名，非常名。」此一詭辭，實包含了一種「自我指涉」的特質。此即「道可道、非常道」亦包括在「道」的範圍之內。於是五千言道德經之「可道」，推得應為「非常道」，可是，老子所揭櫫的應該是「常道」，則如此已「道」的五千言如何保住「不可道」的「常道」呢？莊子「無言之言」亦是如此，「無言」之境既是不可「言」的，一旦有「言」，則與「無言」有所不合。亦即，「無言」理應不能作任何之「言說」，但莊子之「言」顯然違背了「無言」之意。此種不合或違背則亦涉及到「自我指涉」之意。〔註86〕西哲維特根什坦亦在自己的書中，自覺地提出此種自我指涉之弔詭的情境。如：

> 我所說以上諸命題依以下的樣式足以充作使事物明白的一種說明，
> 即：任何人，他若了解我，他最後將確認我的那些命題為無意義，
> 當他已使用它們作為階梯向上攀登以越過它們時（如普通所謂在向
> 上攀登已越過梯子後，他必須捨棄那梯子）。
>
> 他必須超離這些命題，如是，他將會正確地看世界。（6.54）
> 凡我們所不能說者，我們必須在沉默中略過。（7）〔註87〕

〔註85〕 參岑溢成〈老子之基本概念——語意的悖論〉（臺北：《鵝湖月刊》一一五期，1985 年），頁30～31。

〔註86〕 見《莊子弔詭語言之研究——一個比較哲學之探究》，頁6、14、44。

〔註87〕 見牟宗三先生譯維特根什坦之《名理論》（譯者之言）（臺北：臺灣學生書局，1987 年），頁159。就在此意義下，此即莊子與西哲之詭辭在形式之特性上均

維氏認為只有我們了解了語言的邏輯結構之後才能看到世界，但語言的邏輯結構有如階梯，而正確地看到世界則要「爬上梯子之後，必須將梯子扔掉。」所以維氏認為他整部書最終是悖謬的，必須如梯子扔掉一樣，可是，他畢竟言說了整部書。他同老莊均面臨了所說的整部書究竟對「言說」而言，是應該「言說」或者不應該「言說」。如果是「言說」，但他們整部書是不能「言說」，是「無言」的（《老子》一書是「道可道，非常道」，《莊子》一書是「無言之言」，維氏是「不能說者」）。相反的，如果是不應該「言說」，可是他們卻都「言說」了整部書（《老子》一書是「道可道，非常道」的「道」，《莊子》是「無言之言」的「言」，維氏是「不能說者」的「說」）。三者之如此情況，即是屬於自我指涉之弔詭。〔註88〕

另一方面，《莊子》書中也出現非以自我指涉之弔詭視之的詭辭。如：

未成乎心而有是非，是今日適越而昔至也。是以無有為有。（〈齊物論〉，頁56）

彼是方生之說也，雖然，方生方死，方死方生；方可方不可，方不可方可；因是因非，因非因是。（〈齊物論〉，頁66）

天地一指也，萬物一馬也。（〈齊物論〉，頁66）

天下莫大於秋豪之末，而大山為小；莫壽於殤子，而彭祖為夭。（〈齊物論〉，頁79）

自其異者視之，肝膽楚越也；自其同者視之，萬物皆一也。（〈德充符〉，頁190）

《莊子‧天下篇》所列名家惠施的歷物之意，即「合同異」之說，與上述文句有相似的論題：

至大無外，謂之大一；至小無內，謂之小一。無厚，不可積也，其大千里。天與地卑，山與澤平。日方中方睨，物方生方死。大同而與小同異，此之謂小同異；萬物畢同畢異，此之謂大同異。南方無窮而有窮，今日適越而昔來，連環可解也。我知天下之中央，燕之北越之南是也。泛愛萬物，天地一體也。〔註89〕

為相同的，而就內容之，中西語言哲學是有其差異性的。

〔註88〕參見《莊子弔詭語言之研究——一個比較哲學之探究》，頁8、45。

〔註89〕《莊子集釋》，見頁1102。

我們不能說某一經驗對象即是大而且又是小，或是說某對象即是生同時又是死，若果真是如此，則「大－小」、「生－死」、「天－地」、「山－澤」、「無窮－有窮」等這些命題必定均無法成立。換言之，如果將「天下，秋豪之末」、「生，死」、「天地，萬物，我」、「壽，夭」、「肝膽，楚越」視爲經驗世界之相對概念，則於莊學義理乃不可理解而反而成爲怪說了。就在此意義下，即莊子與名家之詭辭在形式之特性上有著相似之處，即二者之詭辭均非落於一名一實的經驗對象上而言。〔註90〕所謂「形式」亦即不涉及詭辭之內容義理而言。究其詭辭之哲學義理內容而言，兩者有其差異。

惠施以「至大無外」來規定「大一」，以及以「至小無內」來規定「小一」，是一種「形式的規定」或「邏輯的規定」。〔註91〕亦即是無論經驗事實上有否可能存在「無外」的「大」或「無內」的「小」，而總是可能給予形式上的界定。而莊子關於「大－小」的問題，乃是由「道」之境界上而超越此大小，以致達「不可思議之渾一」的理境而言。又惠施言「物方生方死」是要化除生死的對立差別。他把一些相異的觀念皆予以化除，如「天－地」、「山－澤」，其目的就在於由此而達到「氾愛萬物，天地一體也」的目標，這也是他「合同異」的最後理想。莊子也說「天地與我並生，而萬物與我爲一」，可見兩人的目標是相同的。表面看起來二者似乎差不多，且莊子說「彼是方生之說也」，雖是借惠施的「方生之說」而從生死、可不可的對偶性不能成立來平齊萬物，但莊子是從玄理的立場來談的，而惠施則是名理地談。〔註92〕牟宗三先生從「名理」與「玄理」之區分的架構以展示兩者的不同。

> 惠施之談大同異是名理地談，亦是客觀地談；而莊子則進一步，是玄理地談，亦是主觀修證地談。莊子之心靈固根本不同于惠施，但惠施之名理確可啓發莊子之玄理。名理與玄理之間有相當之距離。即就本條言（案：即小同異及大同異），吾人尚不能完全以莊子玄理之合同異解惠施名理之合同異也。名理之合同異，最後還是有同有異。其所合者至多是相對的小同異。絕對的同與絕對的異仍不能泯滅也。〔註93〕

〔註90〕 參見《莊子弔詭語言之研究——一個比較哲學之探究》，頁 21、27。

〔註91〕 見牟宗三先生《名家與荀子》（臺北：臺灣學生書局，1985 年），頁 6。

〔註92〕 見《中國哲學十九講》，頁 210～211。

〔註93〕 見《名家與荀子》，頁 17～18。

牟先生認為「名理之合同異」與「玄理之合同異」仍有相當之距離。惠施歷物之意的詭辭中「天之高」、「地之卑」或「山與澤之平或不平」乃是順吾人依約定俗成而有的虛概念，這些虛概念之所以為虛概念，即是人們不必然一定要如此指謂不可。依此，惠施之詭辭的合同異，乃是就指謂經驗現象所約定俗成的虛概念而言，其內容是由泯除因比較而顯之上下高低之差別相所顯之思理。而莊子之詭辭的合同異，其內容是由主觀修證之逍遙無待且齊物之理境，此境界下所朗現的乃是一切渾化而無上下高低等差別相可言的世界。〔註94〕總之，前者是名理地談，後者是玄理地談，二者的思路與理境上並不一致，我們不能完全根據惠施來解釋莊子之詭辭的「合同異」之說。

《莊子》書中「詭辭為用」的表達方式，或許也有不與名辯之詭辭有何相應關係。如〈齊物論〉中：「夫大道不稱，大辯不言，大仁不仁，大廉不嗛，大勇不忮。」的命題方式，即和《老子》第四十五章「大成若缺，其用不弊；大盈若沖，其用不窮。大直若屈，大巧若拙，大辯若訥。」就相當類似，皆是表面上看似衝突悖理且不易理解的詭辭。前面提過，老子「正言若反」的語句，牟先生以為是一種「辯證的詭辭」，即是運用辯證的思維所成就的表意方式。所謂辯證法的思維方式是：正反之對立是對于「原始諧和（Primary harmony）」的否定，經由自覺（如道德活動之自覺）而成的破裂（schism）就表示這個否定。但是正反對立是暫時的，必須對於正反對立進行第二次之否定，此為對立底統一，在統一中言銷融（reconciliation），而達再度諧和（Secondary harmony），而此種正反合的辯證發展，是一個無限的繼續。〔註95〕可知，透過「否定的否定」後之「再度諧和」的境界，就是徹底的無執無著的境界。因此，為彰顯這無執無著的境界，就須運用「辯證的思維」，因為辯證的思維即是為了祛除成心的執著。〔註96〕

至此，我們回到前舉「大辯不言，大仁不仁」等之詭辭。「大辯」或「大仁」是對「辯」或「仁」的第一次否定的「正反對立」，而非「圓融統一」，因此要解消（融化）對立，就必經「大辯」或「大仁」的第二次否定，而達至一較高境界，此較高境界即是「絕對無限之境界」。換言之，「大辯」和「大

〔註94〕參見《莊子弔詭語言之研究——一個比較哲學之探究》，頁30、35。

〔註95〕參見牟宗三先生《理則學》，頁271～279。

〔註96〕參林鎮國〈莊子的語言哲學及其表意方式〉（臺北：《幼獅月刊》第四十七卷第五期，1978年5月），頁22。

仁」的境界是可以銷融「辨」與「不言」及「仁」與「不仁」間之矛盾。所以，莊子「大道不稱，大辯不言，大仁不仁，大廉不嗛，大勇不忮」此段詭辭，乃是為導引出生命中「不言之辯，不道之道」的「天府」。而此「天府」自是無法以「大辯、大仁、大廉、大勇」等稱謂之，故必須「詭辭為用」。總之，莊子運用詭辭之意，其所指涉者，實是與「道通為一」自然無為的生命境界。〔註97〕

　　老莊表意的特殊方式同為詭辭，即遮即顯，祛惑去執，而臻至玄同無待之境。但兩者表達的方法有異。牟宗三先生說：「老子採取分解的講法，莊子採取描述的講法」。〔註98〕老子是「分解的講法」，則「系統整然，綱舉目張。種種義理，種種概念，皆連貫而生，各有分際」。〔註99〕依跡冥論之旨，老子的「分解相」即是顯現為一種「跡」。老子「詭辭為用」的分解相十分明顯，故其書中顯示的「跡」亦愈明顯。依此，則老子的表達方式是無法圓成「跡而無跡」或「即跡即冥」的。所以稱老子的言說是「辯證的詭辭」乃十分確當。然而，莊子的表達方式，誠如牟先生所說：「則隨詭辭為用，化體用為一。其詭辭為用，亦非平說，而乃表現。表現者，則所謂描述的講法也。彼將老子由分解的講法所展現者，一起消融於描述的講法中，而芒忽恣縱以烘託之，此所謂表現也。」〔註100〕換言之，莊子圓化了老子之「詭辭為用」，而運用了「描述的講法」。牟先生且認為「在此漫畫式的描述講法中，正藏有『詭辭為用』之玄智。」此處「詭辭為用」指的是「無理路之理路」，亦是「大混沌、大玄智、大詭辭」。此所謂「大詭辭」即是要與老子之「詭辭」有所區別。牟先生進一步說：「此大詭辭之玄智，如再概念化之，嚴整地說出，便是一種『辯證的融化』（Dialectical reconciliation）。『謑詭譎怪，道通為一』。無成無毀，無有無無。『俄而有無矣，而未知有無之果孰有孰無也』（〈齊物論〉）。此之謂辯證的融化。老子是概念的分解，莊子是辯證的融化。而『辯證的融化』卻是藏在謬悠、荒唐、無端崖之芒忽恣縱之描寫中。」〔註101〕牟先生言「辯證的融化」可理解為莊子之「無言之言」之境，經過再否定之辯證之後，「言」與「無言」不再是正反對立或主客對立之關係，而達至「再度諧和」，故言「辯

〔註97〕參見《莊子弔詭語言之研究 —— 一個比較哲學之探究》，頁75、85。
〔註98〕見《才性與玄理》，頁175。
〔註99〕同前註。
〔註100〕同前註，頁176。
〔註101〕同前註。

證的融化」。〔註102〕無論是老子的「辯證的詭辭」，或莊子的「辯證的融化」，兩者的弔詭型態均不屬於知識範圍的問題，而是屬於實踐的、智慧的學問，亦即是生命的學問。

四、小　結

綜上所述，莊子言意觀上承老子，也是從形上學的背景出發，從「言不盡意」到「得意忘言」，進而開出「超言意」思想的境界。莊子認為惟有持守「心齋」、「坐忘」〔註103〕的修養工夫，才能臻於逍遙無待的境界。因此，莊子設計一套獨特的表意方式——即詭辭為用，以期描述形上世界，並透顯出其高度的智慧。總之，莊子的言意觀為魏晉玄學的言意之辨開啓新的生命契機，其開創性之意義不容忽視。

第三節　《易傳》的言意觀

先秦儒家中最早明確提出關於人類思維過程中言意關係理論的是《周易・繫辭傳》。〔註104〕而首先於「言意」間引入「象」此範疇的也是《周易・繫辭傳》。其上傳說：

〔註102〕見《莊子弔詭語言之研究——一個比較哲學之探究》，頁87。
〔註103〕莊子所提「心齋」、「坐忘」的修養工夫，也就是老子的「致虛極、守靜篤」的虛靜無執的修養工夫。《莊子・人間世》言心齋的工夫歷程：回曰：「敢問心齋？」仲尼曰：「若一志，無聽之以耳而聽之以心，無聽之以心而聽之以氣！耳止於聽（據俞樾「諸子評議」校正），心止於符。氣也者，虛而待物者也。唯道集虛，虛者，心齋也。」（頁147）。「心齋」就是指「虛而待物」，就是指一個虛靈不昧的心靈狀態，任外物進來且出去，不滲入一絲主觀判斷。〈大宗師〉「坐忘」言：「墮肢體，黜聰明，離形去知，同於大通，此謂坐忘。」頁284。所謂「坐忘」是指放棄一切有形無形之智巧執著，以達到一空靈絕待，自由自在，「天地與我並生，而萬物與我為一」的境界。
〔註104〕當代學術界一般認為，在先秦哲學中最早比較明確提出言意關係理論的，在儒家是《易傳》，在道家則是《莊子》。朱立元先生在其〈先秦儒家的言意觀初探〉一文中則指出有關言意理論的源頭應往前追溯，道家可上溯老子，儒家則可探源至孔子。朱先生認為儒家言意觀在基本方面是主張「言盡意」論的，肯定在日常知性思維範圍內，名實言意之間有較大的一致性，言能盡意，辭可達意；但也初步發現在涉及形上超驗領域時，則日常名理邏輯語言就難盡其職了，語言與意旨之間就呈背離狀態，辭不能達意，言難以盡意，從而在一定範圍內承認了「言不盡意」論也有某種合理性。參朱立元〈先秦儒家的言意觀初探〉（《中國哲學史》，1994年9月），頁49～54。

子曰：「書不盡言，言不盡意。」然則聖人之意不可見乎？子曰：「聖
人立象以盡意，設卦以盡情偽，繫辭焉以盡其言，變而通之以盡利，
鼓之舞之以盡神。」〔註105〕

王船山注云：「書，謂文字；言，口所言。言有抑揚輕重之節，在聲與氣之間，
而文字不能別之。言可以著其當然，而不能曲盡其所以然，能傳其所知，而
不能傳其所覺。」〔註106〕人們心中的意念想法，往往無法用言語貼切地表達
出來，至於用書寫記載下來的文字，更是有隔靴騷癢之困境存在。因此，對
「聖人之意」的理解，更是難上加難。這裡的「聖人之意」的「意」，已非先
前所提人們心中的想法，而是指《周易》所論述的易理。前後兩個「意」字，
意思不同，兩者不容混淆。既然語言文字不能窮盡表達出聖人的思想，聖人
之意該從何體現？〈繫辭〉提出「立象以盡意」之方法。何謂象？《周易‧
繫辭上傳》云：「聖人有以見天下之賾，而擬諸其形容，象其物宜，是故謂之
象。」〔註107〕古聖王伏羲創制八卦符號，用此符號之象表達聖人深奧的思想。
《周易‧繫辭下傳》提到：「古者庖羲氏之王天下也，仰則觀象於天，俯則觀
法於地，觀鳥獸之文與地之宜；近取諸身，遠取諸物，始作八卦，以通神明
之德，以類萬物之情。」〔註108〕就是「聖人立象以盡意」的具體過程。聖人
觀照天地萬物，欲將心中所感之意念表達於外，因有感一般語言文字有其局
限性，無法充分窮盡表述的功能，故設置符號性的卦爻畫象，希望利用其特
有的活潑徵象性，來彌補一般語言文字的不足，以求能夠充分窮盡其意。

　　然而，易傳所謂的符號式之卦爻畫象，雖具有高度的開放性，可以馳騁
人們的想像力，但在想像的世界裡，沒有固定的標準，沒有確切的答案，只
有可能性，所以其卦爻畫象也相對地具有一定的模糊性。於是聖人另創製卦
爻辭，繫於卦爻象之後，以詮釋象的意涵。此即易傳所謂的「極天下之賾者
存乎卦，鼓天下之動者存乎辭。」〔註109〕戴璉璋先生於《易傳之形成及其思
想》一書中，對上述這段文字提出「對於事物的複雜性，他（製作卦文之聖
人）通過卦而用象徵的方式來表示；對於事物的變動性，他通過爻而用繫辭

〔註105〕《周易》，頁157～158。
〔註106〕見王夫之《船山易學》周易內傳（臺北：河洛圖書出版社，1974年12月），
　　　　　頁518。
〔註107〕見《周易》，頁158。
〔註108〕同前註，頁166。
〔註109〕同前註，頁158。

的方式來表示」〔註110〕的看法，意圖藉由卦爻象及卦爻辭來涵容天下事物的複雜性與變動性。通觀孔子這段文字內容，是指聖人之意唯有通過卦爻畫象才能傳達給後人，而對於卦爻符號又只能通過卦爻辭來了解。於此，對於聖人之意，卦爻辭是無法直接論說的，卦爻畫象則是一般語言文字到聖人之意的橋樑。〔註111〕

　　總之，在《易傳》思想裡，聖人雖明指語言符號有其局限性，但是並未全然否定語言符號作為表達工具的價值意義，此與老莊的超言意思想有所不同。如果說首先於「言」、「意」間引入「象」此範疇的是《周易・繫辭傳》，那麼在中國易學史上，對「言」、「象」、「意」三者的關係發揚光大且論述最充分的，莫過於魏晉時「幼而察慧，年十餘，好老氏，通辯能言」〔註112〕的王弼。王弼的言意思想，詳見後文。

〔註110〕見戴璉璋《易傳之形成及其思想》（臺北：文津出版社，1989年），頁152。

〔註111〕參蒙培元《中國傳統哲學思維方式》（杭州：浙江人民出版社，1993年8月），頁273。

〔註112〕見《三國志・魏書卷二十八鍾會傳注》引何劭《王弼傳》（臺北：鼎文書局，1975年），頁795。

第三章　魏晉言意理論探討

　　言與意是魏晉玄學一對重要的概念。言是意的表達形式，意是言所要表達的對象。魏晉學者對「意」有不同的看法，因而產生不同的言意關係。大體而言，持「言盡意」說法的歐陽建，其所揭示的對象乃是客觀事物，因而「言」的表意功較能應付。然而，傾向主張「言不盡意」看法的學者，如荀粲、王弼等人，認為「意」乃是指「道」、易理、聖人之意或佛理等內容深奧無窮的「玄意」，所以「言」的表意功能便受到限制。〔註1〕由此可見，作為表達對象的「意」，其所指為何，的確影響各家對言意關係的看法。本章節試著探討各家的言意關係，以便彰顯各家言意關係的特色，進而由各家理論呈顯出魏晉「言意之辨」的特色。

第一節　荀粲的言意思想——言象不盡意論

　　荀粲是首位將「言不盡意」思想引入玄學領域之人。有關他言意思想的資料，主要見於《三國志・魏書》卷十〈荀彧傳〉裴松之注引何劭為荀粲所作之傳文。何劭為粲傳曰：

> 粲字奉倩。粲諸兄並以儒術論議，而粲獨好言道，常以為子貢稱夫子之言性與天道，不可得聞，然則六籍雖存，固聖人之糠秕。粲兄俁難曰：「《易》亦云聖人立象以盡意，繫辭焉以立言，則微言胡為不可得而聞見哉？」粲答曰：「蓋理之微者，非物象之所舉也。今稱

〔註1〕　參見施忠賢《魏晉言意之辨研究》（中壢：中央中文研究所碩士論文，1990年1月），頁3～4。

立象以盡意，此非通於意外者也；繫辭焉以盡言，此非言乎繫表者
也；斯則象外之意，繫表之言，固蘊而不出矣。」及當時能言者不
能屈也。

又論父彧不如從兄攸。彧立德高整，軌儀以訓物；而攸不治外形，
慎密自居而已。粲以此言善攸，諸兄怒而不能迴也。

太和初，到京邑與傅嘏談。嘏善名理而粲尚玄遠，宗致雖同，倉卒
時或有格而不相得意，裴徽通彼我之懷，爲二家騎驛。頃之，粲與
嘏善，夏侯玄亦親。常謂嘏、玄曰：「子等在世塗間，功名必勝我，
但識劣我耳！」嘏難曰：「能盛功名者，識也，天下孰有本不足而末
有餘者邪？」粲曰：「功名者，志局之所獎也。然則志局自一物耳，
固非識之所獨濟也。我以能使子等爲貴，然未必齊子等所爲也。」

〔註2〕

彧、粲兄弟一段著名的對話，篇幅雖簡，後人卻對討論的主題有不同的看法。
像馮友蘭先生以爲荀氏兄弟在這場討論中，荀彧是主張「言盡意」，荀粲則持「言
不盡意」的看法。〔註3〕所以討論的主題是「言盡不盡意」的問題。但有學者
卻對彧、粲兄弟討論「言盡不盡意」的說法有不同的理解。王葆玹先生以爲：「漢
人重視易學，普遍接受了〈繫辭傳〉『立象盡意』的說法。……過去人們以爲荀
彧主張『言盡意』而荀粲認爲『言不盡意』，其實不然。上文已根據〈繫辭上傳〉
說明一個道理：正是由于『書不盡言，言不盡意』，才需『立象』以作盡意的手
段。如果言能盡意，『立象』便無必要。荀彧既採用『立象盡意』說，便不能不
同意『言不盡意』說。就是說，他與荀粲的爭論是在『言不盡意』的前提下進
行的，其爭論的焦點不在於『言』能否『盡意』，而在於『象』能否『盡意』。
荀彧是『立象盡意』說的擁護者，而荀粲則不然。」〔註4〕其實，荀彧的言意
觀很明確，是「立象盡意，繫辭盡言」，此乃直接取自《易‧繫辭上傳》，可見
彧並非主張「言盡意」，而是像〈繫辭傳〉的作者一樣，在「言不盡意」的前提
下主張用卦爻之象來表達「聖人之意」，再通過卦爻辭來理解「象」。簡言之，

〔註2〕 見《三國志‧魏書卷二十八鍾會傳注》引何劭《王弼傳》（臺北：鼎文書局），
　　　 頁319～320。

〔註3〕 參馮友蘭著《中國哲學史新編，第四冊》（北京：人民出版社，1986年9月），
　　　 頁121。

〔註4〕 王葆玹著《正始玄學》（中國傳統思想研究叢書）（合肥：齊魯書社，1987年），
　　　 頁25。

就是「言不盡意」而「立象盡意」。〔註5〕依王氏說法，荀氏兄弟討論的是「象盡不盡意」而非「言盡不盡意」的問題。然而，在王氏引文中，不是亦可見著「荀俁既採用『立象盡意』說，便不能不同意『言不盡意』說」之文字敘述？於此，我們是否可如是說，王先生其實是認同荀俁為「言不盡意」論的。

由以上的討論可知，俁、粲兩人，其實都是「言不盡意」論者。不論兩人所討論的主題是「言盡不盡意」抑或是「象盡不盡意」的問題，但至少有一點是不會引起爭論的，即是：荀粲是玄智之人，所談乃是玄遠之事（粲尚玄遠），視為「言不盡意」論者，應無疑。接著即對荀粲之言意觀點作說明。

從粲之傳文，可知善名理的傅嘏，以為識見與功名兩者關係密切，有識見必有其功名，有功名亦表示有其識見。然尚玄遠之荀粲則不以為意，認為智識是本，功名才能是末，才能雖由智識所生，然兩者間並無絕對的必然關聯，識寡可能功多，性劣可能才優。是以才性相異相離，由性不可辨才，由才亦無法觀性。由此知粲重本輕末，重其智識（性），而輕功名（才）。

又知荀父或之「立德高整，軌儀以訓物」的表現，正是傳統名教思想下推崇備至的典範，粲卻不以為意，認為「立德高整，軌儀以訓物」只不過是外在之言行表現，反不如其從兄攸之「不治外形，愼密自居」，擁有豐富的內在涵養。粲對二人的評價是從兄優於其父的。此更表現出粲重內在修養本質，而輕外在言行表現的觀點。總之，荀粲是以意之玄遠為取，而忽形骸，捨形取神。至於荀粲的言意理論，則在何劭〈荀粲傳〉第一段引文中亦透露「輕忽外形而重視內涵」之思想特質。接著即討論有名之「六籍雖存，固聖人之糠秕」之言。

荀粲以為六經乃是「聖人之糠秕」，其實「六籍雖存，固聖人之糠秕」一語，非粲為先聲，早在《莊子・天道》篇「輪扁斲輪」的寓言中即見「君之所讀者，古人之糟魄已夫」之同調語。輪扁以斲輪之技無法傳於子孫為例，說明精微之理，是「得之於手而應於心，口不能言」，是超乎言詮意表的。又〈天運〉：「夫六經，先王之陳跡也，豈其所以跡哉！」〔註6〕則是說明真正奧祕處，是口無法言說、不落於言詮的。所以六經，只能表明先王的陳跡，卻無法表達出真正可貴的所以跡。又〈天道〉篇：「世之所貴道者，書也。書不

〔註5〕　參蒙培元《中國傳統哲學思維方式》（杭州：浙江人民出版社，1993 年 8 月），頁 277。

〔註6〕　《莊子集釋》，見頁 532。

過語，語有貴也。語之所貴者，意也；意有所隨，意之所隨者，不可以言傳也。而世因貴言傳書。世雖貴之，我猶不足貴也，爲其貴非其貴也。」〈秋水〉篇：「可以言論者，物之粗也；可以意致者，物之精也。言之所不能論，意之所不能察致者，不期精粗焉。」等超言意境的內容，皆荀粲言意思想的出發點且直接所本者。以上所引，皆與輪扁看法相同，均認爲語言文字是「不能」表達聖人之意。

接著，荀俁站在儒家立場（粲諸兄並以儒術論議，而粲獨好言道），藉《周易・繫辭上傳》「立象盡意」、「繫辭盡言」提出他的主張。荀俁認爲「象」可以「盡」聖人之意，「卦、爻辭」亦可「盡」聖人所要表達的話語，所以聖人之道是可見於文字典籍中。荀粲則站在道家玄指，直向不可道的境界而趨的立場，對俁的回應是「理之微者，非物象之所舉也。」粲之微理是要離於物象世界，而物象世界是可道的。於此可知，荀粲以爲語言文字所無法表達或窮盡的對象，乃是直指精深微妙的易理或道理，然若所揭示的對象是客觀的事物，粲則並未否定其語言有表意功能的價值性存在。粲申其義：「今稱立象以盡意，此非通於意外者也；繫辭焉以盡言，此非言乎繫表者也。斯則象外之意，繫表之言，固蘊而不出矣。」牟宗三先生如是說：

> 「立象以盡意」，此是象所盡之意。有象所盡者，即有其所不盡者。象所不能盡者，即「象外之意」。繫辭以盡言，此是辭所盡之言。固亦有無窮之言而未盡矣。此即「繫表之言」。所以有「繫表之言」即因有「象外之意」故也。有象外之意，象有限度。有繫表之言，辭有限度。總之，是言象並不能盡意也。自其盡者而言之，爲「言意境」；自其所不盡者而言之，則爲「超言意境」。〔註7〕

荀粲將言分爲「繫辭之言」和「繫表之言」；將意析爲象所表達出來的「意」（即「象所盡之意」），以及象所不能表達出來的「意外」（即「象所不盡之超意」）兩層，而「意」是無法表達出「意外」的。荀粲所言「象外之意」、「繫表之言」即指「意外」。此所謂「意外」，乃是指超象絕言之「道」而言，此道非言可盡。如此則近於老莊，而趨於一超言意境。故視荀粲之「象外之意，繫表之言之蘊而不出」爲「言不盡意」論者。〔註8〕

總之，荀粲所主張的言意理論中，所凸顯的「言外」、「意外」的觀念，

〔註7〕《才性與玄理》，見頁246～247。
〔註8〕同前註，見頁253。

有承先啓後的時代意義。不只是延續莊子「意有所隨，意之所隨者，不可以言傳也」的精神，〔註9〕更對玄學思辨的天才王弼之「得意忘言」論有啓發性的影響。

第二節　管輅的言意思想——微言妙象盡意說〔註10〕

管輅是三國時曹魏人。在《三國志‧魏書》卷二十九管輅的傳文中，裴松之引用〈管輅別傳〉中有一段提到：

> 輅爲何晏所請，果共論《易》九事，九事皆明。晏曰：「君論陰陽，此世無雙。」時鄧颺與晏共坐，颺言：「君見謂善《易》，而語初不及《易》中辭義，何故也？」輅尋聲答之曰：「夫善《易》者不論《易》也。」晏含笑而贊之「可謂要言不煩也。」因請輅爲卦。〔註11〕

管輅精於《易》，又善於卜卦，認爲眞正精通易理之人，反而是不談論易理的。因此他對言意理論的看法多與《易》有關。《魏志‧管輅傳注》引〈輅別傳〉中有段內容明白表示出管輅對言意關係的看法。

> 輅言：「夫物不精不爲神，數不妙不爲術。故精者，神之所合；妙者，智之所遇。合之幾微，可以性通，難以言論。是故魯班不能說其手，離朱不能說其目。非言之難，孔子曰：『書不盡言』，言之細也；『言不盡意』，意之微也，斯皆神妙之謂也。」〔註12〕

〔註9〕 《莊子》〈天道〉、〈秋水〉等篇的言意內容（見第二章「莊子言意觀」），即暗示聖人的奧義在書籍文字之外，因此可說「意在言外」的萌始者，乃爲莊子。參陳引馳〈「言意之辨」導向文學的邏輯線索〉（中國：《文藝理論研究》，1994年3月），頁34～35。

〔註10〕 「微言」是「聖人之言」的精微部分，不同於一般言論。是否有一種「微妙」的「象」，與普通的「象」有所不同呢？據《世說‧文學第四》劉孝標的注文記載：東晉孫盛和當時的「能言諸賢」有過辯論，孫盛的論題是「易象妙於見形」，大意是說〈易〉中爻象「備不備之象」，「兼未形之形」，較普通形象微妙，稱爲「妙跡」，亦即「妙象」。孫盛強調「妙象」的存在，意在說明一般形象不能「盡意」，「妙象」才可盡意。王葆玹對此理論用「妙象盡意」一語來概括，且認爲此說的起源應上溯到管輅。不過，孫盛的妙象只是將經傳中的「象」神秘化，終歸還是與漢代象數學的「象盡意」說無異，而與管輅的「妙象」有所不同。參見王葆玹《玄學通論》（臺北：五南，1996年），頁221。或參見王葆玹《正始玄學》（合肥：齊魯書社，1987年），頁331～333。

〔註11〕 見《三國志‧魏書》（臺北：鼎文書局，1975年），頁821。

〔註12〕 同前註，頁822。

　　物之精妙處，是不能以固定的語言概念去掌握它的，因爲若以任何言詮、概念去掌握，皆會失於一偏。管輅由此認爲語言文字是無法表達出易（義）理之精微玄妙的。並舉魯班、離朱之例說明此二人雖身具奇技，卻難以語言文字來說其技，由此闡釋精微義理的不可言說性。管輅又藉孔子「書不盡言、言不盡意」之語，言其語言文字所不能盡者，乃是言之細、意之微的聖人之意，此「言之細、意之微」亦即是荀粲所謂的「繫表之言、象外之意」，只是管輅並非如荀粲用「微言」直接「盡意」，而是用「微言」表達「妙象」，用「妙象」來「盡意」。〔註13〕管輅曾言：「始讀《詩》、《論語》、及《易》本，學問微淺，未能上引聖人之道，陳秦、漢之事，但欲論金木水火土鬼神之情耳。」〔註14〕說明他想做的是「論金木水火土鬼神之情」，而非「微言盡意」。因此他主張善《易》者不論《易》，因其所欲論者，乃是金木水火土鬼神之情。此金木水火土鬼神之情與「物不精不爲神」之「神」，「數不妙不爲術」之「術」都可歸入「妙象」的範圍。也就是說，妙象才是管輅微言欲發的對象，唯有藉微言所達之妙象方能盡意。〔註15〕此「妙象盡意」說的根源應上溯到《周易·繫辭傳》。《易傳》提出「立象盡意」、「設卦盡情僞」，「繫辭盡言」的觀點，作爲語言文字窮盡表達聖人之意的出路。

　　既然精微玄妙的義理無法藉由任何語言文字表達出來，那麼人們要如何才能體會聖人深奧之義蘊呢？管輅提出神、智、性三者來與精妙易（義）理相合。神、智與性三者均是屬於個人主體的修養或境界。是相類於老子之「致虛極，守靜篤」，莊子之「心齋坐忘」的修養功夫，進而達到「天地與我並生，而萬物與我爲一」的境界。

　　管輅除以神、智與性三者來體證「言之細、意之微」的精微義理外，更藉微言所達之妙象來盡聖人之意。提出「苟非性與天道，何由背爻象而任胸心者乎？」〔註16〕的看法。他認爲當人們所欲知的對象是性與天道等深奧玄妙的內容眞理時，即應依著爻象的啓發，充分發揮主體的創造性，才能掌握

〔註13〕見《玄學通論》，頁222～223。

〔註14〕見《三國志·魏書》，頁812。

〔註15〕參見《魏晉言意之辨與魏晉美學》，頁27。

〔註16〕《魏志·管輅傳注》所載〈管輅別傳〉引輅云：輅每開變化之象，演吉凶之兆，未嘗不纖微委曲，盡其精神。……輅鄉里乃太原問輅：「君往者爲王府君論怪，……爲見於爻象，出君意乎？」輅言：「苟非性與天道，何由背爻象而任胸心者乎？夫萬物之化，無有常形；人之變異，無有常體，或大爲小，或小爲大，固無優劣。……」（頁814）

妙象通於精深玄奧的易（義）理。〔註 17〕管輅這種看法，正與王弼尋言象以觀意，不拘執言象的思想相符。由此可知，管輅的「背爻象」，並非棄象而不顧，而是要超越《周易》經傳的「象」去發明微妙之「象」。〔註 19〕至於「任胸心」則與前之神、智與性相通，均是指主體的修養或境界。總之，管輅是騁「微言」以論「妙象」，並以「背爻象而任胸心」之進路，盡而達其意，今人王葆玹先生稱之為「微言妙象盡意」說。

　　管輅的微言妙象可以盡意，那麼不假微言的「妙象」更可表現出無限絕美之境。此不假微言之「妙象盡意」，引領人們在藝術領域找到「盡意」的出路，並由此促進了藝術的發展。如嵇康以音樂為盡意的「妙象」，此妙象已不限於經傳和象數，而是音樂藝術的結晶。其〈聲無哀樂論〉為整個魏晉時期「音樂盡意」說的代表作。又如魏晉名士尚以「發口成聲」，素有「無言歌」之稱的「嘯」來論道盡意。因為「嘯盡意」無需受限於樂器，有其自由性，是論道盡意的最好方式。其它諸如書法、繪畫、雕刻等所謂的藝術語言均可以其豐富的形象性來論道盡意，就在此意義上，魏晉玄學的言意之辨擁有豐富的美學內涵。〔註 20〕

第三節　王弼的言意思想——忘言忘象得意論

　　王弼字輔嗣，三國時代魏人。生於魏文帝黃初七年（西元 226），卒於魏齊王芳正始十年（西元 249），享年僅二十四歲。享壽如此其短，卻是中國哲學史上少見的天才。有關王弼言意理論的資料，大多見於《老子注》、〈老子指略〉、《周易注》、《周易略例·明象》等篇章。是以本節分別從原典中探求王弼老學及易學的言意思想。王弼老學的言意思想是涵括其透過《老子注》、〈老子指略〉所建立的名學體系，探討語言「能指」和「所指」的問題。「言」指名、號與字、稱、謂這類傳釋語言，「意」即聖人之意。至於其易學的言意思想，本文僅以《周易略例·明象》為討論範圍，「言」指卦爻辭，「象」為卦象，「意」是卦義。後者取材表述範圍較前者來得集中，因而名之為「狹義的言意之辨」，前者則相對名之為「廣義的言意之辨」。〔註 21〕今人若欲了解

〔註 17〕參見《魏晉言意之辨與魏晉美學》，頁 27。
〔註 19〕見《玄學通論》，頁 222。
〔註 20〕魏晉言意之辨對對魏晉美學的影響，可參見《正始玄學》，頁 334～362。
〔註 21〕參見吳曉菁《王弼言意之辨研究》（臺北：政大中文研究所碩士論文，1995

王弼言意思想，非得先了解其「無」的哲學義涵不可，因「以無爲本」是王弼整個玄學體系最重要的思想綱領。

一、「以無爲本」的本體論

王弼玄學最重要的核心概念是「無」，是以後人多以「貴無論」稱其玄學思想特色。《晉書・王衍傳》是最早可見其「貴無」的文獻資料。

> 魏正始中，何晏、王弼等祖述《老》、《莊》，立論以爲：天地萬物皆以無爲本。無也者，開物成務，無往不存者也。陰陽恃之以化生，萬物恃之以成形，賢者恃以成德，不肖恃以免身，故無之爲用，無爵而貴矣。〔註22〕

王弼認爲「無」是天地萬物的根據。天地萬物不論是客觀的自然世界，或是主觀的人文價值世界，都得依賴「無」而得以化生形成或成德保身。所以說「無」是萬物之始，是萬物得以生成的根本，且物之所在皆存，具有普遍性。又王弼曰：

> 凡有皆始於無，……萬物始於微而後成，始於無而後生。〔註23〕（《老子・第一章注》）

> 天下之物，皆以有爲生，有之所始，以無爲本。將欲全有，必反於無也。〔註24〕（《老子・第四十章注》）

王弼延續老子「天地萬物生於有，有生於無」（《老子・四十章》）的想法，但王弼「無」的概念跟老子所言之「無」又不盡相同。老子哲學體系分「無」、「有」、及「天地萬物」三層次，老子的「無」偏向於道體而言。而王弼玄學體系則是分爲「無」、「有」二層，王弼的「無」傾向於「本體」、「本根」以及「萬物的生成」而言，「有」則代表萬物、現象界。依王弼的說法，天下萬物皆是以「有」的形態爲存在的狀態，而萬物的存在又必須以「無」爲其根本、本體。人們唯有返回持守「無爲無心」的心靈狀態，才能保全住萬事萬物的價值意義，此乃王弼「貴無」之精神所在。

年6月），頁152。

〔註22〕見唐・房玄齡《晉書》，新校本二十五史，楊家駱主編（臺北：鼎文，1975年），頁1236。

〔註23〕見《王弼集校釋》，頁1。

〔註24〕同前註，見頁110。

> 四象不形，則大象無以暢；五音不聲，則大音無以至。四象形而物
> 無所主焉，則大象暢矣；五音聲而心無所適焉，則大音至矣。〔註25〕

　　如果沒有「金、木、水、火」四個具體物象，沒有「宮、商、角、徵、
羽」五音，那麼大象的作用也就無法暢通，大音的作用也就無從達到。大象
雖通過四象具體表現出來，大音雖通過五音具體表達出來，但不以四象中某
一象、五音中任一音作為宗主，而有所偏執，這樣大象、大音就能夠暢通無
阻。這裏的大象、大音是四象、五音的本質，以此說明「本無」不能脫離「末
有」而存在的思想。〔註26〕也就是說：無的常道，是無法由它自身彰顯自己，
必藉萬物（有）才能彰顯。因為，離開萬物（有）也就無所謂道的存在。這
是理解王弼玄學的一個重要原則。〔註27〕

　　王弼本著「將欲全有，必反於無」的老子本體論詮釋易學的本體論。據
韓康伯《周易・繫辭上》注引王弼「大衍義」曰：

> 夫無不可以無明，必因於有，故常於有物之極，而必明其所由之宗
> 也。〔註28〕

「無」不能掛空地存在，「無」是就著萬物（有）而顯現出自身，且作為萬物
之宗主。所以，「無」是從統觀天地萬物（「有物之極」）之中，而必然得出的
天地萬物之所以存在的根本或原則（「所由之宗」）。這也就是說，王弼把「無」
看作是存在於天地萬物之中，而天地萬物賴以存在的一種共同根據。他並不
把「無」當作一個在天地萬物之上之後而生出天地萬物的實體來看待的。在
王弼看來，所謂「無」生「有」，不是像母生子，此物生彼物那樣一種關係。
〔註29〕在時間上，「無」不是在「有」之前存在；在空間上，「無」不是在「有」
之外存在。「無」是貫通于「有」之中，通過「有」表現出宗主、本體、道的
作用。〔註30〕

　　王弼又說：

> 復者，反本之謂也。天地以本為心者也。凡動息則靜，靜非對動者

〔註25〕《王弼集校釋》，頁195。
〔註26〕見許抗生、陳戰國、李中華、那薇等著《魏晉玄學史》（西安：陝西師範大學
　　　　出版社，1989年7月），頁87。
〔註27〕見莊耀郎先生《王弼玄學》（臺北：臺灣師範大學國文研究所博士論文，1991
　　　　年6月），頁192。
〔註28〕《王弼集校釋》，見頁548。
〔註29〕同前註，見頁5。
〔註30〕見《魏晉玄學史》，頁86。

也；語息則默，默非對語者也。然則天地雖大，富有萬物，雷動風行，運化萬變，寂然至無是其本矣。故動息地中，乃天地之心見也。若其以有為心，則異類未獲具存矣。（《周易注》復卦象曰「復其見天地之心乎」句）〔註31〕

王弼在此更進一步闡釋「無」為天地之心的本體思想。動、語為現象，靜、默為本體。動靜、語默並非相互對立，而是一種由本而末，由有顯無的循環。也就是說，萬物依據「無」而生，最後又以「無」為歸宿。因此可以把王弼的哲學看作是一個從「無」至「無」的圓圈，〔註32〕而此「無」正是王弼玄學之總綱領。

王弼與裴徽所論「聖人體無」及「老子是有」的觀點，是王弼玄學最核心的思想。

裴徽為吏部郎，弼未弱冠，往造焉。徽一見而異之，問弼曰：「夫無者，誠萬物之所資也，然聖人莫肯致言，而老子申之無已，者何？」弼曰：「聖人體無，無又不可以訓，故不說也。老子是有者也，故恆言無所不足。」（《魏志·鍾會傳注》）〔註33〕

王弼以為「無」是不可言說的。聖人與老子間的差異在於：聖人（孔子）體現實踐「無」的道理，深知「無」是無法透過經驗語言來表達，故採不說立場，所以展現其生命境界形態是無累、無為、無心。而老子雖主觀情境上一心體「無」，然而實際上卻「未免於有（有累）」，身處「有」界，仍甘犯「無不可訓」之大不韙，呶呶為「無」訓說，而這正是老子的境界比不上聖人的地方。〔註34〕可知王弼崇孔抑老，以「無」為本。

二、王弼老學的言意觀

（一）《老子》中的「言」——名號和稱謂

本節要說明的是王弼如何透過對名號、稱謂的辨析，進而認識老子所言之道。在王弼老學言意理論中的「言」即指名號、稱謂，而「意」是指聖人

〔註31〕《王弼集校釋》，頁336～337。
〔註32〕見《魏晉玄學史》見頁91。
〔註33〕見晉·陳壽撰，宋·裴松之注《三國志》（臺北：鼎文書局），頁795。此段文字亦見引於《世說新語·文學》篇，其文作：聖人體無，無又不可以訓，故言必及有，老莊未免於有，恆訓其所不足。
〔註34〕《王弼言意之辨研究》，參見頁123～124。

之道。

　　自從老子首先提出「道可道，非常道；名可名，非常名。」此命題後，便引發後世學者對語言與思想兩者關係的研究興趣。莊子是將老子思想發揚光大者，而王弼則是詮釋老學的佼佼者。

　　王弼分辨「名號」與「稱謂」兩組不同的傳釋語言。名號是用來指實有形有象的具體存在物，然在指涉道時，不免「大失其旨」。稱謂則是虛指心中之意，具有啓發或點撥出隱微旨趣的作用，但在指涉不可言說、不可思議的大道時，稱謂畢竟亦無法充盡表述之，故不免陷入「未盡其極」之窘困。是以，王弼提出超乎名號與稱謂層次的「無稱之言」，來表詮說明常道。在〈老子指略〉中，王弼對名號與稱謂作了明確而有系統的區分。

> 名也者，定彼者也；稱也者，從謂者也。名生乎彼，稱出乎我。故
> 涉之乎無物而不由，則稱之曰道；求之乎無妙而不出，則謂之曰玄。
> 妙出乎玄，眾由乎道。故「生之畜之」，不壅不塞，通物之性，道
> 之謂也。「生而不有，爲而不恃，長而不宰」，有德而無主，玄之德
> 也。「玄」，謂之深者也；「道」，稱之大者也。名號生乎形狀，稱謂
> 出乎涉求。名號不虛生，稱謂不虛出。故名號則大失其旨，稱謂則
> 未盡其極。是以謂玄則「玄之又玄」，稱道則「域中有四大」也。
> 〔註35〕

名號能明確指實特定的事物，所以說名號是「定彼者也」。而所謂「名生乎彼」，「彼」是指事物，名號的制定是由客觀有形的事物決定。而「名號生乎形狀」之說，更可證明王弼所謂的「名號」，其所指實的對象，乃是現象世界中可以見其形、可以狀其樣態的客觀具體事物。此客觀的具體事物和名號之間必定有著對應的關係，即名實相應，「有此名必有此形」、「有此形必有其分」。一個名號的產生，是因爲已有客觀事物先存在，然後爲之制定的，而非先制訂一名號之後，再去尋找與此名號相符應的實物。〔註36〕所以說「名號不虛生」。由此可知，名號的使用是在經驗層次上說，此和道是分屬不同層次的。此義在王弼《老子》第一章注文即清楚說明，曰：

> 可道之道，可名之名，指事造形，非其常也。故不可道，不可名也。

關於「指事造形」四字，學者們看法約可分爲二說，一說認爲「指事造形」

〔註35〕《王弼集校釋》，頁197～198。
〔註36〕《王弼玄學》，頁224。

是指「六書」中之「指事」與「象形」，此說以錢鍾書主之。〔註37〕許慎《說文解字序》論六書云：「指事者，視而可識，察而見意。」「指事」是意指眼見而辨識之，審察而知其意旨，其所指所識者當屬一具體之物象，一特定之對象。「造形」則是意指有一定形象物體可造訪，牟宗三先生主此說。〔註38〕此可指可造之事形，必爲形下之事物，而事物不能常久不變，不能永恆存在，因而此有事有形可指可造之可道與可名之道，不是「常道」，能常者，唯無形無事可造可指，不落於形下事物，亦不能爲人之感官所能知者。故「常道」是超自然界之一切事物者，自客觀言，非「定名」所能定；自主觀言，亦非「稱謂」所能指盡。〔註39〕

何謂「稱謂」？〈老子指略〉云：「稱也者，從謂者也」、「稱出乎我」，又說：「稱謂出乎涉求。」「稱」是出乎主觀意向的涉求，是隨心中意向的流轉而變動不居。此「意向」非泛言「意念欲求」之意，而是指向不可道、不可名之意，是不可言傳，言所不能盡之意。〔註40〕至於「稱」和「謂」在王弼的觀點中，似屬同一層次。然而兩者間似稍有區別：「涉之乎無物而不由，則稱之曰道；求之乎無妙而不出，則謂之曰玄。」「稱」字有權衡輕重之意，《說文》云：「稱，銓也。」段注曰：「銓者，衡也。」〔註41〕「道」是「無物而不由」的，它是萬物之本體，萬物都在其作用下彰顯功能。王弼在指涉一般存有物與最高存有者（即道）之間，特別用「稱」字來權衡表述「道」，以示區別於一般存有物。至於「謂」的字義，《廣雅·釋言》云：「謂，指也。」〔註42〕張湛《列子·說符》云：「謂者，所以發言之旨趣。發言之旨趣，則是

〔註37〕見錢鍾書《管錐編》（臺北：書林，1990 年），頁 404。錢先生以爲：「王弼註以『指事造形』說『名』，即借『六書』之『指事』『象形』。」

〔註38〕參見牟宗三《才性與玄理》（臺北：臺灣學生書局，1993 年 8 月）頁 129。牟先生言：「『指事』意即指陳一具體之物象，指述一特定之對象。可道之道，可名之名，皆指陳一具體物象，指述一特定對象之道與名也。……然則『造』者當是『造訪』之造。造者，訪也，詢也，問也。引申之，尋也，循也，順也。造形者即尋形、循形之謂。言可道之道，可名之名，皆指乎事，循乎形，故非恆常不變之大道。指乎事，則爲事所限。循乎形，則爲形所定。自非恆常不變之至道。」

〔註39〕參見方穎嫻《先秦道家與玄學佛學》（臺北：臺灣學生書局，1986 年），頁 68。

〔註40〕《王弼玄學》，見頁 225。

〔註41〕段玉裁《說文解字注》（臺北：黎明文化，1988 年），頁 330。

〔註42〕清、王念孫疏《廣雅》四部備要本卷五下（臺北：中華書局，1965 年），頁 2。

言之微者。」〔註43〕可知「謂」所指涉之旨趣，偏重在隱微之旨趣。如王弼所言：「求之乎無妙而不出，則謂之曰玄。」其實，在王弼看來，不論是權衡表述的「稱」，抑或是指涉隱微旨趣的「謂」，都有指示方向供人遵循之意，在此前提下，「稱」與「謂」屬於同一層次。但「稱也者，從謂者也。」「稱」之於「謂」，仍居於附屬、隨從的地位。〔註44〕

在分辨名號和稱謂後，接著要討論的是名號與稱謂在相對於常道時，作爲描述常道的語言，有何限制。

> 名之不能當，稱之不能既。名必有所分，稱必有所由。有分則有不
> 兼，有由則有不盡；不兼則大殊其眞，不盡則不可以名。〔註45〕

前面提到「可道之道，可名之名，指事造形，非其常也。」名號原非爲表述大道而制訂，故若欲通過名號來認識大道，必會失其旨趣。王弼言：名號則大失其旨。他認爲名號不能完美地反映大道（名之不能當）。爲什麼「名」之不能「當」？王弼以爲：「名必有所分」、「有分則有不兼」、「不兼則大殊其眞」。「有所分」之「分」，有「部分」、「區分」之義，和「兼」相對。「名號」因是分別代表個別、特定的事物，所以不能兼指其它。「有分不兼」是指名號有其別析的特性。王弼曰：「無所別析，不可爲名。」（《老子・二十章注》，頁48）「有形則有分，有分者，不溫則涼，不炎則寒」、「有聲則有分，有分則不宮而商矣。」（《老子・四十一章注》，頁 113）不同之事物則有不同之名號，例如甲物和乙物之名號必不相同，且兩者之分際也因名號之具有區別性、獨佔性而得以別析清楚，而不致混淆。有分是從正面指出名號的所當分位，釐清分際；不兼則是由反面指出名號無法統括，總彙群有的限制性。〔註46〕「名號」既無有施用，則有「稱謂」之起，以濟名號之不足。

前面提過「稱謂」是出於主觀我之有所涉求，由於主觀我誠屬有限，故涉求勢必難以窮盡無限常道之內容，所以王弼云：「稱謂則未盡其極。」又關於稱謂在表達常道的不足這一點上，王弼在〈老子指略〉也提到：

> 夫「道」也者，取乎萬物之所由也；「玄」也者，取乎幽冥之所出也；
> 「深」也者，取乎探賾而不可究也；「大」也者，取乎彌綸而不可極

〔註43〕張湛《列子集釋》，頁 159～160。
〔註44〕《王弼言意之辨研究》，頁 122。
〔註45〕《王弼集校釋》，頁 196。
〔註46〕《王弼玄學》，頁 72。

也；「遠」也者，取乎綿邈而不可及也；「微」也者，取乎幽微而不可睹也。然則「道」、「玄」、「深」、「大」、「微」、「遠」之言，各有其義，未盡其極者也。〔註47〕

「道」是包容萬有的，若取它是「萬物所依循」（萬物之所由）這一點來看，人們則可用「道」這個稱謂來稱呼它；若取它是「幽微奧妙之源頭」（幽冥之所出）這一點來看，人們則可用「玄」這個稱謂來稱呼它；若取它是「深入探求而無法窮究」（探賾而不可究）這一點來看，人們則可用「深」這個稱謂來稱呼它；若取它是「包含廣泛而沒有極盡」（彌綸而不可極）這一點來看，人們則可用「大」這個稱謂來稱呼它；若取它是「深遠悠長而無法達至」（綿邈而不可及）這一點來看，人們則可用「遠」這個稱謂來稱呼它；若取它是「幽深微妙而無由窺見」（幽微而不可睹）這一點來看，人們則可用「微」這個稱謂來稱呼它。而「萬物之所由」是「道」字之義；「幽冥之所出」是「玄」字之義；「探賾而不可究」，是「深」字之義；「取乎彌綸而不可極」是「大」字之義；「綿邈而不可及」是「遠」字之義；「幽微而不可睹」是「微」字之義。「道」、「玄」、「深」、「大」、「遠」、「微」等字皆有本身所含之意義，所以說：「各有其義」。〔註48〕顯然，「道」只是作為眾多的稱謂之一，而所有稱謂（「玄」、「深」、「大」、「遠」、「微」）也都只是方便借用，且偏而不全地分別取某個「義」來稱謂形上不可極之常道，而沒有全面地「盡其極」。所以王弼以為稱謂不能窮盡常道之義蘊（「稱之不能盡」）。為什麼「稱之不能盡」？〈老子指略〉提到：「稱必有所由……，有由則有不盡……，不盡則不可以名。」「有所由」之「由」，有「從、遵循」之意，可解為「有所依據」。「稱必有所由」，即顯示「稱」仍是、必然是有所取向的，從而也是有所憑藉、有條件、有跡可循的。有此可推演出「有由則有不盡」之命題。宇宙本根是超越一切限制、條件的，「稱」在執行表詮的任務之際，由於本身受到限制（稱有所由），所以無法窮盡事物。王弼接著說：「不盡則不可以名」，既然「稱謂」無法酣暢無虞地表達清楚事物，便無須勉強以名狀述之，以免造成過猶不及的窘困。〔註49〕故總括的來說，名號和稱謂都有所不足。

「稱謂」既有不足，王弼「窮則變，變則通」，在「稱謂」之層次上加入

〔註47〕《王弼集校釋》，頁196。
〔註48〕《魏晉言意之辨研究》，頁21。
〔註49〕《王弼言意之辨研究》，參頁119。

「無稱」的新名稱，來說明常道。

> 自然者，無稱之言，窮極之辭也。〔註50〕（《老子‧二十五章》「道
> 法自然」注）

> 四大，道、天、地、王也，凡物有稱有名，則非其極也。言道則有
> 所由，有所由然後謂之為道，然則道是稱中之大也，不若無稱之大
> 也。無稱不可得而名，故曰域也。道、天、地、王皆在乎無稱之內，
> 故曰：「域中有四大」者也。〔註51〕（《老子‧二十五章》「域中有四
> 大」句注）

道、天、地、王皆在「域」中，所謂「域」是指「無稱不可得而名」。萬物自
生自濟、自化、自長、自足、自成，而不知其所主，此不知其主之主名曰「自
然」。「自然者，無稱之言，窮極之辭」。常道的內容，歸終之則可以統之於自
然。〔註52〕王弼以「無稱」、「自然」言「道」，只是「虛指」，並無直接指涉
的意義。然而這一虛指可以使道之「無」具有積極的意義，〔註53〕即是藉此
「無稱」，脫離語言「有所分，有所由」在形象意義及觀點上的限制。透過「無
稱」這一環節的作用，將「名號」與「稱謂」原本存在的矛盾，消彌於無形
無名之中，進而具存無限之意涵而與道為一。〔註54〕

綜上所述，王弼指出《老子》所使用語言的三個層次，由名號到稱謂，
以至於無稱之言、窮極之辭，並由此看出名言（名號、稱謂）是不能盡聖人
之意（即道）的。

（二）《老子》中的「意」──聖人之道

「道」是老子哲學觀念中居宗主地位者，而王弼則是首先以「無」的觀
念來表達老子「道」的本體義涵。《老子》四十二章云：「道生一，一生二，
二生三，三生萬物，萬物負陽而抱陰，充氣以為和。」王弼注曰：「萬物萬形，
其歸一也。何由致一？由於無也。」〔註55〕可知「以無為本」是王弼對老子
「道」的領悟。又〈老子指略〉云：「夫物之所以生，功之所以成，必生乎無

〔註50〕《王弼集校釋》，頁65。
〔註51〕同前註，頁64。
〔註52〕《王弼玄學》，頁229。
〔註53〕蔡振豐《王弼言意理論及其玄學方法》（臺北：臺大中文研究所碩士論文，1995
　　　年6月），頁159。
〔註54〕《王弼言意之辨研究》，頁120。
〔註55〕《王弼集校釋》，頁117。

形，由乎無名。無形無名者，萬物之宗也。」〔註56〕王弼以爲作爲萬物宗主的「道」具有「無形無名」之特性。王弼言道是：

> 不溫不涼，不宮不商。聽之不可得而聞，視之不可得而彰，體之不可得而知，味之不可得而嘗。故其爲物也則混成，爲象也則無形，爲音也則希聲，爲味也則無呈。故能爲品物之宗主，苞通天地，靡使不經也。若溫也則不能涼矣，宮也則不能商矣。〔註57〕

王弼以爲常道不是一具體事物，不具備任何具體事物所有的屬性，所以沒有所謂溫或涼、宮或商的屬性，且非觸覺所能感知，非視覺所能察見，非聽覺所能聞知，非味覺所能品嘗之。這即是王弼對作爲本體的「萬物之宗」最完整的發揮。《老子》十四章注亦云：

> 無狀無象，無聲無響，故能無所不通，無所不往。不得而知，更我以耳、目、體不知爲名，故不可致詰，混而爲一也。〔註58〕

王弼所言耳、目、體之感官，乃是舉例以概括之意，表示常道具有超越的特性，它超越感官的認知，無法爲感官所把握。同樣的，在其他章注中，王弼每提及「道」多以「無形無名」（第一章注）、「道常無名」（第三十二章注）、「隱而無名」（第四十一章注）等語形容之。由此可知，要給予常道一確定之名是極爲困難的，因爲「名號生乎形狀」，有「定彼」的功能，此與道的「無形無體」是不相容的。所以藉由名號來描述道的語言，就不免受到限制的了。只是，人們若不試著表達，則「道」永無被理解的可能。因此，王弼藉「道、玄、深、大、微、遠」等稱謂來稱呼、表述無形無名的「道」。每一稱謂即一涉求，而且僅僅只涉求常道內容之一端。〈老子指略〉言：「故涉之乎無物而不由，則稱之曰『道』，求之乎無妙而不出，則謂之曰『玄』。」「道」原是指道路之義，此具體有形之道，是專爲某物而由，因而有所限，至於無所限且能使無物而不由之道，事實上是居於不可名狀、不可言說之層次上。稱之曰道，只是方便借用，借形下有限之道路義，來稱謂形上不可極之大道。〔註59〕王弼言：「不塞其原，則物自生。」「不禁其性，則物自濟。」〔註60〕（老子第十章注）指道常無爲，則萬物自生自化自足自成。故稱道者，乃「無」之

〔註56〕同前註，頁195。
〔註57〕同前註。
〔註58〕同前註，頁31。
〔註59〕《王弼玄學》，頁70。
〔註60〕《王弼集校釋》，頁24。

形式意義，無或無爲，才是道之具體內容。至於「玄」是深奧、微妙而不可測度之義。「眾妙出於玄」，妙是主觀心境沖虛玄冥所表現無限之神用。萬物也就在此妙用中各遂其生，而不知其所以生；無所不爲而不知其所以恃，各得其長而不知其所以主，〔註61〕這就是深遠玄冥之玄德。玄德這個不主之義，牟宗三先生說：「『道』乃『沖虛之玄德』。」

> 此沖虛玄德之爲萬物之宗主，亦非客觀地置定一存有型之實體名曰沖虛玄德，以爲宗主。若如此解，則又實物化而爲不虛不玄矣。是又名以定之者矣。此沖虛玄德之爲宗主實非「存有型」，而乃「境界型」者。蓋必本於主觀修證，（致虛守靜之修證），所證之沖虛之境界，即由此沖虛境界，而起沖虛之觀照。此爲主觀修證所證之沖虛之無外之客觀地或絕對地廣被。此沖虛玄德之「內容的意義」完全由主觀修證而證實。非是客觀地對於一實體之理論的觀想。故其無外之客觀的廣披，絕對的廣披，乃即以此所親切證實之沖虛而虛靈一切，明通一切，即如此說爲萬物之宗主。此爲境界形態之宗主，境界形態之體，非存有形態之宗主，存有形態之體也。以自己主體之虛明而虛明一切。一虛明，一切虛明。而主體虛明之圓證中，實亦無主亦無客，而爲一玄冥之絕對。然卻必以主體親證爲主座而至朗然玄冥之絕對。故「沖虛之無」之在親證上爲體，亦即在萬物上爲宗也。〔註62〕

吾人不能從實有層面來分析道，而是必須透過作用層上之不主之妙用來觀照道體，也就是說，吾人必須從體驗、人生修養方面觀照道體。所以「道」在王弼玄學體系中所建構的「本無」之「道體」，乃是構築在主觀境界之設定上，此言「道」乃是一作用層上境界型態沖虛之所照，而非存有層上客觀實體形態之道。在這個基礎上，總結王弼老學的「道」有宗主性（道「無形無名」，爲萬物之宗主）；具有超越性（「道」超越物象之存有）；普遍性（「道」所在皆存）及永恆性（「道」永恆不變）。

三、王弼易學的言意觀

（一）「得意忘象」說之學術淵源

　　王弼易學主要著作是《周易注》和《周易略例》。《周易略例》是《周易

〔註61〕《王弼玄學》，頁 70、99、229。
〔註62〕《才性與玄理》，頁 142。

注》之思想綱領,是以《周易注》的精神和原則盡在《周易略例》。而其〈明象〉篇則是王弼言意思想資料中最重要的一篇文獻。

　　吾人可經由〈明象〉篇,見其王弼「得意忘象」說的主要依據有二:一是本於《周易‧繫辭上傳》:「子曰:『書不盡言,言不盡意。』然則聖人之意,其不可見乎?子曰:『聖人立象以盡意,設卦以盡情偽,繫辭焉以盡其言,變而通之以盡利,鼓之舞之以盡神。』」其中「言不盡意」與「立象以盡意」兩句特別值得玩味。所謂「言不盡意」是說語言文字本身在表達情意的功能上有其局限性,無法充分表達某種意念。因為語言文字的表意方式,是要運用概念的,而概念在意義的表達上是確定的,同時也是有限定性的。如說它是「有」,不能同時又是「無」。因此如果要用語言文字來表達有無圓融的玄理,便難以盡意。因此,王弼接受〈繫辭傳〉「聖人立象以盡意」的說法,並且認為「盡意莫若象」。卦、爻象皆是運用特有的活潑象徵性來表達意念,以彌補語言文字的局限與不足。所謂象徵,是一種比擬,〔註63〕是一種設定。〔註64〕它在意念的表達上則是一種指點,一種啟發。這與語言文字的描述、論謂有著顯著地不同。然而「立象以盡意」並非零缺點,它在意念的表達上不如語言文字在表意上那般確定而明晰。不過王弼以為卦、爻辭對於象的解說可以彌補這項缺點。「盡象莫若言」,有了卦、爻辭的解說,卦、爻象的意義就不是可以任意穿鑿附會的了。〔註65〕至於王弼易學言意理論另一個重要依據則來自《莊子‧外物》:「筌者所以在魚,得魚而忘筌;蹄者所以在兔,得兔而忘蹄;言者所以在意,得意而忘言。吾安得夫忘言之人而與之言哉!」〔註66〕在莊子看來,筌、蹄、言相對於目的,只是起一種工具的作用,達到目的後,就不須再拘執固守於工具和表象。莊子實已涉獵到工具層之意義,但並未明確指出工具層的正面價值。而王弼則是在繼承老莊不執著的精神下,對以作為工具的筌蹄之本質有更深刻的反省。他成功融合儒家「言不盡意」、「立象

〔註63〕〈繫辭傳〉云:「聖人有以見天下之賾,而擬諸其形容,象其物宜,是故謂之象。」

〔註64〕戴璉璋言:「《周易略例‧明象》:『是故觸類可為其象,合義可為其徵。義苟在健,何必馬乎?類苟在順,何必牛乎?爻苟合順,何必坤乃為牛?義苟應健,何必乾乃為馬?』據此可知,王弼認為某種物象可用以象徵某種意義,是人所設定,沒有必然不可移易的理由。」參見戴璉璋〈王弼易學中的玄思〉(臺北:《中國文哲研究集刊》創刊號,1991年3月),頁221。

〔註65〕同前註,頁222。

〔註66〕見郭象註《莊子》(臺北縣:藝文印書館,1983年6月),頁495。

以盡意」以及道家的「得意忘言」于一爐，構成嶄新的儒道融合的玄學方法論，自創「忘言忘象得意」說之言意觀。接著，我們按其王弼行文的順序，對這一理論的內容，作一較清晰的闡述。

（二）忘言忘象得意說

> 夫象者，出意者也；言者，明象者也。盡意莫若象，盡象莫若言。
> 言生於象，故可尋言以觀象；象生於意，故可尋象以觀意。意以象
> 盡，象以言著。〔註67〕

在〈明象〉中王弼清楚指出《周易》三要素是言（卦、爻辭）、象（卦、爻象）、意（聖人作卦之原意）。三者之間存在著一種遞進的表達關係。王弼認為卦、爻象是用來表達意念的，而卦、爻辭則是對於卦、爻象所作的說明。因此欲充分表達意念，非得要藉助卦、爻象；想要清晰地說明卦、爻象，則非得藉助卦、爻辭不可。於此，王弼將言、象規定為工具的性格實已確定。〈明象〉所言之「象」之三義，原其所據，乃本於〈繫辭傳〉。一為卦象義，「是故易者，象也」〔註68〕、「聖人設卦觀象」〔註69〕、「聖人立象以盡意，設卦以盡情偽」。由此看出《周易》一書是由卦象的系統所構成的。二為《周易》中所取譬之物象、事象之屬，「古者庖犧氏之王天下也，仰則觀象於天，俯則觀法於地」〔註70〕、「是故法象莫大乎天地，變通莫大乎四時，縣象著明莫大乎日月」。〔註71〕上述所言天地、四時、日月之象，乃為事物之象所屬。三為象徵義，「是故夫象，聖人有以見天下之賾，而擬諸其形容，象其物宜，是故謂之象」〔註72〕、「是故吉凶者，失得之象也；悔吝者，憂虞之象也；變化者，進退之象也；剛柔者，晝夜之象也」。〔註73〕象是聖人所擬作者，是由卦象「以通神明之德，以類萬物之情」之「通」或「類」的作用。由此作用則內可以透過主觀之修證以會於天地神明之德，外則可以類分於萬物之實。〔註74〕明乎象有卦象、物象、象徵三義，則有助於我們理解王弼〈明象〉之大義。至

〔註67〕《王弼集校釋》，頁609。
〔註68〕見《周易》，頁168。
〔註69〕同前註，頁145。
〔註70〕同前註，頁166。
〔註71〕同前註，頁157。
〔註72〕同前註，頁158。
〔註73〕同前註，頁145。
〔註74〕《王弼玄學》，頁352。

於〈明象〉中之「意」是指聖人制象（指卦象或物象、事象之屬）所賦予之意義。聖人藉卦象或事象、物象之屬來表示或象徵事物之意義，故曰：「象者，出意者也。」然而作爲象徵性符號的「象」在某些方面是較靈巧活潑且義蘊豐富，但相對地也較模糊，因此便需要不同於一般語言文字的「辭」來加以呈顯，才能切中聖人意中之理。此類解說卦、爻象之特殊文字，即是卦、爻辭。象之義涵亦因爲有卦、爻辭之說明而得以彰顯。王弼〈明象〉篇的主旨是探求如何「求意」的問題，是以推求聖人之「意」須藉由「言」、「象」之途徑。換言之，「言」和「象」是通往體悟聖人之「意」的橋樑，故王弼說：「言生於象，故可尋言以觀象。」「象生於意，故可尋象以觀意。」王弼接著又說：

> 故言者，所以明象，得象而忘言；象者，所以存意，得意而忘象。猶蹄者所以在兔，得兔而忘蹄；筌者所以在魚，得魚而忘筌也。然則，言者，象之蹄也；象者，意之筌也。是故，存言者，非得象者也；存象者，非得意者也。象生於意而存象焉，則所存者乃非其象也；言生於象而存言焉，則所存者乃非其言也。然則，忘象者，乃得意者也；忘言者，乃得象者也。得意在忘象，得象在忘言。故立象以盡意，而象可忘也；重畫以盡情，而畫可忘也。

王弼〈明象〉立論是循由言由象而得意之序。我們可以透過卦、爻辭，探索「象」的義涵；循著卦、爻象，則可以一探「意」的內容。從功能上說，得意是目的，言和象只是得意的工具。人們的目的是透過言和象去把握意，而不在於存言存象，因此言和象皆可「忘」，所謂「言者所以明象，得象而忘言；象者所以存意，得意而忘象。」言象之於意而言，工具性質意義甚爲明顯。既然言、象是一種工具，所以拘泥於卦、爻辭上，無法獲得卦、爻象；執著於卦、爻象上，也無法獲知卦、爻義。此即「存言者，非得象者也。存象者，非得意者也。」此處所言「存」是執守不放之意，和「象者所以存意的『存』（意爲表出）」不盡相同。緊接著，王弼引用《莊子》蹄筌之譬喻，以卦、爻辭爲卦、爻象之蹄，卦、爻象是意之筌，來提醒人們對於卦、爻辭（蹄）與卦、爻象（筌）都不能執著。因爲如果執著於卦、爻辭（蹄）與卦、爻象（筌），則無異是停滯陷溺於過程而未達於目的，忽略了言象作爲工具的功能，也就無法理解、通透象的內容或意的豐富內涵。因此王弼強調「得象而忘言」、「得意而忘象」。他又說：「得意在忘象，得象在忘言。」此二者有何不同？前者

論述之重點在於說明言象既然是工具，故得意之後，即可忘象；得象之後，亦可忘言。後者則重在說明能否「忘」乃爲能否「得」之關鍵。〔註75〕「得意」之關鍵在於「忘象」，「得象」的關鍵在於「忘言」。「在」字在此處是強調其關鍵性，而「忘」字則有不拘執於言象之意味。前兩句的意思是「得而後忘」，後兩句的意思則是「得在於忘」，即「忘而後得」。究竟是先得而後忘，抑或是先忘而後得呢？王弼所謂「忘」，應該是本於《莊子》「坐忘」的說法。「忘」在《莊子》哲學中是極重要的一環，「坐忘」乃是一個由外到內、由粗到精、由物質到精神、從人間到個人主觀意念的桎梏一一解除，達到逍遙的、與「道」冥合之「遊」的境界。〔註76〕人要得「大道」，關鍵在於能「忘」；至於「得意」的關鍵即在要能「忘言忘象」。所謂「忘言忘象」，不是捨棄言與象而根本不用之意，而是在「尋言」、「尋象」且有所得之後，超越此言與象，袪除對於言與象的執著。必須要有這層超越、袪除的工夫，所得之象與意才能夠保存得住，才不至於變質，才不至於得而復失。所以在王弼的玄思中，先得而後忘抑或是先忘而後得的問題根本不存在。在他看來，得與忘有著密切的關聯，即是：得而後當忘，忘而後可以眞得。此乃王弼繼承老、莊的玄學思想來處理易學之中言、象、意三者關係所創發的卓識。〔註77〕

　　「得象忘言」、「得意忘象」作爲一種把握《易》學之方法論，這是王弼爲反對漢儒象數易而創發的。他在〈明象〉中說：

> 是故觸類可爲其象，合義可爲其徵。義苟在健，何必馬乎？類苟在順，何必牛乎？爻苟合順，何必坤乃爲牛？義苟應健，何必乾乃爲馬？

此乃是言王弼不拘執卦象之大要。內容是說：凡是觸及事物遇到義類相近者，則可以作爲象，並表其意，且可互相徵驗。例如乾健坤順，其爲義也；乾馬坤牛，其爲象也。然而馬、牛只是取來以例證乾健坤順，無須乾必定爲馬，亦無須坤必定爲牛。除馬、牛之外，任何東西皆可作例證，毋須拘執。如《易經‧說卦傳》中作爲《乾》卦的象徵事物有天、君、父、首、馬、玉等等，作爲《乾》卦的義類則有健、剛、大、上等等。〔註78〕不僅《乾》卦如此，

〔註75〕同前註，頁358。

〔註76〕吳曉青〈王弼言意觀初探〉（臺北：《中華學報》第四十三期，1993年3月），頁126。

〔註77〕〈王弼易學中的玄思〉，參見頁223。

〔註78〕參戴璉璋著《易傳之形成及其思想》（臺北：文津出版社，1997年2月），頁

其他各卦亦是如此。所以凡是合於剛健之義者，不必定於以馬爲象；合於柔
順之義者，亦不限以牛爲象。又正因爲象是爲例證，不能拘執，故可忘也。
因此只要明白剛健之義，則「馬」之象可忘；只要明白柔順之義，則「牛」
之象亦可忘也。最後王弼則針對漢代象數易的局限與流弊，予以批評，並藉
此說明王弼之所以提出「得象忘言、得意忘象」的理論背景。

> 而或者定馬於乾，案文責卦，有馬無乾，則偏說滋漫，難可紀矣。
> 互體不足，遂及卦變；變又不足，推致五行。一失其原，巧愈彌甚。
> 從復或値，而義無所取。蓋存象忘意之由也。忘象以求其意，義斯
> 見矣。

漢儒往往是拘泥於乾必爲馬、坤必爲牛，然而在《易經》中卻有以馬爲象，
卻不必應於乾者。如《坤䷁》卦之象曰：「牝馬地類」〔註79〕即是一例（有馬
無乾）。至於互體、卦變、五行之說皆爲漢人濟象數之窮而提出的解易方法，
王弼卻不以爲然，他認爲若是一味地執守於象數，反會錯失聖人欲藉牛馬作
爲象徵、指引的眞正義涵。因此提出「忘象以求其意」，即是爲了擺脫「偽說
滋漫，難可紀矣」、「一失其原，巧愈彌甚」的繁瑣。唯有不拘執於卦的一象
一言，而是超越言和象，以尋求其意義，才能抓住領會《周易》應當而且必
須掌握的東西。此乃王弼〈明象〉之用心。

　　牟宗三先生在《周易的自然哲學與道德函義》中提到「象」在知識中之
必須，即「象」不可忘的理由是：「離了『象』，我們沒有『比較』，沒有『相
似』，沒有歸類。……有了『象』，我們始有歸納，始有類推，始有相似，始
有比較。……即使王弼得『意』也得由『象』而表徵出。『象』與『意』固然
是兩回事；但離了『象』即不能有『意』。『意』就是由『象』之互相例證類
比而發生出。得了『意』而忘『象』是忘本的事。」〔註80〕牟先生雖以爲漢
人的象數是不能忘的，但更提出王氏忘象論的好處是：「使人認識眞本體，不
要以思想上的方便取向或例證作爲實有。使人知道零碎的例證只是工具，不
是目的。使人知道固執于例證或象徵並不能助我們得著眞理，得著完全的知
識。使人知道唯有超脫了象數的單簡，拘執，或孤獨，使能得著貫通之理。」

168。
〔註79〕見《周易》，頁18。
〔註80〕見牟宗三《周易的自然哲學與道德函義》（臺北：文津出版社，1988年4月），
　　　　頁113～114。

〔註 81〕可知牟先生對王弼的「得意忘象」說給予高度的肯定。其實，王弼雖然主張不拘泥於象數，但並非是完全擯棄象數而不顧，他在解易中，即有採用取象的方法。如在〈井卦䷯〉的注釋中，就指出「木上有水，井之象也。」〔註 82〕由此可知，王弼解易是出入於象數，通過象數而不執著於象數的。

　　在此篇文獻中，王弼集中討論言、意、象三者之間的關係。「言」是「象」的存在形式，「象」既作為「言」的內容，又作為聖人用以傳導「意」的「象徵」的形式。他首先提到「象」有顯現易理的作用，而卦辭等語言文字則有點明「象」所具有的象徵意義，以便讓我們能真正體會到易理。接著舉兔蹄魚筌為例，提醒我們若執守、拘泥於語言文字，或死守於象，其真意將無法獲得。因為言與象皆為得意之工具，而非目的，目的是在於體會其意。故說理應不滯於名相，宜乎忘言忘象，始可獲得「意」之實質內涵，進而體會其含蘊之深義。湯用彤對此提出精闢中肯的看法，他說：「吾人解《易》要當不滯於名言，忘言忘象，體會其所蘊之義，則聖人之意乃昭然可見。王弼依此方法，仍（乃）將漢易象數之學一舉而廓清之，漢代經學轉而為魏晉玄學，其基礎由此可奠定矣。」〔註 83〕由此可知，王弼超脫「言」、「象」之表相，而把握「意」之實質，開展出魏晉時期玄思玄妙之境界，對魏晉玄學的發展產生了深遠的影響。當時名士多以「得意忘言」作為思想利器，以此注解儒道經典或闡發自己的思想。如郭象對《莊子》一書難以發揮之處，往往採取「寄言出意」的方法，闡發新意。他在《莊子・逍遙遊》中言：「鵬鯤之實，吾所未詳也。夫莊子之大意，在乎逍遙遊放，無為而自得，故極小大之致以明性分之適。達觀之士，宜要其會歸而遺其所寄，不足事事曲與生說。自不害其弘旨，皆可略之耳。」〔註 84〕此即是說郭象在注莊闡發玄思時，無須摘章摘句，只要抓住要點即可。所謂的「寄言出意」乃是由「得意忘言」靈轉而來。

　　總之，王弼透過「得意忘言」的方法重新解釋儒道經典，創造出新「意」新「理」，相較之下，其言意關係的論述內容比同一時期的荀粲深刻得多，影響也較為廣泛，對推動學術思想的發展有莫大貢獻。

〔註 81〕同前註，頁 111～112。
〔註 82〕《周易》，頁 110。
〔註 83〕見湯用彤《魏晉玄學論稿》（臺北：里仁書局，1995 年 8 月），頁 26。
〔註 84〕《莊子集釋》，頁 3。

第四節　嵇康的言意思想──偶然的言意關係

　　嵇康字叔夜，是曹魏時代的竹林名士。據《晉書·嵇康傳》記載孫登評嵇康：「性烈而才雋。」〔註85〕而嵇康也有自知之明，他在〈與山巨源絕交書〉中，告訴山濤：「吾直性狹中，多所不堪。」且「剛腸疾惡，輕肆直言，遇事便發。」〔註86〕正是這種慷慨激昂，尚氣任俠的獨特個性，使得嵇康得罪鍾會而招致殺身之禍；這樣的性格也造成他不肯輕易接受世俗之見，與人多所論辯，在學問上凸顯其獨特的風格。〔註87〕現存十卷《嵇中散集》就有七成以上為論辯作品。〔註88〕嵇康偏向一道家養生之生命，故屬哲人型之生命型態，與阮籍相較，比較顯智。因較顯智，故能多方持論，往復思辯。〔註89〕故《晉書·嵇康傳》曰：「康善談理，又能屬文。……復作聲無哀樂論，甚有條理。」〔註90〕也就是說，嵇康「師心以遣論」，〔註91〕能依循自己的構思，在理論上作有系統的思考，展露其極高的理論思辯能力。

　　「聲無哀樂論」是東晉王導在渡江後所標三理之一，〔註92〕且「聲無哀樂論」居其首，可知〈聲無哀樂論〉在玄學史上佔有一席重要地位。〈聲無哀樂論〉是嵇康文集中很長的一篇文章，約有五千餘字。其寫作動機，乃是針對司馬氏政權的言行異軌而發的。〔註93〕由於對司馬政權的反抗，使得嵇康

〔註85〕見《晉書·嵇康傳，卷四九》，頁1370。
〔註86〕見戴明揚《嵇康集校注》（臺北：河洛圖書出版社，1978年），頁113～123。
〔註87〕戴璉璋〈嵇康思想中的名理與玄理〉（臺北：《中國文哲研究集刊》第四期，1994年3月），頁226。
〔註88〕現存十卷《嵇中散集》中，第一卷是詩，第二卷是〈琴賦〉和兩篇〈絕交書〉，第十卷是〈太師箴〉和〈家誡〉。其他各卷，除了第三卷〈卜疑〉一篇外，其他多是以「論」為名的議論性文章。見岑溢成〈嵇康的思維方式與魏晉玄學〉一文（臺北：《鵝湖學誌》第九期，1992年12月），頁38。如嵇康與向秀辯養生，因而有〈答難養生論〉；與呂安辯明智與膽量的關係，因而有〈明膽論〉；與張邈辯好學是否出於自然之性，於是有〈難自然好學論〉；與阮侃辯住宅有無吉凶的攝生問題，因而有〈難宅無吉凶攝生論〉及〈答釋難宅無吉凶攝生論〉等論作。
〔註89〕參見《才性與玄理》，頁319。
〔註90〕《晉書·嵇康傳》，參見頁1374。
〔註91〕《文心雕龍》四部叢刊正編，（臺北：臺灣商務印書館），頁53。〈才略篇〉：「嵇康師心以遣論，阮籍使氣以命詩。」
〔註92〕三理是指「聲無哀樂論」、「養生論」及「言盡意」，前二者皆嵇康所著名篇，後者則為歐陽建之理論。《世說新語·文學》，頁12。
〔註93〕敏澤在《中國美學思想史》如此說道：嵇康……之所以要力辯「聲無哀樂」，以至不顧自己有時不能自圓其說，原因很簡單，就是在嵇康看，司馬氏政權

堅決否定了聲音對情感有其傳達性。此文是以秦客與東野主人（即嵇康）之間反復往來為方式，共七難七答。其中不乏引經據典，遠譬近指，推理運律，辨名析實之作，堪稱魏晉清談名辯中，最佳代表作之一。〔註 94〕茲取此論之要者論述之，以觀師心獨見之處。

　　本節探討嵇康言意觀，據《玉海》記載，嵇康曾著《周易言不盡意》文，可惜早已散佚。〔註 95〕不過他的〈聲無哀樂論〉在討論聲音與哀樂之情的關係時，觸及到言意問題，因此使後人得以對嵇康的言意思想作些嘗試性的探討。本節先論述嵇康在〈聲無哀樂論〉的主張，然後再帶入他對言意關係的看法。

一、聲無哀樂論

　　有秦客問於東野主人曰：「聞之前論曰：『治世之音安以樂，亡國之音哀以思。』夫治亂在政，而音聲應之。故哀思之情，表於金石；安樂之象，形於管絃也。又仲尼聞韶，識虞舜之德；季札聽絃，知眾國之風。斯已然之事，先賢所不疑也。今子獨以為聲無哀樂，其

　　所制定的禮樂，所倡導的「名教」，實際上都不過是掩蓋著他們屠戮異己、篡竊神器的幌子……。這就是在〈聲無哀樂論〉中，嵇康一再強調反對「濫於名實」……的社會的、歷史的深刻原因。這一切都是針對司馬氏政權的言行異軌而發的。見《中國美學思想史，第一卷》（合肥：齊魯書社，1989 年 8月），頁 691。

〔註 94〕見林顯庭《魏晉清談及其名題之研究》（臺北：文化哲學研究所博士論文，1983年 4 月），頁 289。

〔註 95〕根據魏晉史籍的記載，直接以言意問題為題目的文獻計有：

魏‧荀粲：言象不盡意論（見《三國志‧魏書》卷十〈荀彧傳〉裴松之注引何劭為荀粲所作之傳文。）

魏‧王弼：忘言忘象得意論（見王弼《周易略例‧明象》）

魏‧嵇康：周易言不盡意論（見王應麟《玉海》卷三十六著錄）（頁 714）

西晉‧歐陽建：言盡意論（見《藝文類聚》卷十九引文）

西晉‧張翰（韓）：不用舌論（見《藝文類聚》卷十七引文）

東晉‧王導：言盡意論（見《世說新語‧文學》第二十一條）（頁 12）

東晉‧庾闡：箸龜論（見《藝文類聚》卷七十五引文）

東晉‧殷融：象不盡意論（見《世說新語‧文學》第七十四條注引中興書云：「（殷融）著象不盡意、大賢須易論，理義精微，談者稱焉。」）（頁 25）

以上八種文獻資料，僅有荀粲、王弼、歐陽建、張翰（韓）、庾闡等人的意見，仍有一、二實錄見存，可以用來具體分析討論，其餘三位論者對言意問題的意見，在文獻上都只見篇目而不見內容。嵇康「周易言不盡意論」就是其一。

理何居？若有嘉訊，請聞其説。」

主人應之曰：「斯義久滯，莫肯拯救，故令歷世，濫於名實。今蒙啓導，將言其一隅焉。」〔註96〕

本文首先記載秦客引經據典提出聲音與哀樂相關的主張。秦客依儒家音樂的理論以爲音樂是情感的表現，所以聲音有哀樂之情。然嵇康不以爲意，他認爲秦客所言，都是由於世人對「名」與「實」之濫用，而所造成的誤解。一般人以爲，歌舞被認爲是歡樂之情的代表，哭泣被視爲是悲哀之情的代表。然嵇康認爲哭泣和歌舞並非哀樂感情之主體，因「殊方異俗」，聲音便各自有其哀樂表現的方法，嵇康言「音聲之無常」。馮友蘭先生說：「在不同的聽眾中，可能引起不同的反應，發生不同的作用，這就是『聲音之無常』。這就可見，聲音是客觀的，哀樂是主觀的。主見和客見必須嚴格區別開來。」〔註97〕是以，嵇康之所以主張「聲無哀樂」的主要觀點，就在於主觀性與客觀性的區別。〔註98〕嵇康又云：

> 因事與名，物有其號。哭謂之哀，歌謂之樂。斯其大較也。然樂云樂云，鐘鼓云乎哉？哀云哀云，哭泣云乎哉？因茲而言，玉帛非禮敬之實；歌哭非哀樂之主也。何以明之？夫殊方異俗，歌哭不同。使錯而用之，或聞哭而歡，或聽歌而戚。然而哀樂之情均也。今用均同之情，而發萬殊之聲，斯非音聲之無常哉？

嵇康認爲，不同的事物有不同的名號，每個事物都有其自己的名號。「名號」具客觀外向之屬性，特別強調名與實要相符。而哀樂感情不是屬於「名號」，乃是屬於「稱謂」之關係。〔註99〕由於「稱謂」具有主觀內在的屬性，所以它並無固定不變的「實」的內容。如玉帛、歌哭，是外在客觀之浮事。禮敬、哀樂則是內在主觀之眞情，兩者間無對應之關係。名玉帛爲玉帛，名實相應；名玉帛爲禮敬，名實不符。名歌哭爲歌哭，名實相應；名歌哭爲哀樂，名實

〔註96〕嵇康〈聲無哀樂論〉一文摘自《嵇中散集》四部備要本，卷五（臺北：中華書局），頁1～12。

〔註97〕見馮友蘭《中國哲學史新編，第四冊》（臺北：藍燈出版社，1991年11月），頁97。

〔註98〕見崔世崙《嵇康「論文」及其玄學方法研究》（臺北：臺灣師大國文研究所碩士論文，1997年12月），頁154。

〔註99〕嵇康如此觀點，是繼承於王弼〈老子指略〉中的「名號」與「稱謂」的關係。「名也者，定彼者也；稱也者，從謂者也。名生乎彼，稱出乎我。……名號生乎形狀，稱謂出乎涉求。名號不虛生，稱謂不虛出。」

不符。玉帛、歌哭，皆外在而可被觀察者所公開檢證。禮敬、哀樂則是內在於我而不可被觀察。而我哀不必哭，我樂不必歌；推之，人哭不必哀，人歌不必樂。〔註100〕由此可知，哭謂之哀，歌謂之樂，這只是人們所使用的一種「名稱」而已，歌與哭並不見得一定會讓人產生樂與哀的感情，有時反而恰恰相反，可見音聲本身並無哀樂成分，哀樂之所以產生，乃因人們自己感情成分之作用。

> 夫喜、怒、哀、樂、愛、憎、慚、懼，凡此八者，生民所以接物傳
> 情，區別有屬，而不可溢者也。夫味以甘苦爲稱。今以甲賢而心愛，
> 以乙愚而情憎，則愛、憎宜屬我，而賢、愚宜屬彼也。可以我愛而
> 謂之愛人；我憎而謂之憎人。所喜則謂之喜味，所怒則謂之怒味哉？
> 由此言之，則外內殊用，彼我異名。聲音自當以善惡爲主，則無關
> 於哀樂；哀樂自當以情感而後發，則無係於聲音。名實俱去，則盡
> 然可見矣。

「愛、憎宜屬我，而賢、愚宜屬彼」，此即作「名」、「分」之別。尹文子有「名、分不可相亂」之論，曰：「名宜屬彼，分宜屬我。我愛白而憎黑，韻商而舍徵，好膻而惡焦，嗜甘而逆苦。白、黑、商、徵、膻、焦、甘、苦，彼之名也；愛、憎、韻、舍、好、惡、嗜、逆，我之分也。」〔註101〕味之甘苦，人之賢愚，「彼之名也」；愛憎喜怒，「我之分也」。「外內殊用，彼我異名」。「異名」者，名、分不可相亂也。名、分不亂，則名實相「當」而「俱存」。若外內同用，彼淆於我，名亂於分，則名實「不當」而「俱去」。〔註102〕依嵇康的說法，哀憎是屬於我主觀的情感，賢愚是屬於客觀的才性。以此推之，同樣的道理，聲音以善惡爲主，屬於彼的；情感以哀樂爲主，屬於我的。〔註103〕因此，既然聲音無哀樂情感之實，自然無哀樂之名，此謂之「名實俱去」。

以上乃嵇康綜述大義，以立宗旨。此後，秦客復七次作難，嵇康亦七次答之，展轉典文，滋生細義，總不外客人以聲音有情之義，故聲有哀樂，而嵇康以和聲無象，聲音乃自然之所生發，故有常體，與哀樂無關。本節不擬一一分析難答各段大旨，僅節錄第四之難答之警要文句作論述。

〔註100〕參見吳旻，〈言意之辨與魏晉名理（七）嵇康「聲心異軌」論及其音樂美學〉
（臺北：《鵝湖月刊》一二四期，1985 年 10 月），頁 49。
〔註101〕《尹文子，大道上》（臺北：臺灣中華，四部備要本，1965 年），頁 2。
〔註102〕〈言意之辨與魏晉名理（七）嵇康「聲心異軌」論及其音樂美學〉，頁 49。
〔註103〕《嵇康「論文」及其玄學方法研究》，參見頁 82。

　　秦客在第四難提出「心爲聲變」、「躁靜由聲」的論點，再次說明「聲有哀樂」。秦客說：

> 今平和之人，聽箏、笛、琵琶，則形躁而志越；聞琴瑟之音，則聽（戴明揚校本改作「體」）靜而心閑。同一器之中，曲用每殊，則情隨之變。奏秦聲，則歎羨而慷慨，理齊楚，則情一而思專；肆姣弄，則歡放而欲惬。心爲聲變，若此其眾。苟躁靜由聲，則何爲限其哀樂？而但云：至和之聲，無所不感，託大同於聲音，歸眾變於人情，得無知彼不明此哉？

秦客以樂曲每因樂器種類之不同，與各地曲調之互異，則其感人之情狀，亦躁靜有別，歡感不同。因此，秦客提出，既然躁靜的變化來自音樂，那麼爲何哀樂之情就不是這樣呢？以此證聲音應有使人躁靜、哀樂之性質。嵇康對此說法，做如下回應：

> 主人答曰：「難云：『琵琶、箏、笛，令人躁越』。又云『曲用每殊，而情隨之變』。此誠所以使人常感也。琵琶、箏、笛，間促而聲高，變眾而節數。以高聲御數節，故使形躁而志越。猶鈴鐸警耳，鐘鼓駭心。……蓋以聲音有大小，故動人有猛靜也。琴瑟之體，間遼而音埤，變希而聲清。以埤音御希變，不虛心靜聽，則不盡清和之極，是以靜聽而心閑也。……然皆以單、複、高、埤、善、惡爲體，而人情以躁、靜、專、散爲應。譬猶遊觀於都肆，則目濫而情放。留察於曲度，則思靜而容端。此爲聲音之體盡於舒疾，情之應聲亦止於躁靜耳。夫曲用每殊，而情之處變；猶滋味異美，而口輒識之也。五味萬殊，而大同於美；曲變雖眾，亦大同於和。美有甘，和有樂（當作樂有和）。然隨曲之情，盡於和域。應美之口，絕於甘境。安得哀樂於其間哉？」

　　嵇康雖也認同音樂對人的刺激，在心情上是會有「躁急」和「靜閑」的反應，但是他認爲「躁急」和「靜閑」兩種不同的反應，其實是音樂本有的屬性。他把樂器依發聲特質分爲二，一是屬於「琵琶、箏、笛，間促而聲高，變眾而節數。以高聲御數節，故使形躁而志越。」此類樂器以聲音高、節奏快、變化大爲其特色，於是，聽者感到形體躁動而志氣發越。另一類則是屬於「琴瑟之體，間遼而音埤，變希而聲清。以埤音御希變，不虛心靜聽，則不盡清和之極，是以靜聽而心閑也。」此類樂器以聲音低、節奏慢、變化少

爲其特色，因此，聽者自然而然靜聽而心閑。由此可知，「動人有猛靜」的原因，就是由於「聲音有大小」，不能說躁靜由音樂而引發，情緒隨之而變化，就因此斷定音樂有哀樂之情。〔註104〕嵇康接著說：

> 若言平和、哀樂正等，則無所先發，故終得躁靜。若有所發，則是
> 有主於內，不爲平和也。以此言之，躁靜者，聲之功也；哀樂者，
> 情之主也，不可見聲有躁靜之應，因謂哀樂皆由聲音也。

嵇康以爲，人們各以自身之認識經驗去解釋樂曲之情調，故聽樂者如果心境平和，先不存哀樂，則聽樂曲之際，當然只視該樂曲節奏之舒、疾、單、複，而有振奮或閑靜之境。如心中早已先存有哀或樂之情，則不爲「平和」，而乃先有主觀情感於內，則聽樂曲之時，哀樂之情自在其中。由此可見哀樂主於人情，音聲只使人心境或躁或靜，不主哀樂。〔註105〕

「聲無哀樂論」所探討的問題是：聲音本身是否含有哀樂等情感。嵇康的結論是：哀樂全在人，絲毫不在聲音，聲音本身是不含哀樂等情感的。因爲情感乃是人的心靈作用。樂曲經由人耳傳入心靈（腦），而心靈又極富聯想之作用。人在聆賞音樂從而產生聯想時，極易以自己的感情經驗去迎會該曲之旋律。是以聽者聯想到或內心本有歡樂之事，因和聲之觸發導引，便自然流露形歡而容動；聯想到或內心本有悲哀之事，因和聲之觸發導引，便自然流露愁顏而貌感。因此，一般人以爲音樂能經由人隨和聲的感發導引所致的心動聯想，進而表達出哀樂的情感，就誤以爲「聲有哀樂」。其實不然，音聲雖憑其音色（如長、緩、強、弱等）及曲式結構，可以感發人哀樂情感，然而感覺出哀樂情感的，還是在於人主觀的心靈，如果音聲無人聆賞，哀樂之情從何而生？所以嵇康以爲「哀樂全在人，絲毫不在聲音」。故音聲的性質雖可感人，人感的哀樂卻不應含藏於音聲中。〔註106〕音聲最多只具有引發情感的效用，但這個效用卻非音樂本身所具有的內容。由此可知，嵇康是著眼於音聲本身的內容具有獨立的地位，是外在的存在，而哀樂是內在的情感，彼此的性質全然不同，所以主張音聲與我們內在的感情無關，亦即聲無哀樂。

〈聲無哀樂論〉中「心之與聲，明爲二物」、「託大同於聲音，歸眾變於人情」、「聲音自當以善惡爲主，則無關哀樂；哀樂自當以情感而發，則無係

〔註104〕《嵇康「論文」及其玄學方法研究》，參見頁87。
〔註105〕《魏晉清談及其名題之研究》，參見頁304。
〔註106〕《魏晉清談及其名題之研究》，參見頁310～312。

於聲音」等精采論點,提醒了人們對音樂自性的注意,希望主體莫因哀樂的情感而忽略音樂特有的美。而且,被剝離了情感內容的音樂,唯一所剩的只有快、慢、強、弱、高、低、昇、降等物理性質,而別無其他。是以,音樂得以成為一獨立的審美客體,獲得人們客觀的觀照,使和聲當身從主觀人情禮樂教化之糾纏中得到解放,此種「客觀主義之純美論」,〔註107〕為後世音樂理論作出不可磨滅的貢獻。

「聲無哀樂論」所作之聲心之辨,實承言意之辨而來。其主張「心之與聲,明為二物」、「殊塗異軌,不相經緯」,乃言意之辨中「言意異」一系。〔註108〕所謂「言意異」是指根本否定「言」、「意」間有對應關係,「言」不復為「言」(意之負荷者),而以自己為目的,如純音樂之曲樂,不再負荷原來的概念或「意」,而只表現自己(純形式之體性),此所以嵇康有「聲心異軌」、「聲無哀樂」之說。〔註109〕

〔註107〕牟先生評「聲無哀樂論」為「客觀主義之純美論」,吳甿先生則有專文討論。牟先生肯定嵇康,卻也提到〈聲無哀樂論〉一文似是涉及存有、體性、關係、普遍性、特殊性、具體、抽象等所成之思想格局。而此套思想格局是「存有形態」或「客觀性形態」之格局,此乃西方學術之所長。而中國傳統思想中並無此格局。然而嵇康突觸此格局,自不能精透。因此難免混淆聲音之通性與殊性。依先生的說法,聲音除了只有「和」之「通性」(普通性)外,其實尚有具體而各別之色澤,如舒、疾、單、複、高、埤,皆具體色澤也,此乃為聲音之殊性。此亦可說是和聲之內容。如果說聲音有具體之色澤,則所謂哀樂之情因感和聲而發,哀樂之情與和聲之色澤間亦必然有相當之關係。如果只是「和」之通性,而無具體之色澤,則可無哀無樂,則此關係可建立不起。但若必具備具體色澤,則此關係實不易抹殺。通性、殊性兩者不同,不能混同而論。《才性與玄理》,頁349~350,355~356。

〔註108〕見〈言意之辨與魏晉名理(七)嵇康「聲心異軌」論及其音樂美學〉,頁48。吳甿先生認為言意之辨可形成「言意四本」:「言意同」、「言意合」、「言意離」、「言意異」。見〈言意之辨與魏晉名理(三)「言意之辨」析義〉(臺北:鵝湖月刊一一八期,1985年),頁47、50。

「言意同」──即「言盡意」,此則只有「言內之意」而無「言外之意」,言意之關係為一一對應之關係。如歐陽建之「言盡意論」。

「言意合」──即「言不盡意」,此則「言內之意」足以徵示「言外之意」,言意關係為一多對應之關係。如王弼之「盡意莫若言,得意而忘言」說及郭象「寄言出意」說。

「言意離」──即「超言意」,此則「言內之意」不足徵示「言外之意(本意)」,其言意關係為「超多一對應」之關係。如荀粲之「六籍雖存,固聖人之糠秕」說。

〔註109〕同前註,頁50。

二、「言非意」的言意觀

　　嵇康言意理論中的「言」，指的是事物的名稱，可泛指一般的名言；「意」之所指，顯然不限於形而上的實體或原理，〔註110〕而是也可泛指一般的事物。在〈聲無哀樂論〉中，嵇康是以言、意的這種關係與「音聲－哀樂」的關係作比照，「言」類似於音聲，「意」類似於哀樂。嵇康在〈聲無哀樂論〉中對言意關係的看法是：

> 夫言非自然一定之物，五方殊俗，同事異號，舉一名以爲標識耳。
> 〔註111〕

> 夫聲之於音（戴明揚校本改作「心」），猶形之於心也。有形同而情乖、貌殊而心均者。何以明之？聖人齊心等德，而形狀不同也。苟心同而形異，則何言乎觀形而知心哉？且口之激氣爲聲，何異於籟籥納氣而鳴邪？啼聲之善惡，不由兒口吉凶，猶琴瑟之清濁，不在操者之工拙也。心能辨理善談，而不能令籟籥調利，猶聾者能善其曲度，而不能令器必清和也。器不假妙聾而良，籥不因慧心而調，然則心之與聲，明爲二物。二物之誠然，則求情者不留觀於形貌，揆心者不借聽於聲音也。察者欲因聲以知心，不亦外乎？〔註112〕

　　聲音和哀樂雖有密切的關係，這種關係並非必然而只是偶然的。不同的聽者所以對同樣的聲音產生不同的感受，不僅由於聲音和感情是有分別的，更由於什麼聲音和什麼情感發生關聯並不一定。於是，在不同的風俗和環境裡，相同的聲音往往代表不同的情感。把聲音和情感這種關係推展到名言與意義的關係上，也是同等有效的。〔註113〕名言與意義二者間的關係，只是偶然的，而非必然的。嵇康認爲，各地因爲風俗、習慣的不同，所以對於同一事物，各地的名稱可能有所不同。這是因爲人們在制定名稱時，各地各依其風俗習慣訂定之，自然就會產生「同事異號」的現象。因此，名稱只是人爲制訂且用來標識事物的，所以名稱與事物之間並無必然的關聯性，而只有

〔註110〕參見岑溢成〈魏晉「言意之辨」的兩個層面〉（臺北：《鵝湖學誌》第十一期，1993 年 12 月），頁 32。
〔註111〕見《嵇中散集》，頁 25。
〔註112〕同前註，頁 26。
〔註113〕〈魏晉「言意之辨」的兩個層面〉，頁 32。

偶然的關聯性。而兩者間之所以有偶然的關聯性，完全是由於人爲制訂的結果。〔註114〕因爲在嵇康看來，事物的名稱對於事物只是一個符號，而符號並非自然確定和固定不變的。人們可以用不同的符號指稱同一對象，反之，也可以用同一符號指稱不同對象。嵇康就曾說過：「玉帛非禮敬之實，歌哭非哀樂之主也。」玉帛，不僅僅是禮敬之物，它可能同時意味著禮儀或情感等意義；歌哭亦非僅僅是表示哀樂情感的，它也可以表示思戀或追求等思想或情感。〔註115〕所以聲音自有其獨立的存在地位，而非執定是爲哀樂情感的附庸。聲音既非概念的負荷者－即非「言」，則聲音不當符徵任何聲音以外之「意」，聲音只表現其自己。若將某聲音約定爲某意之負荷者，則只是一假借，不可即視此意必定是爲此聲音之屬性。此被約定爲某意之負荷之聲音，只是一人爲符號，而人爲符號「殊方異俗，歌哭不同，使錯而用之，或聞哭而歡，或聽歌而戚。然其哀樂之情均也。今用均同之情，而發萬殊之聲，斯非音聲之無常哉！」作爲人爲符號之聲音，與其所負荷之意之關係，實非固定者，乃是隨方俗之殊異而變化「無常」。由此可見，人爲約定之聲音的意義，非聲音自身之屬性。〔註116〕由此可以推知，嵇康是以「言」本身有其獨立的地位，不必也不再是「意」的附庸，進而論證言、意無本然，固定的關係。〔註117〕所以嵇康說：「夫言，非自然一定之物。」

接著，藉《荀子・正名》對名稱與事物的關係的看法，來呈顯嵇康言意思想的特色。

> 名無固宜，約之以命。約定俗成謂之宜，異於約則謂之不宜。名無固實，約之以命實，約定俗成謂之實名。名有固善，徑易而不拂，謂之善名。〔註118〕

所謂「名無固宜」、「名無固實」即否定名言符號與實在或對象之間有必然的、本質的關係。荀子認爲語言的產生，根本是因於社會的需要，以約定俗成的方式形成的。所謂的「約定」，是指用什麼名稱指稱什麼事物，這在原初是不

〔註114〕《魏晉言意之辨研究》，參見頁83。
〔註115〕參見余衛國〈一場虛假的論辨 —— 魏晉之際言意之辨剖析〉（北京：《中國哲學史》，1990年1月），頁57。
〔註116〕參見〈言意之辨與魏晉名理（七）嵇康「聲心異軌」論及其音樂美學〉，頁49～50。
〔註117〕《魏晉言意之辨研究》，頁86。
〔註118〕《荀子・正名》（臺北：臺灣中華，四部備要本，1965年），頁164。

一定的，所以單純是出於人爲的、任意的或偶然的約定。只是，名稱和所指事物的關係，雖是建立於任意偶然的約定上，但是一旦得到使用社群的共許而成爲慣例，此關係就有相當程度的穩定性。此謂之「俗成」。至於「名有固善，徑易而不拂，謂之善名」，是指作爲判斷語言名稱在制訂時之標準。荀子認爲越直接、簡潔而不與事物（的形狀、樣態、性質等）相牴觸的語言名稱，就是善名；反之，若是意義含糊，隱晦的，自然就非善名。由此可知，荀子所謂的「約定」，是指語言名稱並非是隨意制訂的，而是要在符合直接、簡潔、不違反事物形態、性質的情形下，在偶然的情況下制訂出來。

　　嵇康的言意理論則是屬於「約定俗成」中之「約定」部分，也就是強調名稱在指稱事物時是單純出於人爲的、任意的或偶然的約定，亦即是說「名稱」與「事物」兩者間並無必然的關聯性。但是，嵇康的言意理論，少了一層對「約定」的限制，此即是說嵇康並未提到在制訂語言名稱時必須依照什麼標準，才稱得上是合宜的語言名稱。這正是符合他「聲無哀樂」的說法，因爲若對「約定」有所限制，那就表示名稱和事物間的聯結非任意、偶然的，而是有理可依循的。若名稱與事物間有某種程度的一定關聯，那就與嵇康要嚴格區分兩者關聯的心意相違背了。〔註119〕

　　前文曾提及，據《玉海》所載，嵇康曾著《周易言不盡意》文，可惜早已散佚。但後人多因此將他的言意主張納入「言不盡意」之列。我們也許可以說嵇康認爲《周易》是屬「言不盡意」論的，但卻不可以偏概全，論斷嵇康是「言不盡意」論者。因爲，從其所著〈聲無哀樂論〉一文中所表現的言意觀來看，嵇康除了提到言與意的關係是任意、偶然的之外，諸如言的表意功能，言能否盡意等較深層的言意問題，就幾乎沒有涉及討論到。所以嵇康的言意理論在〈聲無哀樂論〉一文中所呈顯的問題，並非「言」能否盡「意」的問題，而是「言」與「意」兩者間是否有所關聯的問題。因此視嵇康的言意理論爲「言不盡意」論者，顯然有所失當。只是「言能否盡意」的問題，並非探討嵇康言意理論的重點，反而是他獨特的言意思想，如「言」有其獨立的存在地位，「言」不再是「意」的工具等言意觀，對後人研究魏晉言意之辨之全面性的認識有相當程度的助益。

〔註119〕《魏晉言意之辨研究》，參見頁84～85。

第五節　歐陽建的言意思想——言盡意論

　　歐陽建言意思想的資料現存有的只有〈言盡意論〉。現存的〈言盡意論〉是由《藝文類聚》卷十九中輯佚而來。〔註120〕歐陽建在撰寫時是針對當時「言不盡意」的說法而來。〈言盡意論〉一開始便說：

> 有雷同君子問於違眾先生曰：世之論者，以爲言不盡意，由來尚矣。
> 至乎通才達識，咸以爲然。若夫蔣公之論眸子，鍾、傅之言才性，
> 莫不引此爲談證。而先生以爲不然，何哉！

歐陽建爲何以「違眾先生」自居？在當時通才達識者，如蔣濟、鍾會、傅嘏等人皆是主張言不盡意的，說明「言不盡意」論者眾多且風行社會，而歐陽建獨不以爲然，是以假託雷同先生來問難違眾先生，從而標示出自己的言盡意論乃違眾之理，顯然刻意要提出與眾不同的言論。他在〈言盡意論〉中的看法是：

> 夫天不言，而四時行焉；聖人不言，而鑒識存焉。形不待名，而方
> 圓已著；色不俟稱，而黑白已彰。然則名之於物，無施者也；言之
> 於理，無爲者也。

　　「夫天不言，而四時行焉；聖人不言，而鑒識存焉。」此句來自《論語・陽貨》：「子曰：予欲無言。……天何言哉！四時行焉，百物生焉。天何言哉！」〔註121〕說明四時運行，萬物生發，皆是自然而然的，而與人類語言無關。歐陽建雖引「夫天不言，而四時行焉；聖人不言，而鑒識存焉。」但他所指的是「四時行」的客觀世界，聖人的鑒識也不是指向冥契於不言的天道之理境，而是對形下四時運行的現象世界的認識。〔註122〕這可以從「形不待名，而方圓已著；色不俟稱，而黑白已彰。」得到端倪。「不待名」、「不俟稱」是指客觀世界是可以脫離主體的認識關係而存在的，是一客觀主義的思路。〔註123〕方圓是事物之形，黑白是事物之色，這些都是事物自然呈顯出來的形狀、樣態，是獨立於名稱、言辭之外而客觀存在的。也就是說歐陽建認爲天地四時的運行，萬物方圓的外形，色彩的彰顯，都是不須藉言語來表達，就能自然

〔註120〕見唐・歐陽詢等撰著《藝文類聚，卷十九》（文光出版社，1974 年），頁 348。
〔註121〕見《論語》十三經注疏本，頁 157。
〔註122〕見莊耀郎先生〈魏晉反玄思想析論〉（《中國學術年刊》第二十四期，1995 年6 月），頁 162。
〔註123〕同前註。

存在。這是站在客觀主義的立場來說明名與物、言與理，並無絕對的依存關係。所以說「名之於物，無施者也；言之於理，無爲者也。」名言對於客觀世界存在的事物是無所施爲的，但這並非屬於「言不盡意」論的看法，而是就客觀世界的存在而言。總之，當人們必須對物理〔註124〕有所正名時，言語就發揮了它僅有的功能，即是：名言對於現象事物客觀的存在具有表述的功能。歐陽建接著說：

> 而古今務於正名，聖賢不能去言，其故何也？誠以理得於心，非言不暢；物定於彼，非名不辨。言不暢志，則無以相接；名不辨物，則鑒識不顯。鑒識顯而名品殊，言稱接而情志暢。

名言有暢理辨物的作用，而這樣的看法是回應先前所標客觀主義的看法。西哲海德格謂：「所有的存在物都不會受人爲的概念所影響。」意謂事物之方圓黑白等概念，是外於人類識心施設而獨立存在。〔註125〕然而，在知識的領域中，人類意義世界與社會客觀世界的關係是一主客的認知關係，人們爲了表達這一層認識，即建構名言，以名言來表達人的思想和對萬物的認識。〔註126〕海德格也說過：「有語言才有世界。」認爲「所爲有名」，乃爲著「把自己發現的世界的實有之可理解性，加以有意義的抒發。」有了語言，世界才非一不可思議之世界；或說世界之實有才可理解而眞實地展露於吾人面前。〔註127〕在歐陽建看來，爲了人我溝通，表達思想；辨別事物，敘述條理，都必須憑藉名言概念。由此可知，歐陽建是著眼名言有溝通和辨物的功能，〔註128〕因此名言的存在是有其必要性的。這即是「古今務於正名，聖賢不能去言」的理由。反之，如果名言不能溝通人我，不能辨別事物，不能發揮名言的作用，那麼名言存在的功能就因而失去意義。

> 原其所以，本其所由，非物有自然之名，理有必定之稱也。欲辨其實，則殊其名；欲宣其志，則立其稱。名逐物而遷，言因理而變，

〔註124〕〈魏晉反玄思想析論〉一文：此處所言之「理」指的是現象事物客觀的條理——形構之理，而不是形而上的存在原理。「無爲」也不是道家的「無爲」義，而是現實意義的無所施爲。

〔註125〕轉引並參吳甿〈言意之辨與魏晉名理（四）言盡意與正名傳統〉（臺北：《鵝湖月刊》一二一期，1985年7月），頁28。

〔註126〕〈魏晉反玄思想析論〉，頁162。

〔註127〕轉引並參吳甿〈言意之辨與魏晉名理（四）言盡意與正名傳統〉一文，頁28～29。

〔註128〕見《魏晉言意之辨研究》，頁73。

此猶聲發響應，形存影附，不得相與爲二。苟其不二，則無不盡。
吾故以爲盡矣。

歐陽建至此才提出他的「言盡意」的理論。物有其名，並非物的自身先前便
有自然之名，而是人爲標指該物乃設予一名，故此名於該人心意中，應該可
以完全涵蓋該物。理有其稱，並非理的自身先前便有必定之稱，而是人爲表
達該理，乃爲它設立一段論稱，在其人感受中，該段論稱應恰足以暢達該理。
〔註129〕所以物之所以有名，理之所以有稱，乃是因爲要辨實、宣志，也就是
前文所言之辨物、相接。而且不管物如何變遷，人總會隨其變遷後之形象而
給予一涵蓋之名；不管理如何變化，人總會有一段言稱想要說盡它。〔註130〕
是故，名可隨物的不同而有差異，言亦能因理的變化而改變。名言與物理此
種關係，歐陽建以聲發響應及形存影附的例子來比喩說明之。認爲名言跟隨
物理，就好像響依附著聲，影依附著形。有物必有能指稱它的名，有名亦必
定有其所代表的物；名與物、言與理均不得相與爲二，因此名、言無不盡矣。
〔註131〕所以歐陽建以爲既然如此，言應該是可以盡意的。此即歐陽建所謂的
「言盡意論」。

　　歐陽建所主張的「言盡意」之內容中和前面所介紹的荀粲、王弼諸人所主
張的「言不盡意」之內容，其所探討的「言」、「意」、「盡」三字之意義內涵是
不盡相同的。簡單的說，言是指「語言」，意是指「思想」，語言與思想間如能
一一相對應，即是「盡」。如果以語言的類型來區分，大體可分爲描述（科學）
語言、情感（文學）語言和啓發（指點）語言三大類。〔註132〕描述語言是繫屬
於客觀世界的，無論其是經驗之對象，如自然科學者；或是思考之純粹形式，
如邏輯數學者，都是可以脫離主體的判斷而獨立存在，此種語言的功能在於描
述此一經驗對象或客觀之形式。〔註133〕因此，凡是不繫屬於主體而可以客觀的
肯斷的那一種名言（眞理），可稱爲外延名言（眞理）。〔註133〕歐陽建的〈言盡

〔註129〕見《魏晉清談及其名題之研究》，頁223。
〔註130〕同前註。
〔註131〕《魏晉言意之辨與魏晉美學》，頁46。
〔註132〕牟宗三先生譯維特根什坦之《名理論》在（譯者之言）中就語言所指涉之領
　　　　域，分爲三類。三分說是對維氏的「情感語言」和「科學語言」的二分說所
　　　　作之修正。（臺北：臺灣學生書局，1987年），頁16～17。
〔註133〕〈魏晉反玄思想析論〉，見頁163。
〔註133〕見《中國哲學十九講》，頁21。

意論〉和王弼的「名號」所指的名言，應屬於此種性質的名言。〔註134〕此類名言始終是對應著客觀的事物，且此其中必定有一對應的關係存在。

　　至於情感語言，如文學語言和藝術語言；或啓發語言，如宗教語言、道德語言、哲學語言都可以歸屬於啓發語言，兩者都是要繫屬於主體才能表意，繫屬於主體的語言，其所對應的是一情境或理境，是屬於內容眞理，在此名言與其所對並非一對應關係，而是一種譬喻、象徵、指點、啓發的作用關係。〔註135〕荀粲的「繫表之言」，王弼的「稱謂」、「無稱之言」與郭象的「寄言出意」等，所指之名言，均屬內容名言。

　　王、荀二人所主張的言不盡意的內容中，所探討的言，主要是指《易經》中的卦、爻、象、象辭，是對應於內容眞理的內容名言；而意則是指《易經》六十四卦所呈顯出來的意義，以及聖人所講的深奧精妙的天道。這個「意」常是指形而上的「道」，而這個道又常是難以說盡的。因此，若說此種名言能盡意，也只能稱作是一象徵的盡、指點的盡、啓發的盡，而非全盡之「盡」。此種方式的盡和科學名言的盡意不同，凡象徵或指點的盡都是盡而不盡，一往而無窮的。〔註136〕而歐陽建的言盡意論，所指的名言是屬於描述語言性質的名言，是指對應於一般形下物理的外延名言；而「意」其實是指著一個確定的意思，是指對外在事物及法則的認識，是可由外延名言一一窮盡的外延眞理。〔註137〕因此其「盡」不是啓發、象徵之「盡」，而是指名實一一對應之盡。歐陽建認爲人們必須藉由語言文字才能辨別事物，人我溝通，因此「言」和「意」是不容分割的一體，如聲、響的「應」和形、影的「附」一般，是不容被分成互不相關的兩部分，而是應緊密結合，兩不相離的。是以，每一名必指稱一物，每一物亦必由一言表示，名言正是表達物意的最佳工具。然而此名言究竟能表意至何種程度？名言是否能窮盡意或理？則無法由名物不二、形影不離的論證中推得出來。〔註138〕此乃歐陽建「言盡意論」美中不足之處。

〔註134〕王弼言意理論三層架構爲名號、稱謂及無稱之言。歐陽建之〈言盡意論〉與王弼「名號」的層次相對應。至於「稱謂」及「無稱之言」的層次則與荀粲「象外之意、繫表之言」和郭象的「寄言出意」相對應。參見莊耀郎先生〈魏晉的言意觀〉（第一屆中國文學與文化全國學術研討會，2002 年 11 月 15 日），頁 6、12。

〔註135〕〈魏晉反玄思想析論〉，頁 163。

〔註136〕同前註。

〔註137〕《魏晉言意之辨與魏晉美學》，參見頁 48。

〔註138〕同前註。

綜觀上述，歐陽建雖然說言盡意論，但仔細探究之下，言盡意論實際上卻是與言不盡意論者站在不同的立場說話，也就是言盡意說似與言不盡意論者所討論的並非同一層面的問題。由於歐陽建未能指出言不盡意說的缺失所在，而且對其自身的言盡意思想，亦缺乏周延有力的論證，終致其說服力不及言不盡意思想。〔註139〕但不可否認的，歐陽建建立一個屬於客觀主義理路的名言領域，〔註140〕對當時玄風盛行，時風漫蕩，不切實際的社會風氣有針砭時弊之效，是以，歐陽建的「言盡意」說，仍是深具時代意義及存在價值。

第六節　郭象玄學的方法論

郭象在魏晉言意之辨中，不同於荀粲、王弼、歐陽建等人都提出對言意關係的看法，他繼承王弼以來「言不盡意」理論的傳統，〔註141〕提出「寄言出意」的方式來注解《莊子》，藉此建構自己的思想體系。

一、寄言出意

在《莊子》第一篇〈逍遙遊〉注中，郭象即開宗明義地提出了自己注解莊玄，建立其哲學體系的方法論。當然，這並非偶然的，而是郭象有心要讓讀者知道他注《莊子》的主要方法，並希望讀者能夠跟著他的思路去體會莊子的深閎意旨。郭象云：

> 鵬鯤之實，吾所未詳也。夫莊子之大意，在乎逍遙遊放，無爲而自得，故極小大之致以明性分之適。達觀之士，宜要其會歸而遺其所寄，不足事事曲與生說。自不害其弘旨，皆可略之耳。〔註142〕

在這裏我們可以看到郭象對鵬鯤爲何物，並不去多作解釋，甚至存而不論。他在注莊闡發玄思時，只是善會文字背後之宏旨而已，對於細微末節，就未考慮要詳盡地去生解硬說每一字每一句。因此，郭象在註解《莊子》時，便非措意於名物訓詁，且對莊周之原意亦不加理會。這並非郭象不能確解莊周

〔註139〕同前註。

〔註140〕〈魏晉反玄思想析論〉，頁163。

〔註141〕如果說王弼從「言意之辨」中自覺地演生出「得象而忘言，得意而忘象」的方法論，那麼可以說郭象則從中演生出「寄言出意」的方法。見孫尚揚〈言意之辨在魏晉玄學中的方法論意義〉（北京：《中國哲學史》，1987年2月），頁38。

〔註142〕見《莊子集釋》，頁3。

原意，而是他要藉《莊子》的語言，表述自己心中所理會的意。這種方式，王弼謂之「得象而忘言，得意而忘象」，佛教謂之「依法不依人、依義不依語」。〔註143〕然而所謂《莊子》的義法，就郭象而言，此義法處於魏晉時代，就是要通過他創造性的詮釋而呈現《莊子注》的面目，換言之，郭象的《莊子注》就是使《莊子》精神在魏晉時代的再現。而如何使這種精神重現，就非單靠解讀章句所能達到，而是要銷融章句，以「寄言出意」的方式，合內外為一，成就一遊外冥內的聖人人格。〔註144〕所謂「寄言出意」是指「言」既然只是為了「出意」，因而不能把「言」直接視為就是「意」，應該通過「言」以達其「意」，甚至要離開「言」以領會「言外之意」。〔註145〕最後臻至「無言無意」的理境。〔註146〕此理境明顯是超越言意之辨，「言」、「意」兼忘。

其實，郭象在注中明標「寄言」之處，即是其隱解所在，也是他跳出來說話的地方，當其義理與莊子不合時，常以微言或直言是莊子之寄言以迴避。郭象一心想融通方內與方外之對立，又欲合自然與名教為一，故對莊子書中一些絕聖去知、鄙薄仁義、毀棄禮樂的辭義，一心一意地想加以「圓說」（合理化），因為上述辭義，顯然與儒家牴牾衝突，不可能會通。郭象為解決此困難，乃採取「寄言出意」的方法，既是寄之耳，則不能拘執以為說，必於言意之外，求其隱義，也就是「要其會歸而遺其所寄」。〔註147〕

二、跡冥論

莊子〈逍遙遊〉「藐姑射之山，有神人居焉，肌膚若冰雪，綽約若處子。」〔註148〕這段話，莊子原意是要肯定遊方之外「出世」的「神人」，而非遊方之

〔註143〕龍樹《大智度論》卷九：「如佛欲入涅槃時，語諸比丘：『從今日應依法不依人、應依義不依語、應依智不依識、應依了義經不依未了義。』」（見《大正藏》二十五冊，頁125）

〔註144〕參見莊耀郎先生〈郭象《莊子注》的方法論〉（臺北：臺灣師大《中國學術年刊》第二十期，1999年3月），頁228。

〔註145〕參湯一介《郭象與魏晉玄學》（中和市，谷風出版社，1987年3月），頁212。

〔註146〕《莊子集釋》，〈秋水〉篇中「言之所不能論，意之所不能察致者，不期精粗焉。」句，郭象注云：「夫言意者有也，而所言所意者無也，故求之於言意之表，而入乎無言無意之域，而後至焉。」頁573。

〔註147〕參見江建俊《魏晉玄理與玄風之研究》（臺北：文化大學哲學研究所博士論文，1986年12月），頁156。

〔註148〕《莊子集釋》，頁28。

內「入世」的聖人。郭象採用「寄言出意」的方法，跳脫莊子的原意，闡發他「遊外冥內」的玄學思想。

> 此皆寄言耳。夫神人即今所謂聖人也。夫聖人雖身在廟堂之上，然
> 其心無異於山林之中，世豈識之哉！徒見其戴黃屋，佩玉璽，便謂
> 足已纓紱其心矣！見其歷山川，同民事，便謂足已憔悴其神矣！豈
> 知至至者之不虧哉？今言王德之人而寄之此山，將明世所無由識，
> 故乃託之於絕垠之外，而推之於視聽之表耳。〔註149〕

郭象認為具有理想人格的「聖人」並不是非得要真正「出世」才可以，「聖人」其實是可以「身在廟堂」（即入其世），但只要其「心在山林」（即表內心之恬淡、自然，無心無為），就能達到最高境界的出世。只可惜一般人往往只識其「戴黃屋，佩玉璽」、「歷山川，同民事」等聖人之跡，會擾亂聖人心神，使其精神憔悴，殊不知「至至者」（具有最高理想人格的聖人）之無心無為，對其生命是無所受其虧損的。郭象以為，莊子正是因為知道世間人對「身在廟堂而心在山林」的「王德之人」（即聖人），因為冥在於內，故世人無由得識，徒見其跡而不見其冥，所以權且寄此姑射山，託於「絕垠之外」、「視聽之表」以明之，期世間人能瞭解聖人是不會「以外（跡、末）傷內（冥、本）」的。〔註150〕

郭象以「寄言出意」的方式注解《莊子》，將神人解作「身在廟堂而心在山林」的「聖人」，聖人之跡冥原是一，應物而無累於物，創跡而不滯於跡，〔註151〕其目的很明顯就是為了說明，聖人是可以不廢「名教」，而德合「自然」，且「名教之中自有樂地」，在現實生活中也可以達到理想境界。〔註152〕於此名教自然合而為一，儒道亦通而為一。

郭象基於其「名教自然合一」、「儒道為一」、「跡冥圓融」的理論，凡是涉及這些問題的觀點時，他皆本「寄言出意」的方法加以發揮出來。如〈逍遙遊〉「堯讓天下於許由」一段，「子治天下，天下既已治也」句下注云：

> 夫能令天下治，不治天下者也。故堯以不治治之，非治之而治者也。
> 今許由方明既治，則無所代之，而治實由堯，故有子治之言，宜忘
> 言以尋其所況。而或者遂云：治之而治者，堯也；不治而堯得以治

〔註149〕同前註。
〔註150〕《郭象與魏晉玄學》，參頁214。
〔註151〕《郭象玄學》，見頁186。
〔註152〕同前註。

者，許由也。斯失之遠矣。夫治之由乎不治，爲之出乎無爲也，取
於堯而足，豈借之許由哉！若謂拱默乎山林之中而後得稱無爲者，
此莊老之談所以見棄於當塗。〔當塗〕者自必於有爲之域而不反
者，斯之由也。〔註153〕

依莊子表面之意，是稱許許由而貶抑堯的，而郭象作注則是認爲莊子乃是爲
了要凸顯堯「治之由乎不治，爲之出乎無爲」的意義。「治之由乎不治，爲
之出乎無爲」，此爲道家之普遍原則，其旨出於「無爲而無不爲」，無爲是本，
是作用的保存，故「不治」並不是在存有層上的對治理的否定，〔註154〕而
是以不刻意造作的方式治理天下，也唯有以無心無爲的方式治天下，天下始
能治。一般人皆以爲堯治理天下，是治而治之，看似是有爲也；而不知堯之
治乃是出於無心而治，他的爲乃是出於自然而爲。而許由的獨立高山，不問
世事，表面上看似無所作爲，但實際上並非是眞正的無心而爲。而許由所顯
示出的無爲，其實是可以直接在堯的生命體現中找到的。〔註155〕所以說「取
於堯而足」。依郭象注的內容來看，莊子是借許由以明其本。因若單從堯本
身來看，人們是不容易明其本的。一般俗世之人只從跡上見堯，殊不知他的
跡乃是由無爲的本所動發而出，於是借許由的不治天下，讓人知曉有自然、
無爲的境界。此即所謂借許由以明本、顯冥。既顯冥，便可了解無爲的冥其
實可以和跡相即不離，所以堯的跡即是冥，爲即是無爲。爲出於無爲，治由
於不治，即無爲的冥即在爲的跡上，跡冥相融。堯的跡便是冥，冥即是跡。
惟有通過這一層的認知活動，才能使人了解到堯是體現了無爲而無不爲的境
界。〔註156〕牟宗三先生說：「『無爲』是本，是冥。『無不爲』是末，是跡。
本末、冥跡，並非截然之兩途。截然兩途，是抽象之分解。經由抽象之分解，
顯無以爲體，顯有以爲用。無是本，有是跡。故跡冥亦曰跡本。亦曰『跡』
與『所以跡』。是則兩者本是具體地圓融於一起。若停滯於抽象上，則無是
頑空之死體，有是俗情之巧僞。無不成無，有非是有，則『無爲而化』亦不
能說矣。『無爲』自然函著化跡，化跡由於無爲。若停滯於無爲，則不能成

〔註153〕《莊子集釋》，見頁24。
〔註154〕《郭象玄學》，頁186。
〔註155〕參岑溢成《〈郭象注〉的「寄言出意」及「跡冥論」》一文，頁 374。收錄於
　　　　王邦雄、楊祖漢、岑溢成、高柏園合編著之《中國哲學史》（臺北縣，國立空
　　　　中大學，1998 年 1 月）。
〔註156〕同前註。

化。若停滯於化跡，則皆爲『物累』。」〔註157〕是以吾人若執定「拱默乎山林之中而後得稱無爲」而「當塗者自必於有爲之域而不能反於無爲」，即是將跡與冥切成兩截，此則爲偏溺之見，〔註158〕而非是圓融理境。如此則道家無爲之說便會被無知之人視爲無用的學問了。今郭象將無爲和無不爲，具在堯身上顯現，人們就可以從中見其堯圓融的生命境界。至於跡冥之論，亦盛發於郭象注「堯治天下之民，平海內之政，往見四子藐姑射之山，汾水之陽，窅然喪其天下焉。」之句。郭象謂：

> 夫堯之無用天下爲，亦猶越人之無所用章甫耳。然遺天下者，固天下之所宗。天下雖宗堯，而堯未嘗有天下也，故窅然喪之，而嘗遊心於絕冥之境，雖寄坐萬物之上而未始不逍遙也。四子者，蓋寄言以明堯之不一於堯耳。夫堯實冥矣，其跡則堯也。自跡觀冥，內外異域，未足怪也。世徒見堯之爲堯，豈識其冥哉！故將求四子於海外，而遺堯於所見，因謂與物同波者，失其所以逍遙也。然未知至遠之跡，順者更近；而至高之所，會者反下也。若乃厲然以獨高爲至而不夷乎俗累，斯山谷之士，非無待者也，奚足以語至極而遊無窮哉！〔註159〕

堯無用天下爲，即是以無爲自然的方式治理天下，無爲故無執，自然故不刻意造作，無執、不刻意做作，則萬物自理，故言堯遺天下，未嘗有天下或窅然喪其天下。堯是以「無爲而無不爲」的方式治理天下，然世俗之人只見堯有爲之跡，而未識堯其實是遊心於絕冥之境的。郭象有鑒於世人不能識其冥，故寄言四子以明堯之內冥。〔註160〕郭象推尊堯爲跡冥圓融的人物，依儒家說法，即是指集內聖外王於一身。反應在魏晉時代的問題上，則是儒道會通理論的完成。〔註161〕依郭象之意，堯治天下，寄坐萬物之上，與世俗處，代表名教及儒家，是跡；四子居藐姑射之山，厲然獨高，不夷乎俗累，代表自然及道家，是冥。然四子無跡可見，跡冥不融，未達圓境。反觀堯見四子，依

〔註157〕見《才性與玄理》，頁187。

〔註158〕成玄英《疏》言：「故堯負扆汾陽而喪天下，許由不夷其俗而獨立高山，圓照偏溺，斷可知矣。」（見《莊子集釋》，頁24。）無爲有爲皆渾化圓融於堯，則堯爲圓照，許由獨高顯無爲，而不同乎世俗，故是偏溺。（見《郭象玄學》，頁187。）

〔註159〕《莊子集釋》，見頁34。

〔註160〕《郭象玄學》，參見頁188。

〔註161〕〈郭象《莊子注》的方法論〉，見頁230。

寄言出意，則堯治天下，雖「身在廟堂之上」，而「心無異於山林之中」；可以「戴黃屋，佩玉璽」、「歷山川，同民事」，而不纓紱其心，不憔悴其神。如此則堯有跡有冥，即跡即冥，跡冥圓融於一身。自然與名教合而爲一，儒道亦通而爲一。牟宗三先生謂跡冥論，要旨如下：

> 撥開具體之跡而單觀此玄冥（無）之體，即謂「抽象觀」。此抽象觀，唯顯一「純粹普遍性」，即冥體之自己。但此「冥體之自己」並不能空掛。空掛即爲死體。滯於冥，則冥即非冥而轉爲跡。是則冥亦跡。故冥之體必須轉於具體而不離跡，即冥體之無必會有。冥即在會中見。會而無執即爲冥，冥而照俗即爲跡。……離跡言冥，是「出世」也。離冥言跡，是入世也。冥在跡中，跡在冥中，是「世出世」也。「世出世」者，即世即出世，亦非世非出世也。是謂雙遣二邊不離二邊之圓極中道也。〔註162〕

跡若在冥中，則得本而不失；冥藉跡而行，得跡而活暢。是而冥即非空冥死體，而爲靈冥；而跡即非累，而乃獨體自得之貌。此即跡冥會而更無跡無冥，渾一無對之化境所在。〔註163〕吾人在爲人處世上，若能本著自然、無爲，逍遙無待之心而發，則當不致爲物所累，此即「會而無執即爲冥，冥而照俗即爲跡」，進而達於「跡而無跡」之境界。

三、詭辭爲用

在結束本節討論前，想附帶說明的是郭象注《莊子》，除了採「寄言出意」的方法外，亦將《莊子》之「詭辭爲用」的詮解方式，發揮到極致。例如在〈齊物論〉「類與不類，相與爲類，則與彼無以異也」句下，郭象注曰：

> 今以言無是非，則不知其與言有者類乎？不類乎？欲謂之類，則我以無爲是，而彼以無爲非，斯不類矣。然此雖是非不同，亦固未免於有是非也，則與彼類矣。故曰：類與不類，又相與爲類，則與彼無以異也。然則將大不類，莫若無心，既遣是非，又遣其遣。遣之又遣之，以至於無遣，然後無遣無不遣，而是非自去矣。〔註164〕

郭注論述層次分明。第一層是「有是非」。第二層是「無是非」。「無是非」從

〔註162〕見《才性與玄理》，頁192。
〔註163〕見高柏園《莊子內七篇思想研究》（臺北：文津出版社，1992年4月），頁29。
〔註164〕見《莊子集釋》，頁79。

表面看起來似乎是對「有是非」的遣蕩，但究其實，就內容而言，是「有」和「無」相對的是非，只是對「是非的有」、「是非的無」之兩者認定的不同而已。因此，主張「無是非」其實就是引發另一層是非的開端，且不免陷入另一層「有是非」的模式中。第三層指的就是「有是非」和「無是非」相對的「新是非」。第四層就是要以「遣」的工夫，遣去此相對的「新是非」，遣去心中相對的價值觀。第五層是遣去此「遣」意，超越此「遣」的工夫層次，連工夫相也化除，遣之又遣之，以至於無滯礙可遣，既無滯礙可遣，則無可無不可，無遣無不遣，則心中所有是非、有無、工夫的分別或執著都一併遣去，而終達玄冥之境。〔註165〕又〈齊物論〉注有言：

> 有有，則美惡是非具也。〔註166〕
>
> 有無，而未知無無也，則是非好惡猶未離懷。〔註167〕
>
> 知無無矣，而猶未能無知。〔註168〕
>
> 此都忘其知也，爾乃俄然始了無耳。了無，則天地萬物，彼我是非，豁然確斯也。〔註169〕

此段注文，清楚地分四個層次遞進：一、對是非美惡有分別、執著心，故謂之「有有」。二、開始有「無」的工夫，雖說要化除這個執著，但仍不免心存去執之念，執著工夫之相，是以「是非好惡猶未離懷」，是以相對於「有有」而言，多出一「無」的工夫，故謂之「有無」。三、進一步袪除第二層「無」的工夫相，即是解消在作工夫時所突顯的緊張相，由此則自然作工夫，故謂之「無無」。「無無」之境雖較「有無」之境爲高，心卻仍存「知此無無」之念，猶未能眞正地完全忘懷。四、最後也是最高的一層，是把對「無無」的「知」也一併遣化，此際天地萬物、彼我是非，當下玄冥獨化，所達境界乃純任自然，故謂之「了無」。

　　以上兩例，郭象注文詭辭辯證的痕跡極爲鮮明，不論是「有是非、無是非、新是非、遣去新是非、遣之又遣」或是「有有、有無、無無、了無」，這兩個思維模式，皆是將相對的觀念，通過辯證的發展，層層轉進，並將相對觀念中的

〔註165〕參見《郭象玄學》，頁42～43。

〔註166〕《莊子‧齊物論》：「有有也者」句下注。見《莊子集釋》，頁80。

〔註167〕〈齊物論〉：「有無也者」句下注。

〔註168〕〈齊物論〉：「有未始有無也者」句下注。

〔註169〕〈齊物論〉：「俄而有無矣，而未知有無之果孰有孰無也」句下注。

矛盾、衝突在轉進發展過程中遣蕩又遣蕩，終達玄冥圓融之境。〔註170〕

綜合而論，郭象用「寄言出意」的方法，齊一儒道，調合名教與自然，將遊外冥內，內外相冥，跡冥圓融之玄旨發揮極致，並以詭辭辯證的思考模式呈現至人所達玄冥渾化的境界，不但成就了他的玄學體系，更因此完成曠世巨作《莊子注》。

第七節　張湛的言意觀——言意

東晉玄學家張湛，其《列子》注一書，可說是魏晉玄學發展到郭象的高峰之後的一個「落後」的「尾聲」。〔註171〕言「落後」，是因張湛《列子》注，除了受到佛教的影響之外，更吸收了各家各派的觀點，如繼承王弼、何晏「貴無」的思想，也吸取了郭象「自生說」的觀點。因此就原創性而言，《列子注》實未超越王弼《老子注》和郭象《莊子注》二書。張湛未後出轉精，超越郭象，因而言「落後」。說「尾聲」，是因張湛在《列子注》的序中言「所明往往與佛經相參」，〔註172〕也就是說「這時的清談家，已明白的承認佛家的學說」，〔註173〕且依照學界之通說，東晉玄學的發展已進入所謂的「佛學時期」，〔註174〕因此《列子注》可以說是「東晉玄學即將被佛學取代之際的具有代表性的玄學哲學作品。」〔註175〕這也就意謂著：當時學者慢慢超越了玄學中自然名教的問題，而往宗教的的終極關懷上發展。佛教哲學成為了日後思想發展的主流。〔註176〕本節不擬討論玄學與佛學的關係，只將重點集中在張湛《列子注》對其「言意」看法的範疇上討論。

張湛對於言意問題的看法不同於以往的玄學家，他提出「言意兼忘」的

〔註170〕參見《郭象玄學》，頁 41。

〔註171〕參見《中國哲學史新編，第四冊》，頁 201。

〔註172〕張湛《列子注》序，最後論述：「然所明往往與佛經相參，大歸同於老莊。屬辭引類特與莊子相似。」《列子集釋》，頁 179。

〔註173〕見容肇祖《魏晉的自然主義》（收錄於《魏晉思想，乙編三種》臺北：里仁書局，1995 年），頁 67。

〔註174〕參考湯用彤〈魏晉思想的發展〉（收錄於《魏晉思想，乙編三種，魏晉玄學論稿》，1995 年），頁 136。

〔註175〕見任繼愈主編《中國哲學發展史，魏晉南北朝》（北京：人民出版社，1988 年），頁 283。

〔註176〕見周大興，《王弼玄學與魏晉名教觀念的演變》（臺北，文化大學哲學研究所博士論文，1995 年 12 月），頁 286。

命題。〔註177〕此「言意兼忘」與郭象「入乎無言無意之域」〔註178〕的論點一致，從中不難看出，此命題受到佛學「有無雙遣」的特殊表義方式的影響。此外張湛亦言「夫盡者，無所不盡，亦無所盡，然後盡理都全耳。」〔註179〕由此可知，若將張湛的言意理論歸爲「言盡意」或「言不盡意」任何一派，皆非眞確。雖然他也認爲至道不可言傳，但是他並未直接提出有關「言不盡意」的命題。《列子》注之序有言：「屬辭引類特與莊子相似」，是否意謂著張湛對言意的看法與《莊子》超言意思想有密切的關係。

張湛對言意的看法是透過形上學的範圍來探討的。是以本文先處理張湛「貴無論」的思想，進而探討其對言意的看法。

一、玄學貴無說

魏晉人注書，其大意宗旨往往在「序」和「篇目注」中，即表現得清楚明白。今人如欲了解張湛《列子注》的思想宗旨，則應從此入手。《列子注》序言：

> 其書大略，明群有以至虛爲宗，萬品以終滅爲驗；神惠以凝寂常全，想念以著物自喪；生覺與化夢等情，巨細不限一域；窮達無假智力，治身貴於肆任；順性則所之皆適，水火可蹈；忘懷則無幽不照。此其旨也。然所明往往與佛經相參，大歸同於老莊。屬辭引類特與莊子相似。〔註180〕

張湛在《列子》序開宗明義指出「群有以至虛爲宗」。〈天瑞〉篇目注則提到：

> 夫巨細舛錯，修短殊性，雖天地之大，群品之眾，涉於有生之分，關於動用之域者，存亡變化，自然之符。夫唯寂然至虛，凝一而不變者，非陰陽之所終始，四時之所遷革。（〈天瑞第一〉注）〔註181〕

現象界的萬物以「至虛」爲宗。張湛認爲，天地萬物之所以能夠生生化化，循

〔註177〕張湛〈仲尼〉注：「窮理體極，故言意兼忘。」見《列子集釋》，頁78。
〔註178〕見莊子〈秋水〉篇中「言之所不能論，意之所不能察致者，不期精粗焉。」句，郭象注云：「夫言意者有也，而所言所意者無也，故求之於言意之表，而入乎無言無意之域，而後至焉。」《莊子集釋》，頁573。
〔註179〕張湛〈天瑞〉：「夫子曰：吾知其可與言，果然。然彼得之而不盡者也。」句下注。見《列子集釋》，頁15。
〔註180〕見《列子集釋》，頁179。
〔註181〕見《列子集釋》，頁1。

環往復，是因爲背後有一無形無名、寂然不動、沖虛至極、超言絕象的本體與之同在。它並不直接生化萬物，只是爲有形界的生生化化提供根據。〔註182〕張湛進一步說明：

> 生物而不自生者也，化物而不自化者也。不生者，固生物之宗。不化者，固化物之主。生者非能生而生，化者非能化而化也；直自不得不生、不得不化者也。……至虛無物，故謂谷神；本自無生，故曰不死。……王弼曰：「……欲言存邪？不見其形；欲言亡邪？萬物以生。」……向秀注曰：「吾之生也，非吾（物）之所生，則生自生耳。生生者豈有物哉？〔無物也〕，故不生也（焉）。吾之化也，非物之所化，則化自化耳。化化者豈有物哉？無物也，故不化焉。若使生物者亦生，化物者亦化，則與物俱化，亦奚異于物？明夫不生不化者，然後能爲生化之本也。（〈天瑞〉：「有生不生，有化不化。不生者能生生，不化者能化化。生者不能不生，化者不能不化。……谷神不死，是謂玄牝。玄牝之門，是謂天地之根。綿綿若存，用之不勤。故生物者不生，化物者不化。」〔註183〕句下注）

> 夫盡於一形者，皆隨代謝而遷革矣；故生者必終，而生生物者無變化也。（〈天瑞〉：「生之所生者死矣，而生生者未嘗終；形之所形者實矣，而形形者未嘗有；聲之所聲者聞矣，而聲聲者未嘗發；色之所色者彰矣，而色色者未嘗顯；味之所味者嘗矣，而味味者未嘗呈。」〔註184〕句下注）

> 至無者，故能爲萬變之宗主也。（〈天瑞〉：「皆無爲之職也」〔註185〕句下注）

張湛在這裡融合了《老子》王弼注與《莊子》郭象注的說法。作爲萬物宗主的「至虛」，乃是「至虛無物」，它不是現象界有生有死的「物」，而是不生不化的本體，是萬有存在變化的根據，故張湛引用王弼「欲言存邪？不見其形；欲言亡邪？萬物以生」的話來證成此一至虛的形上本體。〔註186〕依張湛引用

〔註182〕《列子注研究》，頁40。
〔註183〕《列子集釋》，頁1～3。
〔註184〕同前註，頁6。
〔註185〕見《列子集釋》，頁6。
〔註186〕《王弼玄學與魏晉名教觀念的演變》，頁287。

郭象的注文來看，萬物都是有生有化的，使萬物生化的東西，其本身必須不生不化，因此，它一定不是物，即是無物。如果這個東西是物的話，那麼它自身也和萬物一樣不停地生化，如此一來，它就不足以作萬物生化的根據了。張湛爲了把這個東西與物區別開來，他把它稱作「無」。〔註187〕「無」即非物之意。世界上的事物具有無限的多樣性，每一個「有」只不過是個別的存在物，個別存在物是不可能作所有事物生成變化的根據的。與「有」相反，這個本體「無」沒有任何具體的形相和屬性，是形而上的、抽象化了的絕對。惟其超言絕相，才能生成萬物。一切有形的具體事物，都是這個本體的體現。所以說，「無」是萬物之宗本。人們可根據萬有的存在，逆推其必有存在的根據。〔註188〕

張湛的《列子注》雖然立論於「群有以至虛爲宗」，然而同時在貴無論中吸取了郭象「無不生有」的「自生說」的概念。

> 謂之生者，則不無；無者，則不生。故有無之不相生，理既然矣，則有何由而生？忽爾而自生。忽爾而自生，而不知其所以生；不知所以生，生則本同於無。本同於無，而非無也。此明有形之自形，無形以相形者也。（〈天瑞〉：「夫有形者生於無形」〔註189〕句下注）

物稱作「生」，就不是空無一物；空無一物的話，就不能生。有和無的關係不是互相生化的關係，道理已明。那麼「有」從何而生出的呢？「有」是「忽爾而自生」的，是忽然自己生就自己的。既然是忽然自己生就自己的，就不知是如何生就自己的。那麼，不知其所以生的「本」，原來是等同於「無」的，乃是一「寂然至虛、凝一不變」的本體，但又不等於「有無不相生」的無。〔註190〕因此有此形的（有）只能有此形，有彼形的只能有彼形，只有無形無象的「無」才能成就眾形（有）。〔註191〕

> 形、聲、色、味，皆忽爾而生，不能自生者也。夫不能自生，則無爲之本。無爲之本，則無當於一象，無係於一味；故能爲形氣之主，

〔註187〕參見陳戰國〈略論張湛的哲學思想〉（北京：《中國哲學史研究》，1983年），頁25。

〔註188〕見《列子注研究》，頁41。

〔註189〕見《列子集釋》，頁6。

〔註190〕參見《列子注研究》，頁72。

〔註191〕見湯一介〈從張湛列子注和郭象莊子注的比較看魏晉玄學的發展〉（北京：《中國哲學史研究》一期，1981年），頁63。

動必由之者也。(〈天瑞〉:「故有生者,有生生者;有形者,有形形
者;有聲者,有聲聲者;有色者,有色色者;有味者,有味味者。」
〔註192〕句下注〕)

前面提到,既然「有」和「無」的關係不是相生的關係,那麼眾有的形、聲、
色、味只能是「忽爾而自生」了。然而,「忽爾而自生」亦即意謂「不能自
生」,正是說明人們不能由事物自身去找其存在的原因和根據,即「有」不
能是「有」生化的原因;那麼事物生化的原因和根據,只能是源自於不生不
化的「宗主」,且是以「非有」的「無」為其本體。〔註193〕換言之,萬有之
所以有此千差萬別,其原因和根據並不在其自身,而在於「無當於一象,無
係於一味」的「無」。此「無」是「萬有」的本體,是其宗主,是其生化的
根據。〔註194〕簡言之,「無」是為作為「形與氣的主宰」和「運動變化的根
據」而存在、並發揮作用的。〔註195〕如此看來,張湛言「忽爾而自生」並
不同於郭象「無不生有」的「自生說」的概念。郭象講「自生」,是為了否
定在「萬有」之上有一個本體的「無」,他認為每件事物自身都是絕對的、
獨立的、自足的存在,是自己產生,自己變化的。其存在是沒有根據的,沒
有原因的,沒有條件的,而是自然而然的存在著的。〔註196〕張湛則不同,
言其「忽爾而自生」,正是為「群有以至虛為宗」找根據,且是為了論證「生
則本同於無」的思想。〔註197〕

　張湛言「有無之不相生」,「無」既不能生「有」,則「物」不是由「無」
而生,而是由物自己產生。可是他也如是認為:「至無者,故能為萬變之宗主
也」、「有之為有,恃無以生」,〔註198〕二者之間是否相互矛盾呢?為了避免人
們的誤解,張湛自己對此問題作以下的回應,他說:「言生必由無,而無不生

〔註192〕見《列子集釋》,頁6。
〔註193〕參見《王弼玄學與魏晉名教觀念的演變》,頁290。
〔註194〕見〈從張湛列子注和郭象莊子注的比較看魏晉玄學的發展〉,頁64。
〔註195〕見《列子注研究》,頁41。
〔註196〕郭象在「自生」的基礎上,更進一步的闡發萬物「獨化」的思想。所謂「獨
　　　　化」是指萬物自己產生、自己變化且自己獨立。獨化論肯定萬物是自然而獨
　　　　立的存在,一物之所以成為一物,決非他物所為,或有所倚待。依郭象的思
　　　　路,獨化論主要是從「無待」和「自然」得到支持的。見《列子注研究》,頁
　　　　73～74。
〔註197〕湯一介〈從張湛列子注和郭象莊子注的比較看魏晉玄學的發展〉,頁64。
〔註198〕〈天瑞〉:「無動不生無而生有」句下注,見《列子集釋》,頁11。

有。此運通之功必賴於無，故生動之稱，因事而立耳。」〔註199〕「言生必有無」之「無」乃是指謂無形無名的宗主之「至無」，萬物必須依靠此「至無」的作用，其生成變化才成為可能。「無不生有」則是說萬物不是從「無」中產生出來的。依張湛，「無」作為萬物的本體，對萬物不具直接宰制的力量。換言之，並沒有一個「無」，主動對「有」強加生滅變化的作用，是以「無不生有」；然而，「有形」的萬物，卻確確實實是憑藉「無」以無心無為、任其自然的方式，得以自己生長、自然變化。是以「無」雖不能生「有」，「有」仍須以「無」為本。可知，「恃無以生」不等於「有生於無」。〔註200〕是以「有無之不相生」與「有之為有，恃無以生」這兩種說法，在張湛看來，其實是不存在著矛盾的。

從以上論述看來，張湛在「以無為萬物之本」這命題上，與王弼的觀點基本一致；唯一不同的是，王弼的貴無論是從老子哲學中脫胎出來的，因而不可避免地還帶有「有生於無」的生成論痕跡。而張湛由於受到郭象「無不能生有」的「自生說」的影響，否定了王弼「有生於無」的思想。且正由於他排除了「有生於無」的生成論思想，從而使自己的玄學思想具有了更加典型的本體論性質。〔註201〕就此而論，將張湛的《列子注》思想歸為「貴無之學」，應是可接受的說法。

二、去知忘言

張湛對「言意」的看法，實際上就是他玄學貴無思想的認知方式。他認為真知的獲得，雖然有賴於名言的表達，但名言在他看來，畢竟只是吾人認知「至道」的媒介。而且常因人們誤用名言，它反而異化成隱蔽「道」的工具，如此一來，反而使人們在追求「大道」之際受到名言干擾，而無法獲得真知。因此張湛以為真知的獲得最主要還是在於聖人體無的觀照工夫，亦即須經「心乘於理，檢情攝念，泊然凝定」〔註202〕的修養工夫。而且一旦達到體悟大道的目的，就要忘卻名言，並以高一層次的悟性知見超越之，且直接體會其所蘊之奧義。故人惟能不拘執於名言，才能把握真知至道。換言之，

〔註199〕同前註。
〔註200〕見《列子注研究》，頁73。
〔註201〕參見〈略論張湛的哲學思想〉，頁26。
〔註202〕〈說符〉注：「況心乘於理，檢情攝念，泊然凝定者，豈萬物動之所能亂者乎？」見《列子集釋》，頁174。

體悟大道，首在化除名言概念的限制。

　　名言有何局限性？名言雖以表意爲功能，然而人們未必就能通過名言而知瞭他人心意。亦即是說，名言只能表達形色名聲之有形世界，而且所能表達的，也只限在「名」能符其「實」的範圍內。在這樣的條件下，名言和意義間遂有差別，而名言總是落在意義之後；換句話說，意義常在名言認知所達不到的領域。〔註203〕如「道心的境界形態」的知識領域，因其「境界形態」實非「知識型態」，而是超越知識，且「道心」是指「無知而無不知」之境界，即「即寂即照」之境界。〔註204〕此境界是生命透過具體實踐而體現的主體性真理，此主體性真理是內容真理，是必須通過主觀表述之真理，此真理無法被量化，也無法予以實驗、檢證，因此也不能以名言來表述。是以道之奧蘊，非名言可盡其實。〔註205〕張湛對言意的看法是：

　　　　窮理體極，故言意兼忘。（〈仲尼〉：「得意者無言，進知者亦無言。」
　　　　〔註206〕句下注）

　　　　忘指，故無所不至也。（〈仲尼〉：「無指則皆至」〔註207〕句下注）

　　　　惟忘所用，乃合道耳。（〈仲尼〉：「善若道者，亦不用耳，亦不用目，
　　　　亦不用力，亦不用心。」〔註208〕句下注）

「窮理體極」亦即體悟大道，通曉萬物變化的規律，因此能忘懷是非得失，言意間的一切矛盾對立就能消弭於無形。〔註209〕他認爲人們只要一旦窮盡究極大道，不但要忘卻名言，就連言說之意旨亦應一併忘卻。也就是說，人們也唯有摒除用以指稱事物的工具，才能真正把握住事理深層的奧義。前面提過，真知的獲得，雖然有賴於名言的表達，也就是說名言是表意不可缺少的工具，然而名言畢竟僅僅只具有工具的價值而已，而非大道之本身。故以生

〔註203〕參見《列子注研究》，頁97。
〔註204〕牟宗三先生將知識之形態分爲四層級：1、常識的聞見形態，此囿於耳目之官。2、科學的抽象形態，此囿於概念。3、術數的具體形態，此超越概念而歸於具體形變。4、道心的境界形態，此則超越知識而爲「即寂即照」。（見《才性與玄理》，頁97～98）。
〔註205〕《列子注研究》，頁97。
〔註206〕見《列子集釋》，頁78。
〔註207〕同前註，頁88。
〔註208〕同前註，頁90。
〔註209〕見吳慕雅《張湛『列子注』貴虛思想研究》（臺北：政大中文研究所碩士論文，1995年6月），頁48。

命哲學之立場，張湛反對以名言爲大道而滯陷之。因他清楚人們若將「知」道之「知」局限於名言之辨明，卻忘卻了眞正的目的是在求生命的超拔，如此一來，只是徒然斲傷生命靈性，而非得道。因此張湛認爲得道與否，關鍵在於能忘或不能忘。唯能忘卻名言，不執著名言，乃能把握眞知，體悟大道。當然，前提是：先要得「道」才有資格談「忘」。〔註210〕

但是名言作爲表意的工具，總還保有名言相，易爲人所拘執，所以張湛進一步主張：爲求大道眞理，不但要化除名言的滯礙、更應連「化除的工夫」一併泯除，而復歸於「自然」。張湛說：

> 方欲以無言廢言，無知遣知；希言傍宗之徒固未免於言知也。（〈仲尼〉：「用無言爲言亦言，無知爲知亦知。」〔註211〕句下注）

「欲以無言廢言，無知遣知」，一涉及「欲」字就有差別取舍，張湛以爲「無知」、「無言」也是不可取的，因爲仍是執著於言知。然而言語的最高境界在於無心出言，完全本於自然而不造作。〔註212〕

> 比方亦復欲全自然，處無言無知之域，此即復是遣無所遣，知無所知。遣無所遣者，未能離遣；知無所知者，曷嘗忘知？固非自然而忘言知也。（〈仲尼〉：「無言與不言，無知與不知，亦言亦知。」〔註213〕句下注）

> 大忘者都無心慮，將何所化？此義自云易令有心，反令有慮，蓋辭有左右耳。（〈周穆王〉：「吾試化其心，變其慮，庶幾其瘳乎！」〔註214〕句下注）

人們爲保全自然本性，處於不用言說、不以用知的境域，憑藉「無言」來廢除言說，「無知」來排遣心智的作用，這即是排遣無可排遣的，知道無可知道的。排遣沒什麼可排遣的，無法眞正捨離排遣一途；知道沒什麼可知道的，何曾眞正忘懷心知的作用？既然不能不免除言說、不能不運用心知，就不是眞正能自然地忘卻言說心知。而且當人們忘卻到最徹底的時候（大忘），心中是完全沒有心知思慮的痕跡，如此一來，人們又有什麼是須要泯除的呢？〔註215〕

〔註210〕參見《列子注研究》，頁 117、119。
〔註211〕見《列子集釋》，頁 78。
〔註212〕見《張湛『列子注』貴虛思想研究》，頁 48。
〔註213〕見《列子集釋》，頁 78。
〔註214〕同前註，頁 68。
〔註215〕參見《列子注研究》，頁 128。

以有心無心而求道，則遠近其於非當；若兩忘有無先後，其於無二心矣。（〈仲尼〉：「亦非有心者所能得遠，亦非無心者所能得近」〔註216〕句下注）

人們「有心」求道，有執著相；「無心」求道，仍有「無」的工夫之跡。不論以「有心」或「無心」去求道，都非明智之舉，因兩者皆是求道的絆腳石。唯有將「有心」、「無心」一併化除，才能體悟大道。是以聖人如欲體悟大道，不但要消極地將知識聞見語言思慮等一切向外的作用滌除淨盡，更要積極的以「虛靜無心」的向內工夫，反觀內照，觀照萬物，則無知而無不知，不忘而自忘。〔註217〕方能成全眞知。

　　張湛言意觀，最後歸結到「忘知忘言」上。程序上，須先有世俗之知。掌握言知之後，進而參透言知背後之眞知。泯除「言知」之相後，連泯除的「工夫」相亦須一一化除淨盡。進而敞開心胸，放棄世俗之知，去經歷絕對之道。此是從「執滯言知」到「忘言遣知」的工夫歷程。惟有體證不言之言、無知之知，方是道境之呈現。〔註218〕總之，「言意兼忘」是張湛所提言意理論的最終目的及結論。

第八節　「不用舌論」與「蓍龜論」

　　張韓的「不用舌論」與庾闡的「蓍龜論」雖觸及的理論不夠深入，但對言意思想而言，卻暗示了魏晉「言意之辨」所觸及層面之深且廣。

一、張韓的「不用舌論」

　　《藝文類聚》卷十七引晉張韓之「不用舌論」，〔註219〕清嚴可均輯之入《全晉文》卷一百七張翰項後張韓項下，並序之曰：「韓，爵里未詳。案：韓疑翰之誤。」〔註220〕張韓的「不用舌論」，其文如下：

　　論者以爲：心氣相驅，因舌而言。卷舌翕氣，安得暢理？

〔註216〕見《列子集釋》，頁 90。
〔註217〕見吳怡《禪與老莊》（臺北：三民書局，1992 年 11 月），頁 176。
〔註218〕見《列子注研究》，頁 133。
〔註219〕見《藝文類聚》，頁 318。
〔註220〕嚴可均校輯《全上古三代秦漢三國六朝文（二），卷一百七》（北京：中華書局，1958 年），頁 2077。

余以：留意於言，不如留意於不言；徒知無舌之通心，未盡有舌之必通心也。仲尼云：「天何言哉？四時行焉。」「夫子之文章，可得而聞也。夫子之言性與天道，不可得而聞。」是謂至精，愈不可聞。樞機之發，主乎榮辱，禍言相尋，召福甚稀。喪元滅族，歿有餘哀；三緘告愼，銘在金人。留侯不得已而掉三寸，亦反初服而效神仙。靈龜啓兆于有識前，卻可通于千年。鸚鵡猩猩，鼓弄於籠羅，財無一介之存，普天地之與人物，亦何屑于有言哉！

文中一開頭所論述主張「心氣相驅，因舌而言。卷舌翕氣，安得暢理？」之論者，有可能是主張「言盡意論」者。論者以為：心氣相驅而相連，心有所欲而有所指陳，氣乃為之動舌而成言。故凡動舌舒氣而成言，乃能達其意而暢其理；卷舌翕氣而不言，則意安得達？理安得暢？論者所主張可盡意之義，顯然得見。〔註221〕張韓的看法異於論者：「留意於言，不如留意於不言；徒知無舌之通心，未盡有舌之必通心也。」他認為留意於言不如留意於不言，言不能真正暢理，深奧的聖人之理，惟有以心相傳，意始有可能相通。舌頭是用來說話的，人無舌當然不能說話，即無法用語言表達思想，而是以心領神會的方式相互傳達，意才能相通；有舌當然能說話，但仍無法用語言來窮盡表達其深奧的思想，因此，有舌雖能說話，但同無舌般，亦是必須要藉心傳，意才能相通。許抗生先生說：「確實通理是要靠心的，但沒有語言這一實現思想交際的工具，也就很難實現心意相通。如果人人都不用舌，不言語，又怎樣進行社會的思想交流呢？」〔註222〕許先生的說法，其實類似於《周易》「立象以盡意」、「繫辭焉以盡言」及歐陽建的「言盡意論」，他所指的語言是屬於描述語言性質的名言，是指對應於一般形下物理的外延名言。此語言所表達的只是粗跡的「糠秕」而已，而人們也的確得靠此粗跡語言，才能進行最基本的溝通彼我及分辨事物的工作。然而張韓的「不用舌論」，其實是接著荀粲的思想而言，是偏「言不盡意」論的。荀粲言「象外之意」、「繫表之言」，皆是指「理之微者」，是不能用言、象來表達的。張韓則引孔子言「天何言哉？四時行焉」、「夫子之文章，可得而聞也。夫子之言性與天道，不可得而聞」之言為據，斷言至精之理（性與天道），是不可得而聞。換言之，人們無法言說的，須賴心領神會以傳達，是無係於口聞的。故曰：「留意於言，不如留意於不言。」若將張韓「徒知無舌之通心，未盡有舌

〔註221〕參林顯庭《魏晉清談及其名題之研究》，頁 220～221。
〔註222〕見《魏晉玄學史》，頁 297。

之必通心也。」原句調整爲「徒知有舌之通心，未盡無舌之必通心也。」將上、下句之「無」與「有」二字，互換位置，則文意順爲「徒知有舌之能通心，而未識無舌之通心」，乃更能窮盡達意之妙。如此一來，張韓「不用舌論」之言意理論則更加清晰明白。

二、庾闡的「蓍龜論」

庾闡「蓍龜論」，不是對「名言」問題做探討，而是在於迷信的破除。但是，它卻對魏晉言意思想提供了另一個思考的空間。

> 夫物生而後有象，有象而後有數，有數而後吉凶存焉。蓍者尋數之主，非神明之所存；龜者啓兆之質，非靈照之所生。何以明之？夫求物于闇室，夜鑒者得之；無夜鑒之朗，又以火得之。得之功同也，致功之跡異也。不可見，目因火鑒，便謂火爲目；神憑蓍通，又謂蓍爲神也。由此言之，神明之道，則大賢之闇室；蓍龜之用，豈非顏子之龍燭邪？蓍龜之運，亦所以感興卦兆，求通逆數，又非爻象之體，擬議之極者也。安得超登仙而含靈獨備哉？且殊方之卜，或責象草木，或取類瓦石，而吉凶之應，不異蓍龜。此爲神通之主，自有妙會，不由形器。尋理之器，或因他方，不繫蓍龜。然經有天生神物，不載圓神之說。言者所由也。直稱神之美，以及其跡。亦猶筌雖得魚，筌非魚也；蹄雖得兔，蹄非兔也。是以象以求妙，妙得則象忘；蓍以求神，神窮則蓍廢。〔註223〕

庾闡此論與王弼《周易略例》明象篇「得意忘象，得象忘言」有相同之論旨。「蓍者尋數之主，非神明之所存；龜者啓兆之質，非靈照之所生。」庾闡顯然是認爲蓍龜只是尋「數」、啓「兆」之工具，而非神明自身。也就是說蓍與龜這兩種工具本身是絲毫不具任何鑒知萬物功用的。「蓍龜之運，亦所以感興卦兆、求通逆數，又非爻象之體，擬議之極者也。安得『超登仙而含靈獨備』哉？」庾闡再次申說蓍與龜只是「尋數、啓兆」之工具，絕非什麼「爻象之本體」之最高原理，所以人們不值得也不應當把蓍與龜當成仙物法寶般地崇拜著。「神通之主，自有妙會，不由形器。尋理之器，或因他方，不繫蓍龜。」庾闡以爲人們可以「神明」爲主，則任何象、兆是不需假任何形器工具，即

〔註223〕見《藝文類聚》，頁 1285～1286。

有「妙」與「理」可以直接尋會，鑒通萬物。可見形器、蓍龜只是工具，與「神」、「理」沒有必然本質的關聯。「言者所由也：直稱『神』之美，以及其『跡』。亦猶筌雖得魚，筌非魚也；蹄雖得兔，蹄非兔也。」庾闡認爲人們只是爲了稱讚「神明」的功效而順便提及了它的工具—「跡」（蓍與龜）—，但不能因此說蓍龜本身即是「圓神」。〔註224〕這就像得魚兔本因筌蹄，而筌蹄實異魚兔。他因而結論說：「是以象以求妙，妙得則象忘；蓍以求神，神窮則蓍廢。」這與王弼「得意忘象，得象忘言」有著相同的論證結構。〔註225〕總之，庾闡「蓍龜論」所強調的是：溝通天人之際的重要關鍵，不在於蓍龜，而在於人本身內在的「神明」。因爲蓍龜只是工具而已，人們若執守工具，是無法鑒通萬物的；惟有以「神明」爲主，才能通達事理，終保元吉。

〔註224〕參見《魏晉清談及其名題之研究》，頁370～372。
〔註225〕見《言意之辨——魏晉玄學對語言的反應及其影響》，頁82～83。

第四章　魏晉言意之辨的影響

　　魏晉時期，人們對於外物客體的認識有了一個明顯的轉變。這就是從原來的探究宇宙構成論轉向本體宇宙論。因本體宇宙論是超言絕象，非得借助於「玄學」——此一超越有限而達無限的特性，才可將本體宇宙論作為探討的對象。此時「言意之辨」應運而生，而「言意之辨」在探求其不可作為認識對象的方法中，確是解決玄學等問題的最佳途徑。

　　在當時，言意之辨有「言盡意」與「言不盡意」兩派論說。除歐陽建主「言盡意論」外，其他諸如荀粲「言象不盡意論」與王弼「忘言忘象得意論」均屬「言不盡意論」，甚至連嵇康的「聲無哀樂論」、張湛的「言意兼忘」、張韓的「不用舌論」與庾闡的「蓍龜論」，亦是以「言不盡意」為理論基礎的。是以「言不盡意」為玄學的基本命題。

　　王弼之所以提出「得意忘象」、「得意忘言」的方法，乃是有鑒於漢儒治學拘守文字本身，牽引濫用五行，不只經說繁瑣，更造成離本義更遠，難以掌握的局面。王弼以為言、象只是「得意」的工具，旨在「得意」，所以得意之後即可將言、象忘去，甚至超越言、象，而不要停留於工具本身。爾後郭象注《莊子》便是以此種治學方法，成功地達成玄學儒道融通、自然名教為一的工作。其所謂「寄言出意」，實與「得意忘言」同致。〔註1〕

　　總之，「得意忘言」說是魏晉「言意之辨」中最具有代表性和最有影響力的觀點。它不僅奠定了玄學本體宇宙論的認識論和方法論的基礎，而且對當時的文學理論和佛教言意思想，都有相當大的影響。

〔註1〕　曾美雲〈魏晉玄學中的教育思想及其特色〉（臺北：《中國文學研究》，第十一期，1997 年 5 月），頁 16。

第一節 文學言意觀

魏晉玄學言意論辨，其「得意忘言」說，目的是「用之於解經，用之證玄理，用之調和孔、老，用之爲生活準則」，[註2] 亦用之於文學藝術。[註3]從陸機的「文不逮意」到劉勰的「情在詞外」到鍾嶸的「文已盡而意有餘」，構成魏晉文論的討論核心，對其後中國文學史有著深遠影響。

一、陸機——文不逮意

陸機是中國最早在文學創作思維活動中，對言意問題進行探討的文論家。其代表作〈文賦〉則是中國文學理論史上第一篇系統闡述創作論的文章。他以「言不盡意」作爲探討文學創作規律的思想方法。

> 余每觀才士之所作，竊有以得其用心。夫其放言遣辭，良多變矣。妍蚩好惡，可得而言。每自屬文，尤見其情。恆患意不稱物，文不逮意。蓋非知之難，能之難也。故作〈文賦〉，以述先士之盛藻，因論作文之利害所由，他日殆可謂曲盡其妙。至於操斧伐柯，雖取則不遠；若夫隨手之變，良難以辭逮。蓋所能言者，具於此云爾。[註4]

陸機在序文中提出了「意不稱物，文不逮意」，其文和意即言和意，文不逮意即「言不盡意」。作者在創作時，常困於「文字」總是無法完善地表達「玄義」，「玄義」亦無法正確地反映「物象」。這在陸機看來，是屬於文、意、物之間的矛盾問題。他認爲處理好文、意、象之間的關係，涉及創作規律的問題。所以他從創作角度談意和物、文和意的關係，文以傳意，而意能動多變，故知意爲難。所謂「放言遣辭，良多變矣」、「隨手之變，良難以辭逮」。創作規律之所以難摸索、說明，正是由於文章的「多變」。因此，談創作規律，只能僅就其大體而言，其微妙處非言辭所能盡，所謂「蓋所能言者，具于此云爾」，

[註2] 參湯用彤《魏晉玄學論稿，言意之辨》，頁44。

[註3] 魏晉玄學「得意忘言」這一思辨形式，影響文學藝術的各個門類。除了文學理論、文學創作外，諸如在音樂方面，嵇康提出著名的「聲無哀樂」論，這在前面章節有所說明，不再贅言。或是在繪畫理論上，如東晉畫家顧愷之曰：四體妍蚩，本無關於妙處，傳神寫照，正在阿堵中。(見《世說新語·巧藝》，劉義慶撰，劉孝標注（臺北：臺灣中華書局，1992年），頁27。顧愷之以「傳神寫照」爲繪畫的最高境界，究其源，也是與玄學「得意忘言」有關。

[註4] 見陸機《陸士衡文集》（臺北：臺灣商務，四部叢刊初編，1979年），頁2。

即是暗指文章有應言而不能言者的地方，〔註5〕他說：

> 若夫豐約之裁，俯仰之形，因宜適變，曲有微情：或言拙而喻巧；
> 或理樸而辭輕；或襲故而彌新；或沿濁而更清；或覽之而必察；或
> 研之而後精。譬猶舞者赴節以投袂，歌者應絃而遣聲，是蓋輪扁所
> 不得言，故亦非華說之所能精。〔註6〕

此段引言乃是陸機用來解釋說明前引「隨手之變，良難以辭逮」一語。「曲有微情」，即是說明文章微妙處，而「言拙喻巧」、「理樸辭輕」等等，均是從文和意的關係，談文章多變玄妙，難以辭逮。因此，陸機認為創作中的精微奧妙之處只可得之於心，應之於手，卻難以用言語來傳達，此即是當時玄學「言不盡意」論的思想精神。這亦說明文章神妙處，不在言內，而在「言外之意」。

二、劉勰──情在詞外

在陸機之後的文論家劉勰，其《文心雕龍》受到〈文賦〉很大的啓發及影響。書名「文心」一詞即源自陸機所說的為文之「用心」，且章學誠於《文史通義・文德》亦說：「劉勰氏出，本陸機說而昌論文心」。〔註7〕他的《文心雕龍》，對文學創作思維問題，當然也包括言意關係問題，進行了卓有成效的探討。劉勰的特點就在於他已超越了形而下的經驗描述，而更加地深入到形而上的理論思辨中。〈夸飾〉：

> 夫形而上者謂之道，形而下者謂之器。神道難摹，精言不能追其極；
> 形器易寫，狀辭可得喻其真；才非短長，理自難易耳。〔註8〕

「形而上者謂之道，形而下者謂之器」，此二句語出《易經・繫辭上》。「道」與「器」相對而言。器，指局限於形象之內，而為具體之物；道，則是指超越形象之外，而非具體、實質之物。所以說「精言不能追其極」。劉勰視「道」為最高的精神境界，認為文學藝術的根源來自於「道」，而神明無方之道，微妙無形，難以描摹，即使以精微要妙的語言，亦無法詳細述說其究竟，是以

〔註5〕 參見孔繁〈魏晉玄學言、意之辨與文學創作〉（北京：《孔子研究》第三期，
　　　　1986年），頁75或任繼愈主編《中國哲學發展史，魏晉南北朝》（北京：人民
　　　　出版社，1988年），頁329。
〔註6〕 見《陸士衡文集》，頁3。
〔註7〕 見章學誠《文史通義・文德》王雲五主編（臺北：臺灣商務，1968年），頁
　　　　80。
〔註8〕 見劉勰《文心雕龍，卷八》四部叢刊正編（臺北：商務印書館），頁41。

「道」不可言傳。此即玄學「言不盡意」之旨。劉勰以道爲體，以文爲用，認爲文學規律之奧妙處在象外、在言外。〈神思〉有言：

> 方其搦翰，氣倍辭前，暨乎篇成，半折心始。何則？意翻空而易奇，言徵實而難巧也。是以意授於思，言授於意；密則無際，疏則千里，或理在方寸而求之域表，或義在咫尺而思隔山河。〔註9〕

這段話說明了言意的區別，以及創作過程中言辭不能完全達意的缺憾。劉勰認爲人們在提筆創作措辭之前，在腦海中想像的事物，可謂燦然豐富。可是，一旦等到作品完成，仔細比對，才發現所表達出的思想，竟只有原先所想的一半。究其原因，在於作者在運用聯想創作時，藉由想像力的發揮，在腦海憑空翻騰，所以容易產生新奇、獨特的觀點；然而，此特殊觀點一旦形諸文字後，由於必須與事實相徵驗，所以作者在行文時便受到遣辭造句上的拘束，難以窮盡地表達心中巧妙的情理，因此，僅得其始心本意的一半。且作者情意的表現，雖是思想的反應，但其所實際反應的，又未必是思想的整體全部；而言辭雖爲情意的表徵，但其所呈顯的，往往不甚理想，相去千里，實未能盡如人意。所以思想、情意、文辭三者，確是難以密切配合。此即「言不盡意」的基本原因，也正是陸機〈文賦〉所言「恆患意不稱物，文不逮意」之意。〈神思〉又云：

> 至於思表纖旨，文外曲致，言所不追，筆固知止。至精而後闡其妙，至變而後通其數，伊摯不能言鼎，輪扁不能語斤，其微矣乎！〔註10〕

劉勰強調：作者在思考的背後，所暗示的微妙意旨；文字之外，所流露的曲折情致，既不能用言語加以表述，亦不能用文字表述。若強加以文字表述，反會使文章失其美，失其趣味，失其生命力。此處所言「纖旨」、「曲致」乃指言外、象外之意，故非言語所能追其極，只有至精至變，深入玄微之人，才能闡發其玄妙之處。此與嵇康〈琴賦〉：「非夫至精者，不能與之析理也」〔註11〕意思相同。皆是指文外玄妙之理，如伊摯難言其調鼎之妙，〔註12〕輪扁不能語其運斤之理，〔註13〕即玄學所言之「言不盡意」。《文心雕龍·隱秀》亦說：

〔註9〕　同前註，頁31。
〔註10〕　同前註，頁32。
〔註11〕　見嵇康〈琴賦〉，頁10。
〔註12〕　語見高誘注《呂氏春秋卷十四·本味》：「鼎中之變，精妙微纖，口弗能言，志不能喻。」（見臺北：中華書局，四部備要本），頁4～5。
〔註13〕　語出《莊子·天道》：「輪扁謂桓公曰：……不疾不徐，得之於手而應於心，

> 是以文之英蕤，有秀有隱。隱也者，文外之重旨者也；秀也者，篇
> 中之獨拔者也。隱以複意爲工，秀以卓絕爲巧，……夫隱之爲體，
> 義生文外，秘響傍通，伏采潛發，譬爻象之變玄體，川瀆之韞珠玉
> 也。〔註14〕

「隱」爲文外重旨，即文之「道」或文之「體」，且「文外重旨」與「義主文
外」、「秘響傍通」、「伏采潛發」等等，都是指言辭之外而不盡的意味。「隱」
不是不欲人知，而是不欲明言，讓讀者通過自己的藝術聯想和想像，領會其
個中的奧義。〔註15〕劉勰以一個「隱」字來歸結這「餘味曲包」〔註16〕－情
理內蘊，餘味無窮－的妙處。范文瀾注：「重旨者，辭約而義富，含味無窮，
陸士衡云：『文外曲致』，此隱之謂也。」〔註17〕確實言明其理。

　　從上述可知，「言不盡意」的現象，在創作中確實存在著。在劉勰看來，
「言不盡意」雖會造成文學創作「辭不達意」的遺憾。但是，他同時也提出，
語言本身其實是具有無窮魅力的，可以極少文字，去總括繁多形象的看法。〈物
色〉篇描述到：

> 是以詩人感物，聯類不窮。流連萬象之際，沉吟視聽之區；寫氣圖
> 貌，既隨物以宛轉；屬采附聲，亦與心而徘徊。故「灼灼」狀桃花
> 之鮮，「依依」盡楊柳之貌，「杲杲」爲日出之容，「瀌瀌」擬雨雪之
> 狀，「喈喈」逐黃鳥之聲，「喓喓」學草蟲之韻。「皎」日「嘒」星，
> 一言窮理；「參差」「沃若」，兩字連形；並以少總多，情貌無遺矣。
>
> 〔註18〕

言雖不能盡意，但作爲一個審美中介，語言卻是有其存在的必要性，因爲語
言具有豐富的意義負載能力，依著語言，才能使意義得到理想的傳播。詩經
三百篇之所以感人，就是作者能運用疊字疊韻，用視覺、聽覺等想像力，直
接訴之於讀者之感受。「一言窮理」、「兩字窮形」，劉勰似乎也體會到簡單的
一言兩語，是可以將萬物之情貌，一覽無遺地表達出來。而詩人心受物感，

　　口不能言，有數存焉於其間。」（見《莊子集釋》，頁491）

〔註14〕 見《文心雕龍》，頁45。

〔註15〕 參見袁行霈〈魏晉玄學中的言意之辨與中國古代文藝理論〉收錄《魏晉思想，
　　　　 甲編三種》（臺北：里仁書局，1995年8月），頁12。

〔註16〕 見《文心雕龍，隱秀》：贊曰：「深文隱蔚，餘味曲包。辭生互體，有似變爻。
　　　　 言之秀矣，萬慮一交。動心驚耳，逸響笙匏。」頁45。

〔註17〕 見范文瀾《文心雕龍註本》（香港：香港商務，1960年），頁633。

〔註18〕 見《文心雕龍》，頁51。

自然形之於文辭。此即所謂「目既往還，心亦吐納」、「情往似贈，興來如答」。〔註19〕但當詩人欲託物以抒情時，「言有盡而意無窮」（即「言不盡意」）的事實也必然存在。

可見，劉勰對言意關係的探討比陸機深入得多。他是從「言不盡意」和「言簡意豐」兩個不同的層次來研究問題，使「言意」這一對哲學範疇，在文學理論和創作經驗中，都得到了較爲充分的闡釋。〔註20〕

三、鍾嶸──文盡意餘

除了陸機和劉勰，魏晉南北朝時代另一有成就的文學理論家，就屬鍾嶸了。他的《詩品》是現存最早的一部詩歌評論專著。其中「三義說」和「滋味說」都關涉到文學創作和審美活動中的言意問題。《詩品·序》曰：

> 詩有三義焉：一曰興，二曰比，三曰賦。文已盡而意有餘，興也；因物喻志，比也；直書其事，寓言寫物，賦也。宏斯三義，酌而用之，幹之以風力，潤之以丹彩，使味之者無極，聞之者動心，是詩之至也。若專用比興，則患在意深，意深則詞躓。若但用賦體，患在意浮，意浮則文散，嬉成流移，文無止泊，有蕪漫之累矣。〔註21〕

鍾嶸對「三義」的闡釋有其獨到的看法。〔註22〕他闡釋「興」爲：「文已盡而意有餘」，此顯然不同於傳統上做「興者，起也」解，而是從審美思維的角度出發，將「言」與「意」做對比論證。對「賦」的解釋是「直書其事，寓言寫物」，前一句「直書其事」是沿用鄭玄「賦之言鋪，直鋪陳今之政教善

〔註19〕語見《文心雕龍·物色》：「贊曰：『山沓水匝，樹雜雲合。目既往還，心亦吐納。春日遲遲，秋風颯颯。情往似贈，興來如答。』」，頁51。

〔註20〕見劉琦、徐潛〈言意之辨與魏晉南北朝文學思維理論的發展〉（北京：《文藝研究》，1992年4月），頁68。

〔註21〕見鍾嶸《詩品》（臺灣：中華書局，四部備要本，卷上），頁2。

〔註22〕關於「賦、比、興」的闡釋，在鍾嶸之前即有之。如《周禮·春官》的「六詩說」：「大（太）師……教六詩：曰風、曰賦、曰比、曰興、曰雅、曰頌。」（見《周禮·十三經注疏本》，頁354、356）。「六詩說」，是從詩的樣式上著眼，後來《詩大序》把「六詩」叫作「六義」：「故詩有六義焉：一曰風、二曰賦、三曰比、四曰興、五曰雅、六曰頌。」（見《詩經·十三經注疏本》，頁15。「六義說」則是從詩的樣式轉到了美刺政教，勸善懲惡的政治理論上去。二者對賦、比、興的理解，是迥異於鍾嶸從藝術審美的角度出發的。（參見〈言意之辨與魏晉南北朝文學思維理論的發展〉，頁68。）

惡」之說法，〔註23〕後一句「寓言寫物」則是鍾嶸所加，由此看出他獨特的思考。清代文論家劉熙載在其《藝概・賦概》中有言：「風詩中賦事，往往兼喻比興之意。鍾嶸《詩品》所由竟以『寓言寫物』為賦也。賦兼比興，則以言內之實事，寫言外之重旨。故古之君子上下交際，不必有言也，以賦相示而已。不然，賦物必此物，其為用也幾何。」〔註24〕可知，劉熙載對鍾嶸釋賦的理解是很透徹的。鍾嶸是把興、比、賦視為一相輔相成的整體，執偏其一，作品易流於「詞躓」、「文散」之弊，唯有三者同時酌而運之，才能使「味之者無極，聞之者動心」，給讀者「言有盡而意有餘」的藝術感受。又《詩品》每以「滋味」論詩：「夫四言，文約意廣，取效《風》、《騷》，便可多得，每苦文繁而意少，故世罕習焉。五言居文詞之要，是眾作之有滋味者也；故云會於流俗，豈不以指事、造形、窮情、寫物，最為詳切者耶！」〔註25〕鍾嶸所強調的「滋味」，就是「意味」，就是要「文約意廣」、「言簡意豐」。「滋味」固然可求諸言內，更須借助言外，此與三義說「文已盡而意有餘」在本質上是相通的。

　　總之，從陸機的〈文賦〉，到劉勰的《文心雕龍》，再到鍾嶸的《詩品》，「言不盡意」作為一種哲學論題，對中國文學理論的研究與發展有重要的影響。〔註26〕

四、陶淵明──欲辨已忘言

　　魏晉「言意之辨」不但影響當時的文學理論，更直接表現於文學創作。在當時將玄學「言不盡意」論中言、象、意複雜關係表現最好的文學家，當

〔註23〕見《周禮・十三經注疏本》，頁356。
〔註24〕見徐中玉、蕭華榮整理《劉熙載論藝六種》（四川：新華書店，1990年），頁95。
〔註25〕見鍾嶸《詩品》，頁2。
〔註26〕唐末司空圖《二十四詩品》以「不著一字，盡得風流」倡詩歌的境界（見司空圖《詩品》四部備要本，頁1）。南宋嚴羽《滄浪詩話》以禪喻詩，有言「禪道惟在妙悟，詩道亦在妙悟。」「所謂不涉理路，不落言詮者，上者。詩者，吟詠情性也。聖唐諸人，惟在興趣，羚羊掛角，無跡可求。故其妙處透徹玲瓏，不可湊泊，如空中之音、相中之色、水中之月、鏡中之象，言有盡而意無窮。」（見嚴羽著、郭紹虞校釋，臺北：東昇，1980年，頁10、24）從上述所舉，可以看出，中國詩學理論的重要特點，是強調「言外之意」，此乃根源於魏晉玄學之「言不盡意」論。

推東晉「古今隱逸詩人之宗」〔註27〕陶淵明。

陶詩和玄學「言不盡意」有何關係呢？誠然，玄學的「言不盡意」作為一個哲學思想範疇並不等於文學創作。前者作為認識論和方法論，是玄學家對言意關係的抽象說明；後者則是作家在深入體察生活的基礎上對真實情感的表現。兩者本是歸屬不同的領域範疇，究竟是何內在聯繫，才使玄學「言不盡意」影響到文學創作呢？而陶詩到底是如何接受玄學「言不盡意」論的影響呢？

玄學所謂的「言不盡意」，本是源於道家對於「道」的特性的描述。「道」是不可見、不可聞，不具「形色名聲」的東西，它是屬於一種抽象的理念。因此對於「道」的認識也不可用理性的思維作出具體而精確的說明，只能通過心領神會的方式去體驗與領悟。也就是說「只能意會，不可言傳」，即所謂「言不盡意」。而文學藝術的重要特徵，即在於「言有盡而意無窮」。文學之所以美，不僅在於有盡之言，而尤在無窮之意。換言之，文學作品之所以美，不只是美在已表現的部分，尤其美在未表現出來而含蓄無窮的部分。由此可知，道家對「道」的認識與文學藝術，兩者之思維活動都共同具有「言不盡意」的特徵，無疑「言不盡意」也就成為兩者內在溝通的的橋樑。正是在此意義上，言陶詩與道家的「言不盡意」有著不可分割的內在聯繫。〔註28〕因此，陶詩就順理成章接受了玄學「言不盡意」論的影響。

陶淵明是受到玄學「得意忘言」影響的詩人。他在〈五柳先生傳〉中說自己：「好讀書，不求甚解；每有會意，便欣然忘食。」〔註29〕這番自白說明淵明不為繁瑣的訓詁，而以己意會通書中旨略的學習態度。換言之，他所注意的重點是文章外之「會意」，而非如漢儒墨守家法，窮究一經。陶淵明即是用「會意」這種新觀點去探索人生的理想，希望從混濁而苦難的現實超脫到理想的精神世界去。他為文作詩，自然也是為了表現自己「得意」時所特有的精神滿足和樂

〔註27〕「古今隱逸詩人之宗」語出鍾嶸《詩品》，他評陶詩「文體省淨，殆無長談」，卻列為中品。究其原因，鍾嶸受到當時形式主義文風的影響，崇尚駢體文學的華美辭藻，在評論時，對華靡纖巧，風格典雅的作品，給予相當高的評價。因此，相對於陶淵明「真古」、「世嘆其質直」的作品，不是一般地不足，而是太缺乏了，所以評價不高。但到唐宋，隨古文運動的開展，人們對陶詩的理解顯得比較深入，對其讚譽有加，因而地位也相對提高。

〔註28〕參見朱家馳〈陶詩的言約旨遠與玄學的言不盡意〉（內蒙古：《內蒙古大學學報》第三期，1985年），頁64。

〔註29〕見楊勇著《陶淵明集校箋》（臺北：正文書局，1987年），頁287。

趣。「常著文章自娛，頗示己志。忘懷得失，以此至終。」〔註30〕他確是個忽忘
形骸，重理想，貴精神生活的人。這種處世的態度和超世的方法，正是玄學「得
意忘言」的具體運用。〔註31〕今觀〈飲酒〉詩第五首云：

結廬在人境，而無車馬喧。問君何能爾？心遠地自偏。采菊東籬下，
悠然見南山，山氣日夕佳，飛鳥相與還。此中有眞意，欲辨已忘言。

〔註32〕

這首詩是陶淵明妙用玄學「得意忘言」之理，進行創作出來的一篇典型詩作，
也是他所追求的人生理想反應到詩歌創作中所凝成的最佳藝術境界。這個藝
術境界，即詩中所說的「眞意」（玄學家常用之術語，意爲自然之趣），此眞
意主要從「採菊東籬下，悠然見南山；山氣日夕佳，飛鳥相與還」四句體現
出來。前二句寫詩人自己，後二句寫自然景象。詩人在東籬下採菊，悠然自
得，又逢山氣特佳，飛鳥投林的黃昏，大自然的一切都自由自在地委分運化，
顯得融和有生機，詩人的心境與大自然融爲一體，幾乎到了物我兩忘的境界。

〔註33〕

　　詩人在看到日夕歸鳥的一刹那間，主觀的情感與客觀的物象相契合，忽
然悟出人生的眞諦。他想將它說出來，又覺得不好說，不必說，於是用「欲
辨已忘言」一句帶過，讓讀者自己去體會。而且詩人既已體悟到其中「眞意」，
何需還要用語言來加以辨別與表達呢？既然追求的目的已經達到，用以說明
目的的語言也就可以忘掉了。所以說「欲辨已忘言」。而這或許可算是玄學「得
意忘言」論的另一種說法。

　　引文前四句，詩人直抒胸臆。身居人世間，難免會受到世俗的干擾。然
而詩人志趣高遠，其心超然於境遇形骸之上，是以，雖結廬人境，卻似深居
靜巷。所以然者，在於詩人能做到「心遠」，入俗而超俗，不爲現實環境所拘，
忘卻世俗的紛紛擾攘，以恬適寧靜的心過生活。這種輕忽人事，寄心於玄遠
的精神境界，正是玄學家「得意忘言」思辨方法的眞實體驗。

　　蕭統〈陶淵明傳〉說陶淵明：「不解音律，而蓄無絃琴一張，每酒適，輒
撫弄以寄其意。」〔註34〕可推知陶淵明很懂絃外之音的妙處。而魏晉玄言詩

〔註30〕同前註。
〔註31〕參見李文初〈陶詩與魏晉玄風〉，（廣州：《暨南學報》第二期，1982 年），頁 90。
〔註32〕見《陶淵明集校箋》，頁 144～145。
〔註33〕見〈陶詩與魏晉玄風〉，頁 91。
〔註34〕見蕭統〈陶淵明傳〉收錄於《陶淵明研究第一卷》（臺北：九思出版社），頁 7。

最大的特點，就是要表現「玄外之音」、「言外之意」，陶淵明（〈飲酒詩〉之
五）正是「言在耳目之內，意在八方之外」，與王弼「忘言忘象而得意」之玄
學思想不謀而合。可知魏晉言意之辨確實對陶淵明產生非凡的影響。

第二節　佛學言意觀

　　魏晉佛學和魏晉玄學兩者間最重要的共同支柱，一是「本末體用之辨」，
印度佛教般若學原本沒有「本末體用」這套範疇，但有「眞諦」和「俗諦」
的「二諦義」。魏晉玄學的中心問題是論辨所謂體用，即本末、有無的關係問
題。當時般若學的中心問題也是在談空（無）、有的問題。這實際上是按照魏
晉玄學的思想和範疇對印度般若學二諦說的比附、引申和發揮，即把「眞諦」
說成是本體的「無」，「俗諦」說成是萬物的「有」。二是「言意之辨」，般若
學者和玄學學者都持「忘筌取魚」、「忘言得意」的方法論。佛教無本體論，
然般若之盪相遣執的作用方式和玄學的表現方式是相同的，即是一詭辭爲
用。由此可見，魏晉佛學和玄學的認識論、方法論基本上是一致的。〔註 35〕
茲舉支道林、僧肇二人的言意觀及《金剛經》的內容，來看玄學言意思想對
佛學的影響。

一、支道林的言意觀

　　梁、慧皎《高僧傳》卷四〈支遁傳〉提到支道林：「每至講肆，善標宗會，
而章句或有所遺，時爲守文者所陋。謝安聞而善之曰：『此乃九方歅之相馬也，
略其元（玄）黃，而取其駿逸。』」〔註 36〕《世說新語・輕詆》，劉孝標引用
〈支遁傳〉內容，曰：「遁每標舉會宗，而不留心象喻，解釋章句，或有所漏，
文字之徒，多以爲疑。」〔註 37〕兩段說法雖文句上有出入，但所要表達的意
思大抵相同，都是指出支道林講經說法，是不拘執於文字章句上，得意忘言，

〔註35〕見石峻、方立天〈論魏晉時代佛學和玄學的異同〉（北京：《哲學研究》第十
　　　　期，1980 年），頁 35、41。
〔註36〕梁、釋慧皎《高僧傳》卷四〈支遁傳〉（臺北：廣文，1971 年），頁 237。九
　　　　方歅相馬，典出《列子・說符》：「穆公曰：『何馬也？』（九方皋）對曰：『牝
　　　　而黃』，使人往取之，牡而驪，穆公不說。……若皋之所觀，天機也，得其精，
　　　　忘其麤，在其內而忘其外；見其所見，不見其所不見，視其所視，而遺其所
　　　　不視。若皋之相者，乃有貴乎馬者也。」（見《列子集釋》，頁 164。）
〔註37〕見《世說新語・輕詆》，頁 17。

只求會通玄義。

　　支道林對般若學有其個人見解，稱爲「即色義」。《世說新語‧文學》：「支道林造即色論」此條下注云：

　　　　《支道林集‧妙觀章》云：夫色之性也，不自有色。色不自有，雖色而空。故曰：「色即爲空，色復異空。」〔註38〕

所謂「色」，即是指物質性的存在或物質現象。支氏認爲，色不是由自身所形成的，也就是否定事物的存在基礎或其存在性能內在於事物自身之中，所以說色即是空，而不必等到物質存在壞滅了，才說空（「非色滅空」）。〔註39〕但作爲現象的「色」必須通過人們主觀的名謂，才能認識它的「假名」，所以就現象界而言，可以說是「色復異空」。支氏對言意的看法，也是透過「即色義」來理解。

　　　　夫無也者，豈能無哉！無不能自無，理亦不能爲理。理不能爲理，則理非理矣；無不能自無，則無非無矣。〔註40〕〈大小品對比要鈔序〉

　　夫「至無」也者，豈能執定在「無」呢？「無不能自無，理亦不能爲理」與「即色」義之「色不自有」句法雷同。至無是不能執定在一無上，至理也不能執定在一理上。因爲執定之無非至無之自身、執定之理亦非至理之自身。〔註41〕「至無」與「至理」同「道」本無名，之所以有名，並非是「至無」與「至理」本身本有之名，而是人爲之所立。既是通過人們主觀的名謂，才能認識它的「假名」，是以，此等「假名」並不足以盡「至無」與「至理」之真義。此即老子所謂「道可道，非常道；名可名，非常名」之旨。亦是王弼所言：「可道之道，可名之名，指事造形，非其常也。」之意。正由於「名言」

〔註38〕見《世說新語‧文學第四》，卷上之下，頁15。安澄《中論疏記》卷第三末引：「支道林著云〈即色遊玄論〉：『夫色之性，色不自有，不自，雖色而空，知不自知，雖知而寂。』……其製〈即色論〉云：『吾以爲即色是空，非色滅空，斯言至矣，何者？夫色之性，不自有色，色不自有，雖色而空；知不自知，雖知恆寂。』」（見《大正藏》冊六五，頁94。

〔註39〕見楊祖漢〈印度佛教概說與六家七宗〉，收錄於王邦雄、岑溢成、高柏園、楊祖漢先生合編之《中國哲學史》（臺北縣：國立空中大學，1998年），頁425。

〔註40〕見《大正新修「大藏經」第五五冊，目錄部》，〈大小品對比要抄序，第五〉《出三藏記集》卷第八，頁55。

〔註41〕參周雅清〈支道林思想析論〉（臺北：《師大中國學術年刊》第二十三期，2002年），頁257。

無法窮盡「至無」、「至理」精妙之道，故「理冥則言廢，忘覺則智全」，此與
王弼「得意忘言」之玄義相契合。〔註42〕支道林續云：

> 是以十住之稱興乎未足定號，般若之智生乎教跡之名。是故言之則
> 名生，設教則智存。智存於物，實無跡也；名生於彼，理無言也。
> 何則？至理冥壑，歸乎無名。無名無始，道之體也；無可不可者，
> 聖之慎也。苟慎理以應動，則不得不寄言，宜明所以寄，宜暢所以
> 言。理冥則言廢，忘覺則智全。若存無以求寂，希智以忘心，智不
> 足以盡無，寂不足以冥神。〔註43〕

般若智之名，其所以生之所由，乃源於「言之則名生」、「設教則智存」，是人
之所立，設教所須，是教法上的權宜施設。般若智之名雖生乎教跡，而其實
質則是絕言離相的。爲何如此呢？因爲虛寂空冥的至無、至理，是任何語言
文字所無法全幅地窮盡表述的。尤其佛法眞諦更是只可意會，不可言傳的。
然而，從另一方面來看，佛教經典卷帙浩繁，無一不是語言文字的產物，且
佛法精深奧妙，聖人得憑藉語言文字，才能教化眾生。大乘中觀學派創始人
龍樹言：「若失語言，則義不可得。」〔註44〕劉勰老師僧祐也說：「夫神理無
聲，因言辭以寫意；言辭無跡，緣文字以圖音。故字爲言蹄，言爲理筌，音
義合符，不可偏失。是以文字應用，彌綸宇宙，雖跡繫翰墨，而理契乎神。」
〔註45〕是以，追求至理是不能拘執於語言文字的，但是離開了語言，對至理
的追求又無法實現。因此，研讀佛經，惟有借助於言又超越於言，「宜求之於
筌表，寄之於玄外」，〔註46〕才能進入高遠玄妙的境界。

支道林「理冥則言廢」之「得意忘言」的求道方法，落在工夫論而言，
則特別強調「忘」與「遣」。唯有忘言、遣言，才能進入「筌表、玄外」的境
界。然而有「忘」有「遣」，仍落在工夫相中，是以支道林進一步強調：

> 存乎存者，非其存也；希乎無者，非其無也，何則？徒知無之爲無，
> 莫知所以無；知存之爲存，莫知所以存。希無以忘無，故非無之所
> 無；寄存以忘存，故非存之所存，莫若無其所以無，忘其所以存。
> 忘其所以存，則無存於所存；遣其所以無，則忘無於所無，忘無故

〔註42〕參見楊祖漢〈印度佛教概說與六家七宗〉，頁407。
〔註43〕見《大藏經》第五五冊，頁55。
〔註44〕見《大藏經，釋經論部上》第二五冊，《大智度論》卷七九，頁620。
〔註45〕見《大藏經》第五五冊，頁54。
〔註46〕同前註，頁56。

妙存，妙存故盡無，盡無則忘玄，忘玄故無心，然後二跡無寄，無
有冥盡。〔註47〕

心存求寂，則所求非真寂；相同道理，心存求無，則所求非真無。何以如此？
只知無之爲無，而不知所以無；只知存之爲存，而不知所以存，此非明智之
舉。因「無之爲無」、「存之爲存」之無與存，是執著、滯泥之跡；「所以無」、
「所以存」之無與存，乃真無真存。然若欲以希無、寄存的方式，去求得忘
無、忘存的真無真存之境，結果仍是令人失望的。因爲「希無」、「寄存」仍
是爲人所執著，人們只是陷溺於更高一層次之跡，畢竟以跡泯跡，於跡未能
忘，終究仍是跡。因此唯有遣去、忘卻欲達至「所以無」、「所以存」之心念，
才能真正泯其跡，存其妙。妙存故可窮盡無之真蘊，窮盡無之真蘊，故連玄
亦可忘。忘玄，則無執著分別心，無執著分別心，然後跡與所以跡，有與無
都可歸於冥極無寄。〔註48〕簡言之，唯有忘無忘玄，層層忘遣，忘而又忘，
以至於無心而忘，才能真正達到「二跡無寄，無有冥盡」玄遠境界。〔註49〕

二、僧肇的言意觀

　　東晉佛學理論家僧肇，早夭的天才〔註50〕（西元 384～414）。少便志好玄
微，深受道家思想的影響，是鳩摩羅什之得意門生。所著《肇論》包括〈物
不遷論〉、〈不真空論〉、〈般若無知論〉等佛學專論，〔註51〕以玄妙優美文字，
表達深邃的般若性空（存在的不真實）學說。《肇論》以解「空」爲主，亦涉
及言意問題。〈不真空論〉：

眞諦獨靜於名教之外，豈曰文言之能辨哉。然不能杜默，聊復厝言
以擬之。〔註52〕

《般若經》有真俗二諦。「眞諦」或「勝義諦」在《般若經》中譯爲「第一義
諦」，意爲出世間的真理。「俗諦」或「世俗諦」，意指世俗認識及其面對的整

〔註47〕同前註，頁 55。
〔註48〕參見〈支道林思想析論〉，頁 258。
〔註49〕見周雅清《成玄英思想研究》（臺北：師大國文研究所碩士論文，2002 年 5
　　　　月），頁 56。
〔註50〕另一位早熟早夭的天才，是前面提過的王弼（西元 226～249）。
〔註51〕《肇論》尚有〈宗本義〉及〈涅槃無名論〉，但據後人研究，此二篇有可能非
　　　　僧肇所作。
〔註52〕見《大藏經，諸宗部》第四十五冊，頁 152。

個現象世界。真諦不可思議，不可言議，是超然於名言概念之外的。所以佛教真理是不能用世俗的語言文字來表達的，惟有通過俗諦才能顯示出來。所以佛陀就通過俗諦來說真諦。從根本上說，真諦與俗諦都只是佛說法的善權方便，因而都不能執著。就連「真諦」的觀念也應一併除去，因為任何的計較執著都是不符合般若性空的要求。〔註53〕〈般若無知論〉有言：

> 然則聖智幽微，深隱難測。無相無名，乃非言象之所得。為試罔象
> 其懷，寄之狂言耳，豈曰聖心而可辨哉！〔註54〕

此文是示般若義深微難識及非言說所能相應。般若義乃菩薩等所成就的大智慧，故名般若是「聖智」。聖智湛寂無跡，真一絕待，非辨解的識心所能相應，故云「難測」。「無相無名，乃非言象之所得」，一切可測者皆有相，「相」即通常所言之相貌，凡成相貌者皆可為識心所測。聖智湛然無跡而不可測，故云「無相」。「無名」之「名」指概念而言，無名即非一切概念所能相應之謂。「言」與「象」對應於「名」與「相」說，既「無相無名」，故云「非言象之所得」。而聖智對識心言，既不可以識心測之，又不可以言象得之，若欲明聖者之心，只能「罔象其懷，寄之狂言」了。「罔象」當為「象罔」，均解「無跡」，是虛懷的象徵。語出《莊子・天地》云：「黃帝……遺其玄珠，使知索之而不得，使離朱索之而不得，使喫詬索之而不得也。乃使象罔，象罔得之。」〔註55〕此文以玄珠比擬聖智，象罔乃能得之。故欲得聖智，必也「象罔其懷」。象罔其懷者，蓋指虛其心之意，必虛其心乃能實其照，實其照即是聖智之勝用。「狂言」亦引自《莊子・知北遊》有云：「已矣夫子！無所發予之狂言而死矣夫！」成玄英疏謂：「狂言，猶至言也，非世人之所解，故名至言為狂也。」〔註56〕至道離言，故體道者當藏其狂言，然異端之論紛然，不得已而辯，故寄之狂言以擬聖者，非云聖智可正面地以名言概念謂述之，故復結之以「豈曰聖心而可辨哉？」明聖心不可以名言概念以辨示也。〔註57〕

〈般若無知論〉又言：

〔註53〕參見洪修平釋義《肇論》（高雄：佛光出版社，1996 年），頁 225。

〔註54〕見《大藏經，諸宗部》第四十五冊，頁 153。

〔註55〕見《莊子集釋》，頁 414。

〔註56〕見《莊子集釋》，頁 754～755。「狂言」一詞在〈知北遊〉出現兩次，除正文所引外，另一處所載是「今於道，秋豪之端萬分未得處一焉，而猶知藏其狂言而死，又況夫體道者乎？」，頁 755。

〔註57〕參見廖鍾慶〈僧肇般若無知論析義〉（臺北：《鵝湖月刊》，1976 年 1 月），頁 27。

> 般若義者，無名無說，非有非無，非實非虛。虛不失照，照不失虛，
> 斯則無名之法，故非言所能言也。言雖不能言，然非言無以傳，是
> 以聖人終日言而未嘗言也。今試爲子狂言辨之。〔註58〕

般若空義，既無名稱，也不可論說；既不是有，也不是無；既不是眞實存在，也不是虛寂幻化的。在虛寂中而不失觀照，觀照中而不失虛寂。此乃無名之法，萬法皆空，非萬法不存在，而是萬法存在的不眞實。故非一般語言文字所能表述，語言雖不能窮盡表達，但離開語言又根本無法清楚表達。簡言之，佛教眞理本無言，然非言又不能呈顯眞理。因此，佛教般若空觀的智慧，是以非有非無、有無雙遣的方法，來觀照萬法性空的眞實本質。〈答劉遺民書〉有言：

> 夫有也無也，心之影響也。言也象也，影響之所攀緣也。有無既廢，
> 則心無影響；影響既淪，則言象莫測；……聖者無知而無所不知，
> 無爲而無所不爲，此無言無相寂滅之道，豈曰有而爲有，無而爲無，
> 動而乖靜，靜而廢用耶？而今談者，多即言以定旨，……須菩提終
> 日說般若，而云無所說。此絕言之道，知何以傳？庶參玄君子，有
> 以會之耳。……夫言跡之興，異途之所由生也。而言有所不言，跡
> 有所不跡。是以善言言者，求言所不能言；善跡跡者，尋跡所不能
> 跡。至理虛玄，擬心已差，況乃有言？恐所示轉遠，庶通心君子，
> 有以相期於文外耳。〔註59〕

僧肇以影譬喻象，以響譬喻言。心若與影、響絕緣，即是心不依賴影、響所攀緣的言象。僧肇非難世人「即言定旨」，說一般人過份重視語言文字的功用，以爲剋就語文本身便可確定其中的深遠玄旨，於是拘泥執著語言，誤以爲已經掌握、悟解了作者的心中意旨。是以，僧肇舉天賦空慧的須菩提爲例，說他雖「終日說般若，而云無所說。」此義在中國語出《莊子·寓言》：「言無言，終身言，未嘗不言；終身不言，未嘗不言。」〔註60〕那麼作爲弦外之音的言外之意，既非知見之境，又何以能傳呢？僧肇以爲惟有「通心君子」，以「得意忘言」之法，才能參透玄意，通達玄旨。〔註61〕

　　佛學般若，深遠玄微，不落言詮，亦非常合乎超越物象、意在言外之玄

〔註58〕見《大藏經，諸宗部》第四十五冊，頁153。

〔註59〕同前註，頁156～157。

〔註60〕見《莊子·寓言》，頁949。

〔註61〕參見〈老莊的言意觀對僧肇與禪宗的影響〉，收錄在王煜著《老莊思想論集》
　　　　（臺北：聯經出版事業公司，1981年），頁479～780。

學精神。由此精神之相契，而致玄學與佛學之相與合流。換言之，即因「言意之辨」的方法，而得玄釋之交融也。〔註62〕而《肇論》的言意思想，正是中國言意思想從魏晉玄學和玄佛合流局面，逐漸向南北朝及隋唐佛教言意思想大發展的局面過渡的中介，它構成了中國思想發展史上不可缺少的一環。就此意義上，僧肇不但在中國佛教史上，而且在整個中國思想史上，都占有極其重要的地位。〔註63〕

三、禪宗的言意觀

僧肇受到先秦道家和魏晉玄學的影響，並以般若空義的思辨方式來處理言意問題，初步發揚了印度原始佛教「意超言」之旨。唐宋盛行的禪宗，更是受到魏晉玄學及僧肇的影響，將達磨祖師（西元460～534）「不立文字」之旨，發揮得淋漓盡致。〔註64〕關於禪宗的起源，有一個「拈花微笑」的典故：世尊在靈山會上，拈花示眾。是時眾皆默然，惟迦葉尊者破顏微笑。世尊曰：「吾有正法眼藏，涅槃妙心，實相無相，微妙法門，不立文字，教外別傳，付囑摩訶迦葉。」〔註65〕這個典故把佛教的言意觀表現得非常透徹。表示佛法真諦是只可意會，而不可言傳的。

在中國佛教哲學中影響力最大的宗派，是以慧能思想為宗旨之南宗禪學。慧能說：「菩提自性，本來清淨，但用此心，直了成佛。」〔註66〕此「用心」二字著實重要，求道要用菩提心、清淨心，捨執迷而當下頓悟，與佛合一，而成佛道。黃蘗斷際（希運）說：「道在心悟，豈在言說，言說祇是化童蒙耳。」〔註67〕宋代佛果圓悟禪師克勤和尚：「佛祖……單傳心印，不立文字語句，……佛祖以心傳心，蓋彼穎悟透脫，如兩鏡相照，非言象所拘。……宗門接利根上智，提持出生死絕知見、離言說、越聖凡。……大凡學道探微，須以大信根，深信此事不在語言文字一切萬境之上，確實惟於自己根腳，放下從前作知作解狂妄之心，直令絲毫不掛念，向本境無垢寂滅圓妙本性之中，

〔註62〕參見劉貴傑《支道林思想之研究》（臺北：臺灣商務書局，1982年），頁37。
〔註63〕見洪修平《肇論》，頁18。
〔註64〕見〈老莊的言意觀對僧肇與禪宗的影響〉，頁481～482。
〔註65〕見宋・普濟著《五燈會元》卷一（臺北：文津，1986年），頁10。
〔註66〕見釋法海撰、丁福葆註《六祖壇經箋註》（臺北：文津，1984年），頁58～59。
〔註67〕見《禪學大成》，第五冊，「黃蘗山斷際禪師傳心法」宛陵錄（臺北：中華佛教文化館影印），頁14。

徹底承擔，當能所雙忘，言思路絕，廓然明見本來面目……成箇灑灑無事道人，何須向紙上尋他死語。……道本無言，因言顯道，若得此道，斷不在言句上，後番才有言句，……語言作用，纔生解會，即被羈勒，更無自由分。」〔註68〕禪師認為拘執語言文字，等於墜落死水，唯有不隨一切語言轉，心才得以自由，意才得以通達。由此可知，禪學的特色在於掃除與擺脫語言文字的障礙，「道在心悟」。

「道在心悟」，不在「言說」。言說只是「因緣方便」，無論言說何等玄妙，終究僅是悟道之助緣。然而若無此助緣，又難以悟其道。道是超乎語默的，若一定要說，以為言說便能表述真實世界者，此固然是虛妄執著；若一定不說，凡事物均以不言為言，此亦是有所執著，著於不說，故不能言說，此亦非圓融活智之境界。〔註69〕所以，修道者應不拘泥有言（語），也不該執著無言（默），也就是說，唯有破除有無二執，不捨不著言說，才能悟其佛理。

禪宗「道在心悟」探究體道的問題，與玄學探討本體宇宙論相似。只是，禪宗「道在心悟」，是透過主體修養而展開的超言意境，與魏晉玄學所談論的言意關係是不同的。玄學在探討言意關係時，大抵是依著語言文字的表意功能去探究言意之間的關係。禪宗則是著重於個體修養與道體間的關係，「言」於此的地位就相對地不那麼重要了。

〔註68〕見《禪學大成》，第四冊，「佛果圓悟禪師心要」，頁 7、15、23、25、54、56。
〔註69〕見陳沛然《佛家哲理通析》（臺北：東大，1993年），頁 186。

第五章 結 論

第一節 魏晉玄學的方法論

　　「言意之辨」是魏晉玄學主要課題之一，[註1] 雖然歷來的文獻資料中都或多或少提及它的重要性，但以它為基源，嘗試對魏晉玄學做詮釋者，卻始於湯用彤先生。他在其《魏晉玄學論稿》一篇題作〈言意之辨〉的簡短論文中，相當清楚地表達對其「言意之辨」的看法與立場。[註2] 首先，湯氏以為研究時代學術之不同，除應注意其變遷之跡，尤當識其所以變遷之理由，而其理由，一為時風，二為治學之眼光及其方法，且後者實為必要條件，他說：

　　　新學術之興起，雖因於時風環境，然無新眼光新方法，則亦只有支
　　　離片斷之言論，而不能有組織完備之新學。故學術，新時代之托始，
　　　恆依賴新方法之發現。[註3]

由此可知，某一新觀念、新學說的提出或產生，往往需要仰賴一套相應的方法論系統來支持，才得以成熟、落實並造成影響。這是思想發展史上的一般規律，在中國古代則主要表現為注經方法的革新。[註4] 這是因為，先秦經典，

[註1] 魏晉玄學是一種思辨性比較強的哲學，它的特點之一就是豐富了中國傳統哲學的概念、範疇。例如，在為魏晉玄學中「有無」、「體用」、「本末」、「一多」、「言意」、「性情」、「獨化相因」、「名教自然」、「無心順有」等等，這樣一系列的概念、範疇都被成對的提出來了。這中間有的雖是先秦哲學中已有的，但在魏晉玄學中，它的內容更加豐富了，涵意更加明確了。見湯一介《郭象與魏晉玄學》（中和，谷風，1987 年 3 月），頁 4。

[註2] 見湯用彤〈言意之辨〉，收於《魏晉思想乙編三種》，頁 23。

[註3] 同前註。

[註4] 參王曉毅〈魏晉「言意之辨」的形成及其意義〉（《中國哲學史》，1990 年 1

乃為原創性思想，具有最高智慧，是中國文化的總源頭，在中國哲學史上站有不可動搖的地位。因此，歷代思想家在建立符合當代需要的思想體系時，總是以注經的方式發揮自己的新意。尤其到了漢代，經學家以訓詁章句為方法，「博學者又不思多聞闕疑之義，而務碎義逃難，便辭巧說，破壞形體。說五字之文，至於二、三萬言。後進彌以馳逐，故幼童守一藝，白首而後能言。」〔註5〕反覆論究，歷四百年，終至窮途末路。當學術發展至此，只好另求出路。魏晉學者則是獨創新的方法來重新注經。

> 夫玄學者，謂玄遠之學。學貴玄遠，則略於具體事物而究心抽象原理。論天道則不拘構成質料（Cosmology），而進探本體存在（Ontology），論人事則輕忽有形之粗跡，而專期神理之妙用。夫具體之跡象，可道者也，有言有名者也。抽象之本體，無名絕言而以意會者也，跡象本體之分，由於言意之辨，依言意之辨，普遍推之，而使之為一切論理之準量，則實為玄學家所發現之新眼光新方法。王弼首唱得意忘言，雖以意解，然實無論天道人事之任何方面，悉以之為權衡，故能建樹有系統之玄學。……由此言之，則玄學系統之建立，有賴於言意之辨。〔註6〕

「玄學」，這種在魏晉時期的新學說，是用心於抽象之原則，而所探究的論題有兩方面，一是天道，一是人事。對於天道的討論，是擺脫漢人氣化宇宙論的說法，不以講求構成質料為興趣，而改以直探本體存在為重心。對於人事，則不限於有形之跡，而專注於神理的妙用。而且湯氏認為名言的功用是在於指稱及表達事物。然而，一般的名言因為是建立在經驗世界的基礎上，所以對於以「本末有無」等形而上學的問題為主流的魏晉玄學家而言，大都認為此類名言是無法充份窮盡地指稱、表達形而上的實體或原理，此即言不盡意論。湯先生以此論點為前提，訂出區別「具體之跡象」與「抽象之本體」之標準：能用一般名言表達者是具體的跡象（有），無法用一般名言表達，而只可意會者是抽象的本體（無）。在魏晉當時，王弼首先以「得意忘象」、「得象忘言」作為玄學研究之方法，他超脫「言」、「象」之表相，而把握「意」之

月），頁61。

〔註5〕見《漢書，藝文志》，漢・班固撰，唐・顏師古注（臺北：鼎文書局，1975年），頁1723。

〔註6〕見湯用彤〈言意之辨〉，頁23～24。

實質，開展出魏晉時期玄思玄妙之境界。就在此意義下，「言意之辨」可說是一種新眼光、新方法。〔註7〕

「言意之辨」是指魏晉學者針對「言盡意」及「言不盡意」二論提出他們各自的看法。不論是「言盡意」抑或是「言不盡意」，二者皆不免涉及「言」和「意」的問題。而「言意」在魏晉玄學中是一對很重要的概念或範疇。「言」是指語言或文字等；「意」是指思想或義理等等。「言」是「意」的表達形式，「意」為「言」的思想內容。兩者關係，在《墨子・小取》「以名舉實，以詞抒意」〔註8〕中可看出端倪。「名舉實」或「詞抒意」，二者本身皆可視為言與意的關係，然而卻是分屬於不同層面之語言行為。

「名舉實」之「名」指語言，「實」是指人們所欲表達的對象是外在的客觀實物。既然所欲表達的對象是外在客觀實物，因此人們在表達時便有其可依據的客觀標準。所以，當人們在表達時，即使其認識主體有個別差異，但與其相對應之客觀實物之內容的認識程度，應是大同小異。換言之，認識主體所使用之語言（名）擁有相同的內容，乃是因所欲表達對象之內容是固定的，所以是任何人均能識之的。於此，其指實名言能依循客觀實物而與之一一相應，充分發揮其表意功能，且全盡物理「意」之內涵，因而言「語言」能盡「客觀實物」，是故「名」能舉「實」。〔註9〕

至於「詞抒意」之「意」乃指其所欲表達者並非外在事物，而是心中之意理。也就是說，在語言表達意旨的三方聯繫中，少了「所指」（外在事物）〔註10〕來提供客觀的檢證標準。因為少了客觀依據，而且認識主體在經歷學識等各方面所造成的差異，使作為與語言相應的思想內容（意），不再具有固定共通的內容，而是呈顯出多采多姿的風貌。此時語言扮演的只是指點、啟發的角色，人們藉著此語言所提供的蛛絲馬跡，直探玄「意」。〔註11〕於此，

〔註7〕 岑溢成〈魏晉「言意之辨」的兩個層面〉（臺北：《鵝湖學誌》第十一期，1993年12月），頁19。

〔註8〕 孫詒讓《墨子閒詁》收錄於嚴靈峰編輯《無求備齋墨子集成》（臺北：成文出版社，1977年），卷十一〈小取四五〉，頁215。

〔註9〕 參《魏晉言意之辨與魏晉美學》，頁14、16。

〔註10〕 人們以語言表達意旨，必須包含三要素的聯繫：一為「所指」（外在事物），二為「思指」（概念），三為「能指」（名或符號）。通常事物先在人們心中形成概念（思指），然後人們再以其最適當，最能表現，符應於事物的符號（能指）來指稱外在事物（所指）。同前註，頁13～14。

〔註11〕 同前註。

面對如此難以捉摸的「深意」、「玄義」，語言是無法再與之一一相應，因而言「言」不能盡「意」，是故「詞」雖能抒「意」，但無法抒其「深意」或「玄意」。由此可知，「詞抒意」層面中「言意」之內涵是迥異於「名舉實」層面中「言意」之意義的。總之，就「以名舉實」而言，名言能盡舉實之意，言能盡意，屬外延眞理；就「以詞抒意」而言，詞不能盡抒意之深意，言不能盡意，屬內容眞理。

何謂外延眞理、內容眞理呢？「外延眞理」是指一般客觀外在實物之物理，如以科學語言所得的眞理，是屬「言無不盡意」之「言盡意」的範疇領域。如歐陽建言：「名逐物而遷，言因理而變」，言與理、名與物，不得相與為二，則其物與理皆形而下者，此形下物與理之範圍是可為人們所知曉。又云：「苟其不二，則無不盡」，則「盡」是指「名實相應」之盡，是指實之盡，而能盡之名言則是在客觀世界有恰當相應之名，而其所盡者皆外延眞理。〔註12〕至於「內容眞理」，牟先生說：「在中國玄理哲學之『境界形態』下，〔註13〕一切名言所不能盡之意與理（名理相對，言與意相對），吾皆統之於『內容眞理』下，而謂其是『主觀性之花爛映發』。即，其所不盡之意理乃屬內容眞理。」〔註14〕如荀粲之「象外之意，繫表之言，固蘊而不出矣」，與王弼「得意忘象、得象忘言」皆屬「言不盡意」。此「盡」為啟發之盡，非名實相應之盡，而其所盡者皆內容眞理。〔註15〕此種「內容眞理」是關於「主觀性本身」與「主觀性之花爛映發」所作成的主觀的「內容的體會」，是不能脫離主體「我」的生命個體而獨立存在的。例如主體「我」透過對美的欣趣判斷，如文學、藝術、美學；或是對形而上的玄思，如哲學、宗教等語言所獲致的眞理，皆屬「內容眞理」的領域。魏晉玄學的眞理即是意在言外，是一種主體性的內容眞理，是只可意會、體知而不可言詮的。總之，屬內容眞理者，抒意、啟發名言者，言不盡意；屬外延眞

〔註12〕 參見《才性與玄理》，頁252。

〔註13〕 牟宗三先生對「境界形態」說明如下：大體言之，中國名家傳統所開之玄理哲學，其形態是「境界形態」；而西方哲學，其形態是「實有形態」。一是主觀的神會、妙用，重主觀性；一是客觀的義理、實有，重客觀性。一是圓而神，一是方以智。一是清通簡要，虛明朗照，一是架構組織，骨格挺立。一是圓應無方，而歸於一體如如，洒然無所得。一是系統整然、辨解精練，顯露原則原理之「實有」。一是不著，一是著。一是混圓如如地對於客觀眞實無分解撐架的肯定，一是分解撐架地對於客觀眞實有肯定。見牟宗三先生《才性與玄理》，頁263。

〔註14〕 同前註。

〔註15〕 同前註，見253。

理者，指實名言者，言可盡意。言可盡意者，可道世界；言不盡意者，不可道世界。牟先生曾語重心長說：

> 人們只知研究外在的對象為學問，並不認生命處亦有學問。人只知以科學言詞、科學程序所得的外延真理（Extensional truth）為真理，而不知生命處的內容真理（Intensional truth）為真理。所以生命處無學問、無真理，只是盲爽發狂之衝動而已。〔註16〕

追求學問，不僅要追求以科學方法獲得外延真理為真理的學問，更要追尋自我內在生命處所蘊藏之善與美的學問。若一味偏於科學真理而略於內容真理，則生命終將無以承載苦難、超越自我。是以，惟有把握住內容真理的學問，生命才得以祛執以達圓，超昇以顯揚。

　　究竟魏晉玄學言意之辨是屬「言意境」抑或是「超言意境」？歐陽建主張「言能盡意」，其理論也許是不離言意境，然而，歐陽建在其〈言盡意論〉明白論述「言不盡意，由來尚矣」，且當時之人莫不引「言不盡意」為證。如此說來，「言不盡意」當是魏晉玄學言意之辨主流。「言不盡意」因「盡」之不同意義，可有兩種理解。若為「表達的盡」，「言不盡意」是指語言文字不能充分窮盡地表達「意思」；若為「理解的盡」，「言不盡意」則是指吾人根本無法經由語言文字而充分窮盡地理解「玄意」，惟有透過個人主體的實踐修養，才能使人窮盡的理解玄意成為可能。對於前者「言不盡意」之「意」，若能不執拘在「意念層」上，而是積極活看意的內涵，則無、自然、無為、超形名之道、無為而無不為、至寂至靜之一等等諸名言所示之境界，亦是「意」也，亦即聖證境界中一切的內容真理。如此一來，言不盡意即是超言意境。而後者形而上的言不盡意實已進入真正的「超言意境」，亦即所謂「不可說」或「不可思議」之境界。魏晉玄學之自然、有無等超言意思想，亦是不可言說，而之所以言說者，乃是為了「辯之以相示也」，其道理應與佛教方便說相似。〔註17〕只是佛教名理之超言意境是實、是行，是必函作到與否的問題，是為道德宗教之本質。而魏晉名理之超言意境是辯、是虛、是知，不必函作

〔註16〕見牟宗三先生《生命的學問》（臺北：三民書局，1991年），頁36。

〔註17〕佛教般若智慧並非普通的智慧，佛陀所要開示的智慧，是指能夠了解道、悟道、修證、了脫生死、超凡入聖的這個智慧。此智慧本非世間「般若的名義所能恰當」，但又不能不安立名言以教化開導眾生。因此採用「般若」一名，只為「方便說」而已。參印順法師《般若經講記》（臺北：正聞出版社，1992年3月），頁9。

到與否的問題，是為哲學之本質。是以，若從解悟之知上來看玄學名理之言意境，則魏晉玄學言意之辨是知此「超言意境」的。〔註18〕

第二節　關於「不可說」

「不可說」的問題是德國哲人維特根什坦在二十世紀初期提出的。他認為不能用邏輯形式言語的內容，如文學、藝術、美學、宗教、倫理學等等，均不可言說。維氏說：「凡可被說者即能清楚地被說，凡我們所不能談及者必須在沉默中略過。」〔註19〕他認為對可說的事物，我們就要清楚明白地說出，避免引起歧義和誤解；對不可說的事物，我們就要本分老實地保持沉默，絕不妄加論說。這個觀點對當代思想家影響頗大，卻也受到羅素的質疑，他認為人們不可能對不可言說的東西一直保持沉默，就連維氏本人對不可言說的東西也還是設法說了一些。維氏則對此作辯解說，他所作的努力只是某種顯示，並非言說。「凡只能被顯示者不能被說。」〔註20〕也就是說，凡可顯示的，是不可言說的。而維氏更說到他的命題是一種工具──梯子，在理解了他的命題之後，應當把「凡顯示的」不可說的東西當成梯子捨棄，〔註21〕然後依靠一種神祕體驗的方式來理解命題所顯示出來的意義，〔註22〕如是，才能獲致真理。

中國哲學也談論不可說問題。道家老子是它的首唱者。《道德經》五千言，首章即說：「道可道，非常道；名可名，非常名」，玄遠深妙的大道既可說，又不能說；既可名，又不能名。換言之，道究竟可說？還是不可說呢？對此莊子以「天地與我並生，而萬物與我為一。既已為一矣，且得有言乎？既已謂之一矣，且得無言乎」做了詳盡而深刻的說明。天地境界本不可說，因為物我混然

〔註18〕參《才性與玄理》，頁279～281。
〔註19〕見牟宗三先生譯，維特根什坦《名理論》，頁6。
〔註20〕同前註，頁62。
〔註21〕同前註，頁159。「我所說以上諸命題依以下的樣式足以充作使事物明白的一種說明，即：任何人，他若了解我，他最後將確認我的那些命題為無意義，當他以使用它們作為階梯向上攀登以越過它們時（如普通所謂在向上攀登已越過梯子後，他必須捨棄那梯子）。他必須超離這些命題，如是，他將會正確地看世界。」
〔註22〕同前註，頁158。「實在說來，茲實有一些不能被表述的事物。這些不能被表述的事物它們使其自身成為明顯的。它們就是那是神秘的者。」

天成，未有分別，從何說起？可得說，因為混然未分的狀態一經說出，便打破了無言的沉默，由不可說變成可說了。及至魏晉，言說的形式與內容之間的關係得到了更為廣泛的說明。雖然王弼所說的「言不盡意」、「得意忘象」並未直接討論不可說的問題，然而，畢竟他還是承認：一般的語言文字是無法窮盡地表達深遠玄意的。至於隋唐佛經中也出現「不可說」的文字內容。如《大涅槃經》經有云：「不生生不可說，生生亦不可說；生不生亦不可說，不生不生亦不可說；生亦不可說，不生亦不可說；有因緣，故亦可得說。」〔註23〕佛僧認為本真存在原無名相，無從言說；而世間萬物既是由因緣和合而成，雖然相虛，畢竟還是可以言說之名相，故又是可說的。〔註24〕之後，禪宗則是在體認佛性的問題上逐步確立了教外別傳、不立文字、道在心悟的宗旨。

「不可說」雖是中西共同關心的問題，但兩者對「不可說」的理解是有所不同的。維氏所謂的「不可說」就是不能合乎邏輯地說，而中國哲學則認為言說不止一種形式，當邏輯無法說出者，可以用別的形式來表達，如「詭辭為用」。「不可說」只是從內容上講，即不可盡說。語言無法窮盡大道的一切本質，即使勉強說出一些內容，也無法體現大道全體的面貌，反而容易落入「說似一物即不中」的窘境。而兩者最根本的區別在於，維氏對不可說問題採取乾脆不說的立場，而中國哲學則非但不反對言說，還鼓勵創造性的「強為之說」，不可說也不是不能說，而是視情況而言說之。〔註25〕所以道家由老子「正言若反」、莊子「大詭辭」開始，到郭象「詭辭為用」發跡冥圓融之論，成為玄智模型，再到佛家層層遮撥的圓教般若模型，〔註26〕此「詭辭為用」實為中國哲學道家、玄學家、佛家三家表意之共法。由此可見，中西哲人研究「不可說」的宗旨雖大體一致，其趣味和態度卻迥然不同。

第三節　本文之回顧與反省

本節總括前述章節乃提出幾點說明與反省。

首先，言意問題的討論，主要集中在魏晉時期，但先秦道家已發其端。《老

〔註23〕《大正新修大藏經》第十二冊，《大般涅槃經卷》二十一，頁490。

〔註24〕參見〈說「不可說」——試析哲學言說形式與內容關係〉，頁91。

〔註25〕同前註，參頁92。

〔註26〕參見毛文芳〈魏晉玄學的方法論及其解析〉（臺北：《孔孟月刊》第三十卷第七期），頁22。

子》之「道」是不能以某言言之、某名名之，因爲任何名、言都不能充分表達「道」之眞義，是以道之義，言不可盡。莊子則在許多篇章裡反覆重申，語言文字都不足以表達至道之玄意。從「言不盡意」到「得意忘言」，進而提出「超言意」的境界。老莊之道均有不可言說的特性，而中國哲學對於「不可說」之玄理，絕不輕易放棄，而是竭盡心力以哲學智慧來言說眞理。老莊是以「正言若反」、「詭辭爲用」的特殊言說方式來表達不可言說之大道，且以「致虛極、守靜篤」、「心齋坐忘」的修養工夫體證大道。

其次，先秦道家雖然提出了言意問題，並未引起人們普遍關注，諸子之間尚無人爲此而有所爭論。只是到了魏晉時期，由於玄學興起，人們競相注解《老子》、《莊子》和《周易》，圍繞如何體「道」，把握「本體」和領會所謂的「聖人之意」，言意問題逐漸成爲哲學上的中心議題之一，而有「言不盡意」與「言盡意」兩派爭論。魏晉玄學中，首倡「言不盡意」論的是荀粲。他析「言」爲「繫辭」和「繫表」；析「意」爲「意內」和「超意（意外）」。認爲微妙抽象的義理非具體繫辭所能表達，且「理之微」者，亦非物象之所舉，故持「言、象不盡意」之說。王弼的言意觀點比荀粲更進一步，標誌著玄學注經方法質的飛躍。他融合儒家「言不盡意」、「立象以盡意」以及道家的「得意忘言」于一爐，自創「忘言忘象得意」說之言意觀。郭象《莊子注》即以此爲立論根據，對《莊子》一書難以發揮之處，往往採取「寄言出意」、「忘言尋其說」、「善會其說」的方法論述其觀點。張湛「言意兼忘」則是延申郭象「入乎無言無意之域」的論點，與莊子超言意思想有密切關係。張韓「不用舌論」，說明至精之理（如性與天道），是不可得而聞，所以提醒人們「留意於言，不如留意於不言」。庾闡「蓍龜論」則在說明通達萬物，不在於蓍龜工具，而在於人本身內在的「神明」，故有言「是以象以求妙，妙得則象忘；蓍以求神，神窮則蓍廢。」此與王弼有著相同論旨。至於嵇康的〈聲無哀樂論〉有言：「夫言非自然一定之物，五方殊俗，同事異號，舉一名以爲標識耳。」「言」表示的概念不過是一個「標識」，這種「同事異號」的現象，說明「言」本身有其獨立的地位，「言」、「意」無固定不變的關係。歐陽建的「言盡意論」則是從語言與意義的一般關係爲核心的層面上，與從形而上學爲基礎或主流的「言不盡意論」有所區分。因此「言盡意」和「言不盡意」並非在同一層面上立論，而是判別言語傳達意義功能的兩套理論，因此不能構成有意義的「論辯」。〔註27〕試想：處在當今如此複雜紛擾

〔註27〕參見〈魏晉「言意之辨」的兩個層面〉，頁22。

的社會裡，人們當涵養相容開闊的胸襟，才能與萬事萬物和平共處、共存。尤其在處理像是言語或思想等較抽象內容的差異，所形成的衝突與矛盾的對立時，更需要以「和而不同」的相容心態來面對。即便是極端對立的思想或言論，只要人們願意且努力持之以恆地探索，必能尋繹出個別存在的特殊價值性。因而魏晉玄學言意之辨的實質內容，可以說是以「言不盡意」爲主流，以此爲核心，往形而下行的「言盡意」與朝形而上行之的「超言意」，皆因各家就不同的層面去探討言意關係，而各有其所見。

最後，綜觀上述言意之辨的淵源與發展，可知「言意之辨」實爲中國哲學史上一個重要學說。此學說對當世及後代皆有深遠的影響。一、玄學的建立：玄學家崇尚玄遠虛無之說，莫不以「言不盡意」之方法論來建構玄學的論述；以「得意忘言」之認識論爲其理論的依據。如王弼的「得意忘象說」和郭象的「寄言出意」，在注解、詮釋經典和文本時，不再同漢代只剿應章句訓詁，而是但求大義歸宗，並由此而達至儒道會通的目的，以及展開玄學的論述。〔註28〕由此可知玄學之建立，有賴於言意之辨。二、義理易取代象數易，是易學史上一次很重要的轉變：王弼以「得意忘言」的方法注易，掃除象數易的弊端，對宋代理學以義理解《易》有很大的影響。〔註29〕三、魏晉當時文論家接受「言不盡意」、「得意忘言」之宗旨，用來指導和分析文學創作，由此開創了文學創作中追求言外之意，玄外之旨，象外之趣以及言有盡而意無窮的美學旨趣。四、佛教亦受其魏晉玄學的影響，以「得意忘言」、「忘筌取魚」的方法，通達空義玄旨。五、禪宗更進一步以「不立文字、道在心悟」超言意的方式，透過主體的修養實踐來體證大道。總之，言意之辨淵源於道家，盛發於魏晉，對於玄學、易學、文學、佛學與禪學等各方面均有莫大影響。

筆者以爲本文不足之處，在於：中國哲學特殊的表意方式，其實是應與西方詮釋學之語言哲學相互比較，則本文第三章的內容，應當可多透過西方

〔註28〕 參見〈魏晉的言意觀〉，頁15～16。此文提到：魏晉玄學家詮釋經典，求其大義歸宗，此種將文本視爲開放的觀念，恰好符合現代詮釋學的精神。

〔註29〕 《四庫全書總目提要》論及《易》書研究發展的梗概，謂：「聖人覺世牖民，大抵因事以寓教。……而易則寓於卜筮。……漢儒言象數，去古未遠也，一變而爲京、焦。入於磯祥，再變而爲陳、邵，務窮造化，《易》遂不切於民用；王弼盡黜象數，說以老莊；一變而胡瑗、程子，始闡明儒理，再變而李光、楊萬里，又參證史事，《易》遂日啓其論端。」見清・永瑢、紀昀等撰，武英殿本《四庫全書總目提要》第一冊經部（臺北：臺灣商務印書館），頁1之54。

解釋學的諸多概念，而將魏晉學者的特殊表意方式作一解析，使其魏晉的語言哲學更能顯發出特有的意義，如此，也比較能夠使本文獲得更多合理且具體的論證依據。只是，受限於筆者時間與能力之不足，故無法全幅照應，因此，有關魏晉與西方語言哲學的比較，則有待他日能進一步地研究。

參考書目

一、專　著

【古籍】

1. 《全上古三代秦漢三國六朝文（二）》，嚴可均校輯，北京：中華，1958年。

2. 《文心雕龍註本》，范文瀾，香港：商務，1960年。

3. 《二十四詩品》，唐·司空圖，四部備要本，臺北：中華，1965年。

4. 《呂氏春秋》，高誘注，四部備要本，臺北：中華，1965年。

5. 《抱朴子》，葛洪，四部備要本，臺北：中華，1965年。

6. 《荀子》，荀況，四部備要本，臺北：中華，1965年。

7. 《嵇中散集》，嵇康，四部備要本，臺北：中華，1965年。

8. 《詩品》，鍾嶸，四部備要本，臺北：中華，1965年。

9. 《廣雅》，清·王念孫疏，四部備要本，臺北：中華，1965年。

10. 《文史通義》，章學誠著，王雲五主編，臺北：商務，1968年。

11. 《高僧傳》，梁·釋慧皎，臺北：廣文，1971年。

12. 《大正新修大藏經·第二冊·阿含部下》，臺北：新文豐，1973年。

13. 《大正新修大藏經·第八冊·般若部（四）》，《金剛般若波羅蜜經》，後秦·鳩摩羅什譯，臺北：新文豐，1973年。

14. 《大正新修大藏經·第十二冊·涅槃部》，臺北：新文豐，1973年。

15. 《大正新修大藏經·第二十五冊·釋經論部上》，《大智度論》，龍樹，臺北：新文豐，1973年。

16. 《大正新修大藏經·第四十五冊·諸宗部》，《肇論》，東晉·僧肇，臺北：

新文豐，1973 年。

17. 《大正新修‧大藏經‧第五十五冊‧目錄部》，《出三藏記集》，梁‧僧祐，臺北：新文豐，1973 年。

18. 《大正新修‧大藏經‧第六十五冊‧續論疏部》，《中論疏記》，安澄，臺北：新文豐，1973 年。

19. 《船山易學》，王船山，臺北：河洛，1974 年。

20. 《藝文類聚》，唐‧歐陽詢等撰著，文光，1974 年。

21. 《三國志》，晉‧陳壽撰，新校本二十五史，楊家駱主編，臺北：鼎文，1975 年。

22. 《晉書》，唐‧房玄齡，新校本二十五史，楊家駱主編，臺北：鼎文，1975 年。

23. 《漢書》，漢‧班固撰、唐‧顏師古注，臺北：鼎文，1975 年。

24. 《無求備齋墨子集成》，嚴靈峰編輯，臺北：成文出版社，1977 年。

25. 《嵇康集校注》，戴明揚，臺北：河洛，1978 年。

26. 《陸士衡文集》，陸機，四部叢刊初編，臺北：商務，1979 年。

27. 《滄浪詩話》，南宋‧嚴羽著，郭紹虞校釋，臺北：東昇，1980 年。

28. 《莊子》，郭象註，臺北縣，藝文，1983 年。

29. 《六祖壇經箋註》，釋法海撰、丁福葆註，臺北：文津，1984 年。

30. 《五燈會元》，宋‧普濟著，臺北：文津，1986 年。

31. 《陶淵明集校箋》，楊勇著，臺北：正文，1987 年。

32. 《說文解字注》，段玉裁，臺北：黎明文化，1988 年。

33. 《莊子集釋》，郭慶藩輯，臺北：華正，1989 年。

34. 《王弼集校釋》，樓宇烈校釋，臺北：華正，1992 年。

35. 《世說新語》，南朝宋‧劉義慶撰、梁‧劉孝標注，臺北：中華，1992 年。

36. 《周易》，魏‧王弼、晉‧韓康伯注、唐‧孔穎達正義，十三經注疏本，臺北縣：藝文，1993 年。

37. 《周禮》，漢‧鄭玄注、唐‧賈公彥疏，十三經注疏本，臺北縣：藝文，1993 年。

38. 《詩經》，漢‧毛亨傳、鄭玄箋、唐‧孔穎達正義，十三經注疏本，臺北縣：藝文，1993 年。

39. 《論語》，魏‧何晏集解、宋‧刑昺疏，十三經注疏本，臺北縣：藝文，1993 年。

40. 《文心雕龍》，劉勰，四部叢刊正編，臺北：商務。

41. 《四庫全書總目提要‧經部》，清‧永瑢、紀昀等撰，武英殿本，臺北：

商務。

42. 《列子集釋》，楊伯峻撰。

43. 《禪學大成》第四、五冊，臺北：中華佛教文化館影印。

【道家】

1. 《老莊研究》，嚴靈峰，臺北：中華，1966 年。

2. 《莊子今註今譯》，陳鼓應，臺北：商務，1975 年。

3. 《老子哲學》，張起鈞，臺北：正中，1980 年。

4. 《老莊思想論集》，王煜，臺北：聯經，1981 年。

5. 《先秦道家與玄學佛學》，方穎嫻，臺北：學生，1986 年。

6. 《老子校詁》，蔣錫昌，四川：成都古籍，1988 年。

7. 《莊子哲學》，陳鼓應，臺北：商務，1989 年。

8. 《老子的哲學》，王邦雄，臺北：東大，1990 年。

9. 《莊子內七篇思想研究》，高柏園，臺北：文津，1992 年。

10. 《禪與老莊》，吳怡，臺北：三民，1992 年。

11. 《莊子新釋》，張默生，臺北：明文，1994 年。

12. 《道家文化研究》第四輯，陳鼓應編，上海：上海古籍，1994 年。

13. 《老子今註今譯及評介》，陳鼓應，臺北：商務，1997 年。

【玄學】

1. 《新譯列子讀本》，莊萬壽，臺北：三民，1979 年。

2. 《魏晉四家易研究》，簡博賢，臺北：文史哲，1986 年。

3. 《正始玄學》，王葆玹，合肥：齊魯，1987 年。

4. 《郭象與魏晉玄學》，湯一介，中和市：谷風，1987 年。

5. 《王弼》，林麗真，臺北：東大，1988 年。

6. 《中國哲學發展史——魏晉南北朝》，任繼愈編，北京：人民，1988 年。

7. 《魏晉玄學史》，許抗生、陳戰國、李中華、那薇等著，陝西：陝西師範大學，1989 年。

8. 《魏晉思想與談風》，何啓民，臺北：學生，1990 年。

9. 《三國佛玄道簡論》，許抗生，合肥：齊魯，1991 年。

10. 《魏晉南北朝思想研究概論》，許抗生著，天津：天津教育出版社，1991 年。

11. 《王弼老學之研究》，高齡芬，臺北：文津，1992 年。

12. 《魏晉玄談》，孔繁，遼寧「新華，1992 年。

13. 《魏晉玄學探微》，趙書廉，河南：人民，1992 年。

14. 《魏晉清談》，唐翼明，臺北：東大，1992 年。

15. 《才性與玄理》，牟宗三，臺北：學生，1993 年。

16. 《魏晉思想》甲、乙編，湯用彤、袁行霈、容肇祖等著，臺北：里仁，1995 年。

17. 《玄學通論》，王葆玹，臺北：五南，1996 年。

18. 《魏晉南北朝文學思想史》，羅宗強，北京：中華書局，1996 年 10 月。

19. 《嵇康的音樂美學》，徐麗真，臺北：華泰文化，1997 年。

20. 《嵇康音樂美學思想探究》，張蕙慧，臺北：文津，1997 年。

21. 《魏晉名士與玄學清談》，蔡振豐，臺北：黎明，1997 年。

22. 《郭象玄學》，莊耀郎，臺北：里仁，1998 年 3 月。

23. 《新譯嵇中散集》，崔富章注譯，莊耀郎校閱，臺北：三民，1998 年 5 月。

24. 《嵇康：竹林玄學的典範》，曾春海，臺北：萬卷樓，2000 年。

25. 《嵇康論》，皮元珍，長沙，湖南人民出版社，2000 年。

26. 《兩漢魏晉哲學史》，曾春海，臺北：五南，2002 年。

27. 《玄智、玄理與文化發展》，戴璉璋，臺北：中央研究院中國文哲研究所，2002 年。

【佛教】

1. 《支道林思想之研究》，劉貴傑，臺北：商務，1982 年。

2. 《中國佛教史》任繼愈主編，北京：中國社會科學出版社，1985 年 11 月。

3. 《僧肇思想研究》，劉貴傑，臺北：文史哲，1985 年。

4. 《般若經講記》，印順法師，臺北：正聞，1992 年。

5. 《佛家哲理通析》，陳沛然，臺北：東大，1993 年。

6. 《金剛經說什麼》，南懷瑾，臺北：老古文化，1993 年。

7. 《禪意與化境》，金丹元，中國：上海文藝出版社，1993 年。

8. 《簡明佛學概論》，于凌波，臺北：東大，1993 年。

9. 《印度佛學的現代詮釋》，吳汝鈞，臺北：文津，1994 年。

10. 《肇論》，洪修平釋義，高雄：佛光，1996 年。

【中國哲學史通論】

1. 《中國哲學論集》，王邦雄，臺北：學生，1986 年。

2. 《日本學者論中國哲學史》，板橋市：駱駝，1987 年。

3. 《中國哲學的方法論問題》，馮耀明，臺北：允晨，1989 年。

4. 《中國哲學史新編》，馮友蘭，臺北：藍燈，1991 年。

5. 《中國哲學十九講》，牟宗三，臺北：學生，1993 年。

6. 《中國傳統哲學思維方式》，蒙培元，浙江：人民，1993 年。

7. 《唐君毅全集　中國哲學原論　導論篇　原道篇》，臺北：學生，1993 年。

8. 《新編中國哲學史》，勞思光，臺北：三民，1993 年。

9. 《中國哲學史》，王邦雄、楊祖漢、岑溢成、高柏園先生合編著，臺北縣：國立空中大學，1998 年。

【其他】

1. 《無求備齋學術論集》，嚴靈峰，臺北：中華，1969 年。

2. 《先知》，吉布蘭，臺南：大眾，1979 年。

3. 《理則學》，牟宗三，臺北：正中，1982 年。

4. 《中國古代文學創作論》，張少康，北京：北京大學出版社，1983 年 12 月。

5. 《語言哲學：意義與指涉理論的研究》，黃宣範，臺北：文鶴，1983 年。

6. 《名家與荀子》，牟宗三，臺北：學生，1985 年。

7. 《名理論》，維特根什坦著、牟宗三譯，臺北：學生，1987 年。

8. 《周易的自然哲學與道德函義》，牟宗三，臺北：文津，1988 年。

9. 《中國美學思想史》，敏澤，合肥：齊魯，1989 年。

10. 《易傳之形成及其思想》，戴璉璋，臺北：文津，1989 年。

11. 《邁向詮釋學論爭的途徑》，陳俊輝，臺北：唐山，1989 年。

12. 《語言與神話》，恩思特・卡西勒著、于曉譯，臺北：桂冠，1990 年。

13. 《劉熙載論藝六種》，徐中玉、蕭華榮整理，四川：新華，1990 年。

14. 《文心雕龍讀本》，王更生，臺北：文史哲，1991 年。

15. 《生命的學問》，牟宗三，臺北：三民，1991 年。

16. 《易學哲學史》，朱伯崑，臺北：藍燈，1991 年。

17. 《中國藝術精神》，徐復觀，臺北：學生，1992 年。

18. 《易經的生命哲學》，李煥明，臺北：文津，1992 年。

19. 《詮釋學》，帕瑪著，嚴平譯，張文慧、林捷逸校閱，臺北：桂冠，1992 年。

20. 《語理分析的思考方式》，李天命，臺北：鵝湖，1993 年。

21. 《理解的命運》，殷鼎，臺北：東大，1994 年。

22. 《語言、演譯邏輯哲學》，楊士毅，臺北：書林，1994 年。

23. 《讀者理解的反應批評》，伊麗莎白、弗洛恩德著，陳燕谷譯，板橋：駱駝，1994 年。

24. 《文化哲學講錄（六）》，鄔昆如，臺北：東大，1995 年。

25. 《開發精確的思考》，陶國璋，臺北：書林，1995 年。

26. 《人物志今註今譯》，陳喬楚註譯，臺北：商務，1996 年。

27. 《在非有非無之間》，湯一介，臺北：正中，1996 年。

28. 《思文之際論集：儒道思想的現代詮釋》，張亨著，臺北：允晨，1997 年。

29. 《中國的語言和文字》，竺家寧，臺北：臺灣：1998 年。

30. 《美學散步》，宗白華，上海：上海人民出版社，1998 年。

31. 《邏輯與人生——語言與謬誤》，楊士毅，臺北：書林，1998 年。

32. 《陶淵明研究》，臺北：九思。

二、期刊論文

1. 〈僧肇般若無知論析義〉，廖鍾慶，臺北：《鵝湖月刊》，1976 年 1 月。

2. 〈莊子的語言哲學及其表意方式〉，林鎮國，臺北：《幼獅月刊》第四十七卷第五期，1978 年 5 月。

3. 〈論嵇康的哲學思想〉，丁冠之，北京，《哲學研究》第四期，1980 年。

4. 〈論魏晉時代佛學和玄學的異同〉，石峻、方立天，北京，《哲學研究》第十期，1980 年。

5. 〈從張湛列子注和郭象莊子注的比較看魏晉玄學的發展〉，湯一介，北京，《中國哲學史研究》第一期，1981 年。

6. 〈陶詩與魏晉玄風〉，李文初，廣州，《暨南學報》第二期，1982 年。

7. 〈略論張湛的哲學思想〉，陳戰國，北京，《中國哲學史研究》第四期，1983 年。

8. 〈老子之基本概念——語意的悖論〉，岑溢成，臺北：《鵝湖月刊》一一五期，1985 年。

9. 〈陶詩的言約旨遠與玄學的言不盡意〉，朱家馳，內蒙古，《內蒙古大學學報》第三期，1985 年。

10. 〈言意之辨與魏晉名理（一）、（二）、（三）、（四）、（五）、（六）、（七）〉，吳甿，，臺北：《鵝湖月刊》第一一六、一一七、一一八、一二一、一二二、一二三、一二四期，1985 年 2、3、4、7、8、9、10 月。

11. 〈可道世界與不可道世界——「言意之辨與魏晉名理」餘論〉，吳甿，臺北：《鵝湖月刊》一二八期，1986 年 2 月。

12. 〈魏晉玄學言、意之辨與文學創作〉，孔繁，北京，《孔子研究》第三期，

1986 年。

13. 〈試論道德經的生命進路〉，莊耀郎，臺北：《臺灣師大中國學術年刊》第八期，1986 年 6 月。

14. 〈王弼易學的方法論思想〉，喻博文，北京，《中國哲學史研究》第三期，1987 年。

15. 〈魏晉玄學與意象形成的關係〉，郭外岑，蘭州，《西北師院學報》第二期，1987 年。

16. 〈言意之辨在魏晉玄學中的方法論意義〉，孫尚揚，北京，《中國哲學史》1987 年 2 月。

17. 〈中國文化發展中義理開創的十大諍辯〉，牟宗三主講、邱才貴整理，臺北：《鵝湖月刊》一四三期，1987 年 5 月。

18. 〈老子語言哲學試探〉，袁保新，臺北：《鵝湖月刊》一四八期，1987 年 10 月。

19. 〈周易的言不盡意論〉，任中杰，哈爾濱，《北方論叢》第二期，1989 年。

20. 〈思想就是使用語言〉，朱光潛，北京，《哲學研究》第一期，1989 年。

21. 〈魏晉玄學與言意之辨〉，劉宇，遼寧，《錦州師院學報》第二期，1989 年。

22. 〈魏晉言意之辨的發展與意象思維方式的形成〉，王葆玹，臺北：《中國文化月刊》第一一六期，1989 年 6 月。

23. 〈一場虛假的論辯——魏晉之際言意之辨剖析〉，余衛國，北京，《中國哲學史》，1990 年 1 月。

24. 〈魏晉「言意之辨」的形成及其意義〉，王曉毅，北京，《中國哲學史》，1990 年 1 月。

25. 〈言不盡意論的辯護〉，許艾瓊，瀋陽，《遼寧大學學報》第三期，1991 年。

26. 〈言意之辨與中國詩〉，程琦琳，江蘇，《江海期刊》第一期，1991 年。

27. 〈道家的邏輯與認識方法〉，傅佩榮，臺北：《臺大哲學論評第十四期，1991 年 1 月。

28. 〈說「不可說」——試析哲學言說形式與內容關係〉，張天昱，北京，《北京大學學報》，1991 年。

29. 〈論先秦儒道兩家的哲學方法——以論語、老子為中心〉，林義正，臺北：《臺大哲學論評》第十四期，1991 年 1 月。

30. 〈王弼易學中的玄思〉，戴璉璋，臺北：《中國文哲研究集刊》，1991 年 3 月。

31. 〈言意之辨與魏晉南北朝文學思維理論的發展〉，劉琦、徐潛，北京，《文

藝研究》，1992 年。

32. 〈嵇康的思維方式與魏晉玄學〉，岑溢成，臺北：《鵝湖學誌》第九期，1992年。

33. 〈魏晉玄學的方法論及其解析〉，毛文芳，臺北：《孔孟月刊》第三十卷第七期，1992 年。

34. 〈六朝玄音遠，誰似解人歸——大陸玄學研究四十年的回顧與反思〉，陳明，臺北：《書目季刊》第二十七卷第二期，1993 年。

35. 〈王弼言意觀初探〉，吳曉青，臺北：《中華學報》第四十三期，1993 年 3月。

36. 〈魏晉「言意之辨」的兩個層面〉，岑溢成，臺北：《鵝湖學誌》第十一期，1993 年 12 月。

37. 〈言意之辨：語言的局限性與文學的重要性〉，宋協立，山東，《文史哲》，1994 年 2 月。

38. 〈「言意之辨」導向文學的邏輯線索〉，陳引馳，廣東，《文藝理論研究》，1994 年 3 月。

39. 〈嵇康思想中的名理與玄理〉，戴璉璋，臺北：《中國文哲研究集刊》第四期，1994 年 3 月。

40. 〈論王弼《易》學的「得意忘象」說〉，張善文，北京，《中國哲學史》，1994 年 4 月。

41. 〈先秦儒家的言意觀初探〉，朱立元，北京，《中國哲學史》，1994 年 9 月。

42. 〈試論莊子的言意觀〉，朱立元、王文英，上海：《社會科學院學術季刊》總第四十期，1994 年 12 月。

43. 〈魏晉反玄思想析論〉，莊耀郎，臺北：《臺灣師大中國學術年刊》第二十四期，1995 年 6 月。

44. 〈從象數到本體——漢魏之際思維方式的演變〉，王曉毅，臺北：《哲學與文化》，二十二卷第七期，1995 年 7 月。

45. 〈王弼老學之詮釋及影響〉，胡興榮，北京，《中國哲學史》第一期，1996年。

46. 〈老子「超禮歸道」型的禮樂思索〉，李正治，臺北：《鵝湖月刊》第二十二卷第六期，1996 年 12 月。

47. 〈玄學影響文論的橋樑〉，黃應全，北京，《文藝研究》第四期，1997 年。

48. 〈言、象、意簡論〉，陳道德，北京，《哲學研究》第六期，1997 年。

49. 〈魏晉玄學中的教育思想及其特色〉，曾美雲，臺北：《臺大中國文學研究》第十一期，1997 年 5 月。

50. 〈思想研究法綜論——以中國哲學爲例〉，王開府，臺北：《臺灣師大國

文學報》第二十七期，1997 年 6 月。

51. 〈魏晉玄學及臺灣近五十年來研究之回顧與展望〉，曾春海，臺北：《哲學雜誌》第二十五期，1998 年 8 月。

52. 〈比較王弼與程頤的「易」注及本體論〉，曾春海，臺北：《哲學與文化》二十五卷第十一期，1998 年 11 月。

53. 〈郭象《莊子注》的方法論〉，莊耀郎，臺北：《臺灣師大中國學術年刊》第二十期，1999 年 3 月。

54. 〈得意忘言與言意之辨〉，袁正校、何向東，重慶，《西南師範大學學報》第三期，1999 年。

55. 〈試論老子的辯證思維〉，杜方立，臺北：《鵝湖月刊》第二九四期，1999 年 3 月。

56. 〈支道林思想析論〉，周雅清，臺北：《臺灣師大中國學術年刊》第二十三期，2002 年 3 月。

57. 〈魏晉的言意觀〉，莊耀郎，第一屆中國文學與文化全國學術研討會，2002 年 11 月 15 日。

三、學位論文

1. 《金剛般若經空義的研究》，陳素卿，臺灣大學哲學研究所碩士論文，1980 年 5 月。

2. 《莊子思想中道之可道與不可道》，何保中，臺灣大學哲學研究所碩士論文，1982 年 6 月。

3. 《魏晉清談及其名題之研究》，林顯庭，文化大學哲學研究所博士論文，1983 年 4 月。

4. 《老子形上思想之詮釋與重建》，袁保新，文化大學哲學研究所博士論文，1983 年 12 月。

5. 《莊子吊詭語言之研究——一個比較哲學之探究》，林永崇，東海大學哲學研究所碩士論文，1986 年 5 月。

6. 《魏晉玄理與玄風之研究》，江建俊，文化大學哲學研究所博士論文，1986 年 12 月。

7. 《言意之辨——魏晉玄學對語言的反應及其影響》，孫大川，輔仁大學哲學研究所碩士論文，1987 年 6 月。

8. 《魏晉清談主題之研究》，林麗真，臺灣大學中文研究所博士論文，1987 年。

9. 《老子的名言觀研究》，陳信義，文化大學哲學研究所碩士論文，1988 年 6 月。

10. 《魏晉言意之辨研究》，施忠賢，中央大學中文研究所碩士論文，1990 年1 月。

11. 《莊子一書中有關「語言」問題的初步探討》，簡婉君，輔仁大學哲學研究所，碩士論文，1991 年 5 月。

12. 《王弼玄學》，莊耀郎，臺灣師大國文研究所博士論文，1991 年 6 月。

13. 《嵇康聲無哀樂論之音樂美學研究》，徐麗真，臺灣師大國文研究所碩士論文，1991 年 6 月。

14. 《莊子哲學研究──論名言的限制與真知的價值》，蔡偉仁，輔仁大學哲學研究所碩士論文，1992 年 6 月。

15. 《魏晉言意之辨與魏晉美學》，劉繩向，輔仁大學哲學研究所碩士論文，1992 年 7 月。

16. 《老子哲學之方法論》，林秀茂，臺灣大學哲學研究所博士論文，1994 年。

17. 《王弼言意之辨研究》，吳曉菁，政治大學中文研究所碩士論文，1995 年 6 月。

18. 《王弼言意理論及其玄學方法》，蔡振豐，臺灣大學中文研究所碩士論文，1995 年 6 月。

19. 《老子語言哲學研究》，伍志學，臺灣大學哲學研究所博士論文，1995 年 6 月。

20. 《佛學經論中空性之研究》，丘奕祥，香港能仁書院哲學研究所碩士論文，1995 年 6 月。

21. 《言盡意論與言不盡意論》，賴卓彬，香港新亞研究所哲學組碩士論文，牟宗三先生、吳明，1995 年 6 月。

22. 《張湛『列子注』貴虛思想研究》，吳慕雅，政治大學中文研究所碩士論文，1995 年 6 月。

23. 《王弼玄學與魏晉名教觀念的演變》，周大興，文化大學哲學研究所博士論文，1995 年 12 月。

24. 《嵇康「論文」及其玄學方法研究》，崔世崙，臺灣師大國文研究所碩士論文，1997 年 12 月。

25. 《張湛「列子注研究」》，周美吟，臺灣師大國文研究所碩士論文，2001 年 6 月。

26. 《成玄英思想研究》，周雅清，臺灣師大國文研究所碩士論文，2002 年 5 月。

陶淵明的生命哲學

鄭宜玟　著

作者簡介

鄭宜玟，東海大學哲學系博士班、東海大學哲學系碩士、東海大學哲學系學士、國立中興大學外文系學士。現為靜宜大學、朝陽科技大學兼任講師。專長領域為魏晉玄學、中國美學、道家哲學、生命哲學、柏拉圖哲學、英美文學。已發表論文為〈從齊克果對蘇格拉底「反諷」的批評論柏拉圖之「愛」〉（2008 年）、〈阮籍「達莊論」的莊學思想〉（2008 年）、〈巴塔耶的色情理論〉（2009 年）。

提　　要

摒棄傳統陶詩以田園詩之研究方向不論，本論文擬就生命哲學之義理方面深入探究其奧義。在研究方向上，本論文將陶公詩文概分為「田園詩」與「非田園詩」兩大類，於「非田園詩」中，析論其是否寓寄生命哲學；於「田園詩」中，以傳統田園詩的分析為原始基礎，進一步檢視其樂天知命、融契自然之意境中所寓寄的弘道心聲，是否亦為生命哲學之展現。另外，從陶淵明的生平及時代背景當中，簡述魏晉時期在哲學發展中之重要性，以及魏晉哲學（玄學）開展過程的特殊背景。

陶淵明的生命哲學，思想來源主要有四：一、儒家思想；二、道家思想；三、玄學思想；四、自己的創獲。此外，就陶淵明詩對生命哲學產生之作用加以分析，以探討陶詩對各家學派所產生的融合之作用、對美學上的進一步思考之課題，以及對認識論或心理學上的作用之探討。

本論文對於陶淵明的生命哲學之主題展現，以陶詩內容為區分，概略處理了七大生命課題：
一、仕、隱抉擇
二、生命意義
三、生死之學
四、家庭教育
五、感惠冥報
六、人格平等
七、文化擔當

陶淵明於仕、隱抉擇上，選擇謝仕返耕、保性全真之路。於生命意義上，揭顯主體創造、融入自然，則生命無盡之道。於生死之學上，勉人惜生、好活，而以達觀、知命，超脫死亡之蔭。於家庭教育上，採開放、引導式的身教重於言教之方式。於感惠冥報上，肯定受惠必報，精誠之至、冥報可能之諦。於人格平等上，標揭生命無價、人格等貴、四海同胞之義。於文化擔當上，以固窮志節、心靈創造來傳世代相續之弘道火苗，庶文化之慧命長流不竭，挺顯捨我其誰之文化擔當。

目

次

第一章　緒　論

第一節　研究動機

陶淵明素有「田園詩人」之雅號，〔註1〕筆者幼時，隨人云亦云，也僅將陶淵明以田園派之詩人或專寫農家樂之詩人視之，未嘗正視其詩文中含藏之抽象義理及生命哲思。

年齒漸長，閱覽稍廣，始得陸續接觸其〈歸去來辭〉、〈歸園田居詩〉，雖時值青少之年，心猶嫩澀，卻相當欽佩其「不爲五斗米折腰」〔註2〕之豪情和退仕返耕之勇志，然而，內心仍未能根除視其爲田園派詩人之印象。

及至近年，在哲學殿堂游處數載，蒙受諸多師長惠以文哲薰育之下，漸有機會詳讀陶公之〈飲酒詩〉、〈形影神贈答釋詩〉，始發覺陶淵明文集中，專言人生哲理而非田園詩之篇幅，反而比田園詩多；這些「非田園詩」每一首

〔註1〕例如劉大杰《中國文學發展史》第九章〈魏晉詩人〉第三節之標題即爲「田園詩人陶淵明」。1974年，臺北中華書局，頁242。又，方祖燊《陶淵明》第二節第（二）項之標題亦曰「田園詩人」，見巨流圖書公司所編《中國文學講話・（五）魏晉南北朝文學》之第一篇第十三單元，頁242。

〔註2〕見《宋書卷九十三・隱逸傳之陶潛傳》：「以親老家貧，起爲州祭酒，不堪吏職，少日自解歸。州召主簿，不就，躬耕自資，遂抱羸疾。復爲鎮軍、建威參軍，謂親朋曰：『聊欲絃歌，以爲三徑之資可乎？』執事者聞之，以爲彭澤令。在縣公田悉令種秫穀，曰：『令吾常醉於酒足矣。』妻子固請種粳，乃使一頃五十畝種秫，五十畝種粳。素簡貴，不私事上官。郡遣督郵至縣，吏白應束帶見之，潛歎曰：『吾不能爲五斗米折腰，拳拳事鄉里小人邪！』義熙二年，解印去縣，乃賦《歸去來》。」

都寓含著對生命的發領與悟覺，深刻度不下於哲學家對生命意義之觀解，他所發領之生命哲學包括：一、天人關係，二、生活美學，三、生死學，四、生命境界與存在意義，五、文化使命與弘道理想等等。

而表面看似田園詩的部份，也並非整首都在描寫田園風光，而係藉由田園生活之敘述，寓寄其樂天知命、融入自然之價值觀；田園風景只是詩文表象，生命意境方是其創作之內涵。

職是之故，筆者擬藉碩士論文之撰寫，研探陶公詩文中蘊含之多項生命哲學，藉此鑽研及述寫，除可深切地和這位達觀哲人兼詩人對話之外，還可順勢磨鍊另外兩項額外的進益，即：一方面學習知人論世之功夫，〔註3〕另方面更憑以砥礪自我、奮勉情操，以備將來入世而不拘泥於俗役之用。

古今論究陶公詩文之著作極多，但大部份偏重在對陶淵明文學造詣之討論；只有較少部份是討論其人生哲學或生命意境者，然而，縱使只是後者亦代不乏人。本論文之寫作，限於閱識、精力、時間等條件，只能視需要，盡量參考前述之著作。就論文寫作極其看重相關資料蒐集之模式言，勢或免不了井蛙之譏、遺珠之憾；但筆者實更著志於直接探析原典，直接揣摩、契會陶公之生命境界或人生哲學。所以本章所提之研究方法，暫不提引如何援用前人資料之課題，而直接規劃自己如何對原典作出文內之意與言外之意的釐清，以探究其中之哲思主題、生命意蘊，以及價值境界。研究方向茲敘述如下：

一、先分陶公作品為田園詩文與非田園詩文兩類。

二、於非田園詩文中，先論析其是否寓指某項生命哲學，此所謂生命哲學，概分六類：

（一）人生觀（天人關係）

（二）生活美學

（三）生死學

（四）生命境界與存在意義

（五）文化使命與弘道理想

（六）三層自我之對話

三、於田園詩文，再析究其是否純為田園風光、農家生活樂趣之描寫，還是寓寄著另外一份樂天知命、融契自然，甚至是文化使命或弘道心聲之意境，若屬後者，當然也需進一步檢視其中之生命哲學。

〔註3〕《孟子》〈萬章〉：「讀其書，不知其人，可乎？是以論其世也。」

　　當自行解讀原典遭遇瓶頸而窒礙之時，始尋閱前人論著之針對此一課題所提出之論著或相關資料，參考之、通銓之、援引之，以助本論文之推展及完成。

第二節　生命哲學的特質

　　生命哲學（Philosophy of Life）是在十九世紀末至二十世紀初，盛行於歐洲德、法等國的一種具有非理性主義特徵的哲學思潮；生命哲學藉由對生命的揭示，進而推及對整個世界的揭示。生命哲學以揭示人的生命之性質和意義為哲學探究的核心，以此核心為出發點，向外推及人的情感、意志等心理活動的存在和實踐，進而推及人的歷史、文化層面，乃至於人與社會、人與自然的關係。

　　生命哲學即使有許多不同的流派，如德國的狄爾泰（Wilheim Dilthey, 1833～1911）〔註4〕、齊美爾（Georg Simmel, 1853～1918）〔註5〕、奧坎（Rudolf Christoph Eucken, 1846～1926），〔註6〕以及法國的柏格森（Henri Bergson, 1859～1941）〔註7〕等等，各家雖然各有其對生命哲學的不同觀點，然而生命哲學家仍有共通之處，其共同的特質即是，不將生命視為物質或精神、感性或理性的實體，更反對將世界上各種事物或現象還原成簡單的、一元論的、物理性的物質或精神存在。生命哲學的共同特徵是，生命是主體對自己存在的體驗與領悟，是一種生生不息、心靈的內在沖動和變化。

　　自古以來，自然科學為人類揭示了一個具有線性軌跡的世界圖像，其結構嚴謹、簡單，且規律。在這個機械論層面的思維中，知識的累積與效能之運用令人讚嘆不已，然而，人們對於生命深層問題的思考，尤其是人們自身思維的奧妙，至今仍是無解的課題。

　　相對於主流的機械論思維而言，生命哲學所關注的是人們的內在、具有驅力的人文價值。生命哲學乃是揭示生命的內在意義，即回歸人的原始起點，

〔註4〕劉放桐等編著《新編現代西方哲學》，北京：人民出版社，2003年，頁124～127。

〔註5〕同註4，頁127～129。

〔註6〕常健、李國山編著《歐美哲學通史·現代哲學卷》，天津：南開大學出版社，2003年，頁101～110。

〔註7〕同註6，頁111～119。

探討生命存在的價值與意義；在此層面上，生命哲學的眞諦無法以自然科學的單一結構式分析加以揭示。生命哲學強調從外部機械必然性向人的內部本質回歸，而同時亦包容了對自然科學的認識。生命哲學的基本意義，即尋找綜合的基礎，將自然科學與人文主義相結合。

　　生命哲學並不是一項新的範疇，而是一個古老的視角。本論文嘗試以魏晉時代的陶淵明爲研究對象，探討陶詩中對生命哲學揭顯的義理，以證成生命哲學之人文價值與生命眞諦。

　　安貧樂道與歌誦自然，不僅是陶淵明的生命情調與人生旨趣，亦可視爲陶詩的藝術創作特徵。詩中多用自省式的筆調，既無矯情也無雕琢，僅爲了傳達深刻的生命哲理而創作。魏晉時代的玄學思想過度膨脹的結果，使得詩歌的某些功能成爲老莊思想的枯燥注疏，而逐漸偏離了詩的藝術本質。陶淵明將此種時代產物下的詩作，注入他對生命的哲學思考，展現出平凡生活中的哲理；也爲後世的士大夫，提供一個或仕或隱的新思維。

第二章　陶淵明之生平與時代背景

第一節　時代背景

　　陶淵明生值東晉季葉(晉哀帝興寧三年～宋文帝元嘉四年。西元365～427年)，正處於魏晉玄學發展漸至末期，也是六朝佛學方興未艾之際；此時之儒學雖弱闇，並未消匿。在政治上，則屬於一個老舊政權氣運耗微，即將要有所鼎革之時段。陶淵明就處在這種舊業新統轉折推移之分水嶺上，茲分數項述之如下：

一、政治上新舊勢力之起落

　　東晉帝室，經過叛臣桓玄、海賊孫恩之亂後，元氣大傷，嗣君庸弱；而平定此二亂事之功臣劉裕，則勢力增壯，羽翼漸豐；明眼人都會察覺鼎革之兆已萌、新舊消長之勢已生。

　　陶淵明也是一位政治嗅覺絕佳及政治敏感度一流的人，他當然知道，這時只要向劉裕靠攏、示好，日後即可生活富貴、仕途得意，機運大好，但他的曾祖父陶侃曾是平定蘇峻之亂而中興東晉帝業的最大功臣，進位至長沙公；陶淵明本人雖未世襲到此一爵位，但整個陶氏家族都視此為莫大殊榮；所以淵明面對劉裕在政壇上的崛起——王業漸隆——可謂身份特殊，因此而更加面臨選擇或態度上的尷尬。

　　但尷尬期不會太長，陶淵明在四十一歲左右，即已確定自己不再走入政壇，遠離政治風暴的漩渦，而決定終生守志隱居於廬山東北坡下的潯陽、柴桑地界。

二、儒家思想久微而未喪

陶淵明之時代，學壇處於魏晉玄學蓬勃發展了兩百多年而漸至尾聲之際，其主流地位已漸被佛學所取代；此時之儒家思想雖已久不居學壇之要津，並未消匿，仍在知識份子心中保有一定之地位，儒學內容之被玄學家、佛學家捨棄者，大抵只是兩漢以章句家法訓詁六經之風，以及太過與陰陽、象數、讖緯掛鉤結合之部分。孔、孟之原典——《論語》、《孟子》以及《六經》，大致上仍受尊重，但只有少數人肯發下勤勉工夫而加以深研的；而陶淵明即是這少數人的其中之一。但他並非完全繼承或想以此名家；他只是隨方取用而落實到生活應對之中，或在生命實踐方面加以發揮而已。

三、魏晉玄學指向發展末期

魏晉玄學自魏代何晏提倡「貴『無』」之論，王弼改提「崇本舉末」、「應物無累」、「得意忘言」思想；到西晉向秀、郭象提出「物自生自化」「道之體為全有」之說，可謂波瀾起伏；〔註1〕發展到東晉，卻已無新說鮮論，而發生照單全收之狀況，這可由東晉中期張湛注解《列子》之態度得知箇中趨勢或消息；張湛注《列子》的撰寫態度或文筆特色是：大量引用他所佩服的專家之言，而盡量不顯自己傾向何種學派宗旨。故他的注文時而引用何晏之言、時而引述王弼之學、時而引介向秀之論，更時而單引郭象之說，甚至少數幾處引敘了漢魏人對佛教初步嘗涉下的生澀佛義；他本人卻不表示派別傾向；〔註2〕可見東晉的玄學思想，已走向全盤接納魏、西晉以來所有的玄學派別，而這也算是一種玄學研究的趨勢或態度。

陶淵明處於這樣的玄學風氣之下，卻不依樣畫葫蘆而對兩百年來的玄學諸派做出照單全收、照本宣科的動作。他反而採取直探老子、莊子思想本源之態度，直接從老子、莊子原典汲取能供生活上、思想上獲益、受用之源泉或養份。不過，若硬要說在魏晉玄學派別上，他還是必須有所選擇的話，則毋寧是傾向於贊同王弼之理論的；這可以從他的〈飲酒〉第十三首：

> 結廬在人境　而無車馬喧
>
> 問君何能爾　心遠地自偏
>
> 採菊東籬下　悠然見南山

〔註1〕見劉大杰《魏晉思想論》，臺北：中華書局，1967年，頁202～205。
〔註2〕見湯一介《郭象與魏晉玄學》，臺北：中和谷風出版社，1987年，頁71～79。

　　　山氣日夕佳　飛鳥相與還

　　　此中有眞意　欲辨已忘言

直接取用王弼的「應物無累」、「得意忘言」之說而看出來。

四、佛學思想方興未艾

　　佛教思想自東漢中葉傳入中土，歷經漢末、魏代至西晉初之譯經、講經時段，再歷西晉末、東晉初之「格義」佛學風氣，而到東晉中期佛學界推出了「六家七宗」之解空流別；可謂波瀾壯闊，其中尤以大乘空宗之思想日漸興顯；再經東晉末鳩摩羅什入長安，大量翻譯大小乘經、論數十部，其中有數部是針對漢末支讖、吳支謙、西晉竺法護等人所譯經典有所謬失而重新翻譯者，譯講之時並順勢宣揚其「畢竟空」之宗義，大乘空宗儼然躍居中土佛學之主流；可是就在這時，江西廬山有一位法師慧遠卻提倡回歸印土佛教之運動，除主張印度原始及部派佛教教義皆應認究之外，還宣揚彌勒淨土之信仰與修行實踐，在廬山結「蓮社」，倡導一種生時崇拜淨土諸佛、死後轉生兜率天之思想，網羅不少當時僧俗兩界之高士參加，並頻頻向隱居於廬山山腳下的陶淵明招邀、示意。

　　陶公面對大環境之時代顯學──佛學（尤其是大乘空宗），又面對小環境之廬山顯學──蓮社（淨土崇拜），卻堅貞卓絕地守住本土學術思想──「儒、道、玄」三家之本旨一而求取安身立命之方，不亢不卑，雖與慧遠有所過往而不入其蓮社；雖對佛學有一定程度之認知，卻不入教也不賴之增益涵養。〔註3〕可謂本土學術之中流砥柱、力抗狂瀾而不倒，儼然是位堅守份際之本土思想家。

第二節　陶淵明之生平

　　陶淵明（西曆紀元 365～427 年），又名「潛」，字「元亮」，號「五柳先生」，諡號「靖節先生」，尋陽柴桑（今江西九江附近）人。

　　辭彭澤令，可視爲陶淵明一生前後兩個時期的主要分界線。辭官之前，他內心不斷在涉足官僚與歸隱山林這兩種子然不同的自我定位中矛盾掙扎不

〔註3〕陳寅恪《論文集・陶淵明思想與魏晉清談之關係》，謂：「淵明作品……絕不發現其受佛教之影響。以淵明之與蓮社諸賢生既同時，居復相接，除有人事交際之記載而外，其它若蓮社高賢傳所記：聞鐘、悟道等說，皆不可信之物語也。陶集中詩文，實未見贊同或反對能仁教義之單詞隻句。」頁 323。

休。最後，他決定辭官，且堅定了隱居的決心，從此過著躬耕畎畝，隱居出世的生活，然而他的心情卻不平靜：

> 日月擲人去，有志不獲騁。念此懷悲淒，終曉不能靜。〔註4〕

他在詩裏再三描述隱居的樂趣，並且表達隱居的決心，這固然是陶公對生活的眞實的感受，然而，吾人亦可將其視爲陶公堅定自己決心的一種方法。

> 且共歡此飲，吾駕不可回。〔註5〕

> 托身已得所，千載不相違。〔註6〕

辭彭澤令之後，陶公拒絕了再度出仕的機會。晉朝末年，朝廷曾征他爲著作佐郎，辭不就任。直到劉裕篡晉建立宋朝，陶淵明在此一複雜的政治背景下，更厭倦了仕途。及至晚年，他貧病交迫，仍不改其風骨。

> 江州刺史檀道濟往候之，偃臥瘠餒有日矣。道濟謂曰：「賢者處世，
> 天下無道則隱，有道則至。今子生文明之世，奈何自苦如此？」對曰：
> 「潛也何敢望賢，志不及也。」道濟饋以梁肉，麾而去之。〔註7〕

陶公於去世前寫了一篇《自祭文》，

> 人生實難，死如之何？嗚呼哀哉！

死後，陶公被封以諡號曰「靖節先生」。好友顏延之爲其所寫的誄文並成爲研究陶淵明的重要資料。

陶公的傳記散見於《宋書》、《晉書》、《南史》。

陶淵明之生平事蹟，今人楊勇於香港所作《陶淵明年譜》，述之甚詳，茲依據此年譜，擇其最重要，且與其人生觀、價值觀、政治立場之轉折，或擇定具關鍵性指標者，條列於下列之附錄中。

附　錄

△東晉哀帝興寧三年乙丑（西曆紀元365年）生

△東晉孝武帝太元十五年庚寅（西曆紀元390年）二十六歲
　娶妻。

△太元十六年辛卯（西曆紀元391年）二十七歲

〔註4〕見《雜詩》其二。
〔註5〕見《飲酒》其九。
〔註6〕見《飲酒》其四。
〔註7〕見蕭統《陶淵明傳》。

長子儼生，作〈命子詩〉。

△太元十八年癸巳（西曆紀元 393 年）二十九歲

次子俟生。

起爲州祭酒；不堪吏職，少日，自解歸。

△太元十九年甲午（西曆紀元 394 年）四十歲

州召主簿，不就；躬耕自資，遂抱羸疾。

三子份、四子佚生；乃雙胞胎。

原配夫人卒。

△太元二十一年丙申（西曆紀元 396 年）三十二歲

繼娶翟氏。

△東晉安帝隆安三年己亥（西曆紀元 399 年）三十五歲

在江陵桓玄幕。

五子佟生。

△隆安四年庚子（西曆紀元 400 年）三十六歲

五月中，從都還。淵明此行殆奉桓玄命使都，公畢便道歸省。

七月，赴假還江陵。

△東晉安帝元興三年甲辰（西曆紀元 404 年）四十歲

始作鎮軍參軍。

△東晉安帝義熙元年乙巳（西曆紀元 405 年）四十一歲

三月，爲建威將軍參軍，使都，經錢溪。

八月，補彭澤令；十一月，自表解職。

〈歸去來兮辭並序〉曰：

余家貧，耕植不足以自給。幼稚盈室，缾無儲粟，生生所資，未見其術。親故多勸余爲長吏，脫然有懷，求之靡途。會有四方之事，諸侯以惠愛爲德；家叔以余貧苦，遂見用於小邑。於時風波未靖，心憚遠役。彭澤去家百里，公田之利，足以爲酒，故便求之。及少日，眷然有歸歟之情。何則？質性自然，非矯厲所得；饑凍雖切，違已交病。嘗從人事，皆口腹自役。於是悵然慷慨，深愧平生之志。猶望一稔，當斂裳宵逝。尋程氏妹喪於武昌，情在駿奔，自免去職。仲秋至冬，在官八十餘日。因事順心，命篇曰〈歸去來兮〉。乙巳歲

十一月也。

△**義熙九年癸丑**（西曆紀元 413 年）**四十九歲**

作〈形、影、神贈、答、釋〉詩。

△**義熙十三年丁巳**（西曆紀元 417 年）**五十三歲**

作〈飲酒〉詩。

詔徵著作佐郎，不就。

作〈桃花源記〉並詩。

△**東晉恭帝元熙二年；宋武帝永初元年，庚申**（西曆紀元 420 年）**五十六歲**

江州刺史王弘欲識之，不能致。

劉裕篡晉，改國號曰宋，改元曰永初。

陶公於所著文章，皆題其年月，義熙以前，則書晉氏年號；自永初以來，唯識甲子而已。

△**永初三年壬戌**（西曆紀元 422 年）**五十八歲**

作〈閑情賦〉。

△**宋文帝元嘉三年丙寅**（西曆紀元 426 年）**六十二歲**

作〈乞食詩〉。

△**元嘉四年丁卯**（西曆紀元 427 年）**六十三歲，卒。**〔註 8〕

〔註 8〕以上節錄自楊勇《陶淵明集校箋‧陶淵明年譜》，香港中文大學出版，頁 400
～465。

第三章 〈閑情賦〉的謝仕返眞之人生哲學

第一節 〈閑情賦〉所隱藏之千古難解的主題

　　〈閑情賦〉是陶集內最難讀懂的一篇，從文字表面看起來，極像一位單戀者的告白，告白著他長久以來單戀某位心儀對象之苦。〔註1〕這就與陶集中其他篇章皆表現著堅毅志節、瀟灑風範、豁達胸襟，或田園趣味之風格不符。難怪梁昭明太子蕭統說這一賦在陶集裡造成了「白璧微瑕」〔註2〕的遺憾。蘇東坡極力爲這一賦的出現做出辯護，說：

> 國風好色而不淫，閑情一賦，正使不及周南，與屈宋所陳何異？而統大譏之，此乃小兒強作解事者。〔註3〕

　　東坡認爲閑情賦仍屬眞情流露的上乘之作，並不會妨礙或減低陶集的優質本色。其實東坡也跟蕭統一樣，認爲它是一篇涉入私秘感情而表現惶惑羞赧心境之作。然而，兩人可能沒讀懂它；換言之，兩人並未警覺到，「賦」原本帶有「勸百而諷一」〔註4〕的特性；「諷」即用影射法寓寄諫正，所影射而寓寄的唯一主題，並不在賦中直接說出，而是靠襯托做出暗喻、藉譬況而迂

〔註1〕今人方祖燊在其《陶淵明》一文中即以此賦爲陶「愛上了一個漂亮的少女」之後所寫的「一段愛情生活」，見巨流圖書公司所編《中國文學講話・五》，頁235。

〔註2〕昭明太子〈陶靖節文序〉。

〔註3〕清陶澍《陶淵明集》注引。卷五，頁5，下。

〔註4〕揚雄《法言・吾子》或曰：「賦可以諷乎？曰：諷乎！諷則已；不已，吾恐不免於勸也。」

迴投映，至於所襯托、所暗喻，所投映的主題，則等待明眼人來察覺。太子與東坡兩人皆針對文面表現而做出批評或辯護、未曾警覺並挖掘其中寄寓、含蓄之內情，似猶未察覺這一賦所隱藏的主題所在。有必要秉承「賦法：勸百而諷一」之標準重新檢視這篇原典之深切意涵。

第二節　主文分析

原文一開始即用一大段之篇幅描寫一位美人之神儀風姿：

夫何瓌逸之令姿，獨曠世以秀群。表傾城之豔色，期有德於傳聞。

佩鳴玉以比潔，齊幽蘭以爭芬。淡柔情於俗內，負雅志於高雲。

悲晨曦之易夕，感人生之長勤；同一盡於百年，何歡寡而愁殷！

襃朱幝而正坐，泛清瑟以自欣。送纖指之餘好，攘皓袖之繽紛。

瞬美目以流眄，含言笑而不分。曲調將半，景落西軒。

悲商叩林，白雲依山。仰睇天路，俯促鳴弦。

神儀嫵媚，舉止詳妍。激清音以感餘，願接膝以交言。

陶公以一位令人心儀傾慕的美人而自己也深受吸引為喻，譬況生涯中一度渴望求取之可慰悅自我的目標、對象，其所影射或襯托的是從政入仕這一事。每個讀書人，尤其是經過儒家思想洗禮的年輕人，都對從政抱有一份企盼與渴求，子路說出「不仕，無義」〔註5〕正代表著孔門儒生們秉持「入仕始克淑世」的價值觀；戰國時代寫成的《禮記‧大學》篇，更明揭儒門在修身齊家之後自許資材可以「治國、平天下」〔註6〕的期許與狂熱。

陶淵明在賦中剖析道：其實他的內在也有一份想要入仕從政的自我，每天盼望朝廷的徵召或公卿的荐舉，至少地方大員（州刺史）的聘辟也不錯。他一開始就以濃豔的筆觸，描繪著美人的高貴靚雅，影射「政治」是那麼地惹人愛戀與眷慕，讓人想攀附結緣或毛遂自薦，卻因另一份內向在兀傲耿介的自我屢屢擔心遭受冷眼，而徘徊惶惑，以致神魂飄盪、患得患失；原文如下：

欲自往以結誓，懼冒禮之為愆；

待鳳鳥以致辭，恐他人之我先。

意惶惑而靡寧，魂須臾而九遷。

〔註5〕《論語‧微子第十八》第七條。
〔註6〕《禮記‧大學篇》八條目之最後二目。

接下來，他更用「十願」表白這份自我對於入仕從政的渴望；但陶公內在還有另一份現實而冷靜的自我，屢屢澆前一自我以冷水，並爲前一自我數說政壇的冷暖與辛酸，尤其強調而指出：一旦在政壇失寵失勢之後的悲涼下場，是很悽慘落寞的；他在每一個願渴之下，立即配上一個失落下的心情狀況，對照效果甚工甚切：

> 願在衣而爲領，承華首之余芳；悲羅襟之宵離，怨秋夜之未央。
> 願在裳而爲帶，束窈窕之纖身；嗟溫涼之異氣，或脫故而服新。
> 願在發而爲澤，刷玄鬢於頹肩；悲佳人之屢沐，從白水而枯煎。
> 願在眉而爲黛，隨瞻視以閒揚；悲脂粉之尚鮮，或取毀於華妝。
> 願在莞而爲席，安弱體於三秋；悲文茵之代御，方經年而見求。
> 願在絲而爲履，附素足以週旋；悲行止之有節，空委棄於床前。
> 願在晝而爲影，常依形而西東；悲高樹之多蔭，慨有時而不同。
> 願在夜而爲燭，照玉容於兩楹；悲扶桑之舒光，奄滅景而藏明。
> 願在竹而爲扇，含淒飆於柔握；悲白露之晨零，顧襟袖以緬邈。
> 願在木而爲桐，作膝上之鳴琴；悲樂極而哀來，終推我而輟音。

經此對話，兩層自我，同時消沈、落寞了下來，陶公用頗長的篇幅描述這種心境：

> 考所願而必違，徒契契以苦心。擁勞情而罔訴，步容與于南林。
> 棲木蘭之遺露，翳青松之余陰。儻行行之有覿，交欣懼於中襟；
> 竟寂寞而無見，獨悁想以空尋。斂輕裾以複路，瞻夕陽而流歎。
> 步徙倚以忘趣，色慘慘而就寒。葉燮燮以去條，氣淒淒而就寒，
> 日負影以偕沒，月媚景於雲端。鳥淒聲以孤歸，獸索偶而不還。
> 悼當年之晚暮，恨茲歲之欲殫。思宵夢以從之，神飄飄而不安；
> 若憑舟之失棹，譬緣崖而無攀。

此時出現了第三層次的自我，以超越、灑脫、飄逸之姿，對前兩層之自我予以開釋，說：基於私利而隨便勾搭的政壇，譬如《詩經》〈鄭風〉中的蔓草之會，[註7]是始亂終棄式的私慾結合，絕對比不上〈邵南〉諸篇的瀟瀟單行。[註8]應把那些從政之念、失寵之慮都應拋擲九宵之外，而且應該讓心胸坦蕩，以歸返純樸、誠潔的生命之原初衷懷，讓逍遙、眞淳的生命情操，憩

〔註7〕《詩經》〈鄭風〉「野有蔓草」
〔註8〕《詩經》〈邵南〉「行露」

息於寬闊恢廓的天地八荒之間：

> 徒勤思而自悲，終阻山而滯河。迎清風以祛累，寄弱志於歸波。尤
> 〈蔓草〉之爲會，誦〈召南〉之餘歌。坦萬慮以存誠，憩遙情於八
> 遐。

行文至此，本篇「賦」之主題方顯。全賦原來不是什麼戀愛心聲、失戀告白，而是陶公自訴一個思量著「仕乎？不仕乎？」的心路歷程，與三層自我對此問題如何取捨之對話與協商之過程。最後，「超越的我」判斷出：捨仕以保生命之眞純、高潔，才是人生最重要的課題及最珍貴的價值。

陶公以「賦」來訴說這麼隱微的人生觀、價值觀，筆法更套用了漢代以來，「賦」所必須具備的「勸百諷一」之模式，以致主題隱晦，千古難解，筆者特爲揭之如上。

第三節　徵引旁證

若求於陶公全集中尋找相關此義之旁證，則筆者發現下列幾首詩文，足堪比對與參看，相取印證：

一、卷四，〈擬古詩〉第六首

> 蒼蒼谷中樹，冬夏常如茲；年年見霜雪，誰謂不知時。
> 厭聞世上語，結友到臨淄。稷下多談士，指彼決吾疑。
> 裝束既有日，已與家人辭；行行停出門，還坐更自思。
> 不怨道裏長，但畏人我欺；萬一不合意，永爲世笑嗤。
> 伊懷難具道，爲君作此詩。

本詩以一株年年經霜見雪而知時知變之谷中樹自比，霜雪暗喻政治風暴；知時則指自己雖隱居僻壤卻了知政壇之起落變移。既掌握到了政壇起落變移之趨勢，當然胸中一份想要乘時騁績，道濟黎庶之心，會油然而生；於是思赴名都，尋訪博聞健談之舊友，託其指荐引帶，而謀取中央或地方之一官半職，來推展平生之志。

心中有了此一規劃，便開始整治行裝，備齊旅件；打點了好幾日，大致已準備停妥，並且已與家人辭別完畢；沒想到，才剛踏出家門半步，便猛然想到一個更嚴肅、更需謹慎的課題還未解決，因而反身回到客廳，坐下來靜

靜地思索：

政壇中人的現實、勢利、機心是很可怕而難測的；萬一所託非人，誤蹈政治圈中兩方或多方角力之場，則政治風暴是躲不掉的，且政治漩渦是渡不完的；一生就在爲了如何拉下政敵及保衛既得利益，這兩樣焦慮的煎熬中打滾。而若果不幸遭到政壇惡勢力排擠、中傷、陷害，才灰頭土臉地又遁回家鄉，種地韜光、躬耕養晦，那是會被世人及萬代學人所嗤笑、譏諷的，因爲，「大丈夫不能再辱」（《漢書·李廣傳》李廣語；又〈李陵傳〉李陵語）；自己先前已有一次「不能爲五斗米折腰，拳拳事鄉里小人。」而掛印自免官職之經歷；萬萬不能再有一次因政場作風之不合己意，而再度自免求去之事重演；否則是會被有識之士所非笑、鄙薄的。

想到這裡，陶公便毅然打消再度出仕之念頭。這一整個從嗅見政治氛圍變易而想出仕展志，到考慮政場風險，不能再辱，因而打消從政念頭之歷程，像極了〈閑情賦〉所透露的心路起伏，而最後都指向謝仕、捨仕以保性命之眞、操守之潔爲最高之價值取擇。

二、卷四，〈擬古詩〉第七首

　　日暮天無雲，春風扇微和。佳人美清夜，達曙酣且歌。

　　歌竟長太息，持此感人多。皎皎雲間月，灼灼葉中華。

　　豈無一時好，不久當如何？

本詩以一位長歌竟夜之佳人自比；此佳人先感受到「日暮天無雲，春風扇微和。」喻指自己近日正感受到政壇泛出一絲清明和諧之氛圍；此佳人嘉美今夕竟有如此難得之清夜，因而酣歌達曙；喻指自己亦思趁此清和之政壇環境而有所展志騁節之會；但，此佳人長歌之後的嘆息與訴喃，才更讓他心有戚戚、感觸良多。

此佳人歎訴道：雲間皎月、葉中嬌花，無非一時之好，但不能持久；雲合則月隱、葉凋則花零。此喻指政壇的清和，皆只能維張一時；風暴、晦暗、險凶則比比皆是，而常現多見。若因官場上一時有人提攜而遽爾就仕，萬一提攜者一旦失勢、失意，連帶自己也要遭貶、遭殃。思索到此，陶公及時打消出仕就宦之念頭，以保住自己一份媲美貞靜佳人之操節；因而寫下了這首〈擬古詩〉以明志；這種筆法、這樣的構思、這般的鋪陳，皆像極了〈閑情賦〉的命意與文情，足堪做爲解讀〈閑情賦〉之參考與旁證。

三、卷五，〈感士不遇賦〉

咨大塊之受氣，何斯人之獨靈？稟神智以藏照，秉三五而垂名。

或擊壤以自歡，或大濟於蒼生，靡潛躍之非分，常傲然以稱情。

世流浪而遂徂，物羣分以相形。密網裁而魚駭，宏羅制而鳥驚。

彼達人之善覺，乃逃祿而歸耕。山嶷嶷而懷影，川汪汪而藏聲。

望軒唐而永歎，甘貧賤以辭榮。

淳源汩以長分，美惡分以異途。原百行之可貴，莫爲善之可娛。

奉上天之成命，師聖人之遺書。發忠孝於君親，生信義於鄉閭。

推誠心而獲顯，不矯然而祈譽。

嗟乎！雷同毀異，物惡其上，妙算者謂迷，直道者云妄。

坦至公而無猜，卒蒙恥而受謗。歲懷瓊而握蘭，徒芳潔而誰亮。

哀哉！士之不遇，已不在炎帝帝魁之世。

獨祗修以自勤，豈三省之或廢。

庶進德以及時，時既至而不惠。無爰生之晤言，念張季之終蔽。

潛馮叟於郎署，賴魏守之納計。雖僅然於必知，亦苦心而曠歲。

審夫市之無虎，眩三夫之獻說。悼賈傅之秀朗，紆遠轡於促界；

悲董相之淵致，屢乘危而幸濟。感哲人之無偶，淚淋浪以灑袂。

承前王之清誨，曰天道之無親。澄得一以爲鑒，恒輔善而佑仁。

夷投老以長飢，回早夭而又貧；傷請車以備槨，悲茹薇而隕身。

雖好學於行義，何死生之苦辛。疑報德之若茲，懼斯言之虛陳。

何曠世而無才，罕無路之不澀。伊古人之慷慨，病奇名之不立。

廣結髮以從政，不愧賞於萬邑；屈雄志於戚豎，竟尺土之莫及。

留誠信於身後，動眾人之悲泣。商盡規以拯弊，言始順而患入。

奚良辰之易傾，胡害勝其乃急。

蒼昊遐緬，人事無已。有感有昧，疇測其理。

寧固窮以濟意，不委曲而累己。既軒冕之非榮，豈縕袍之爲恥。

誠謬會以取拙，且欣然而歸止。擁孤襟以畢歲，謝良價於朝市！

此賦極長，意較隱晦，茲分四大部分以掌握之如下：

（一）賦文先說古代的「士」成立之源由及條件：

    1. 接受到大塊（天地、大自然）靈氣之注貫。

2. 稟承天道賦予之神智而擁有觀照及創造之心靈。

3. 秉持《易・乾・九三》之「君子終日乾乾，夕惕若厲」及《易・乾・九五》之「飛龍在天，利見大人」之格訓而修持，漸立聲績以至名垂當世。

（二）賦文繼說古代的「士」接觸政治圈時，因各人之機緣、操守而於出處進退上，展現行藏無礙、能屈能伸之風範與典型：

1. 耕織以自食，擊壤以自歡。

2. 奉時而騁績，大濟於群生。

3. 已仕而缺乏晉昇之份，則甘守下吏之位，做一純然之士，然而遠操傲骨，湛然常存。

（三）戰國秦漢以至今日的「士」，由於世代演變，君主以富國強兵、稱雄顯霸爲務；對其士大夫設下瑣細法網，以苛察繳繞而行統馭之術；於是大多數善覺、達觀之士，都寧願逃祿而歸耕、辭榮而安貧。這其中以柳下惠、黔婁、長沮、桀溺等最具代表性。其猶有少數選擇留下來爲政治服務者，則遭逢了一些悲壯義烈、可驚可泣之事件，而樹立了熱心參政之士必須接受的各種試煉或酷毒之典型，舉其犖犖大者，則有：

1. 屈原型

2. 袁盎型（案《史記》作袁盎；而《漢書》作爰盎，當是避某人諱而改。）

3. 張釋之型

4. 馮唐型

5. 賈誼型

6. 董仲舒型

7. 李廣型

8. 王商型

以上八型之士，都因自許才情智術可施用於當世，而投身於政治圈，一番打滾下來，莫不碰壁撞牆，遍體鱗傷，甚至有死難、自殺者；代價慘重，其是否值得？見仁見智。

（四）陶公寫文至此，大大慨嘆天道悠遠，人事傾軋，八型之士，其涉世之迹，有可感者，有盲闖愚昧者，其間遭逢，全身者少，慘烈者多，其理難測，其因難知！但當初假如他們選擇不參政、不入仕、不求用、不揚才；則全身保眞，本來是很容易達成的；所以陶公最後勉勵自己的結論

是：「寧固窮以濟意，不委曲而累己。既軒冕之非榮，豈縕袍之爲恥。誠（或作諒）謬會以取拙，且欣然而歸止。擁孤襟以畢歲，謝良價於朝市！」

最後這一句「謝良價於朝市」，眞是金聲玉振，擲地做金石鳴；對於那些自矜擁有才情智術，便渴求顯貴見用，仰望官爵架勢、排場，汲汲欲以登仕爲榮者，不啻是醍醐灌頂、迅雷醒夢，至少是當頭棒喝、冷水澆矇；才情智術，留予自家保性全貞、固節養操之用，猶恐不足，何有餘資可以求售邀價於當世？賣身乞用於朝市者乎？

陶公在此賦中勉勵自己做出明智的選擇——誠謬會以取拙，且欣然而歸止。擁孤襟以畢歲，謝良價於朝市！——這四句取與〈閑情賦〉最後幾句——迎清風以袪累，寄弱志於歸波；尤〈蔓草〉之爲會，誦〈召南〉之餘歌；坦萬慮以存誠，憩遙情於八遐。——做一對照及比看，必會發現兩賦的最後數句所展呈出之人生境界的正確選擇，簡直聯璧呼應，同曲同工！足可印證吾人於上文對〈閑情賦〉的賦旨之解析與認定，是相當懇切地說中了陶公之心聲，或揭顯出陶公之本懷的。

第四章　〈自祭文〉所呈現的生死學

第一節　導　言

一、在陶集的多處詩文中，吾人可發現陶公早就以豁達的胸襟，洞徹生死的
　　現實。比如〈五月旦作和戴主簿〉：

　　　　既來孰不去，人理固不終。居常待其盡，曲肱豈傷沖。（沖，虛靜之
　　　　境，道境也）遷化或夷險（謂：人或居平淡而死，或蹈險奢而死）
　　　　肆志無窊隆。（只要活得合乎志趣，便無高下可言）即事如已高，何
　　　　必升華嵩？（一生從事之行業若已清高，何必求登仙之術？）

又如〈連雨獨飲〉：

　　　　運生會歸盡，終古謂之然。世間有松喬（赤松子、王子喬，皆仙人）
　　　　於今定何間？故老贈余酒，乃言飲得仙。試酌百情遠，重觴忽忘天。
　　　　天豈去此哉？任真無所先。（所謂天，即道之真體及所顯之用，亦即
　　　　自然。故任真乃知天也。）形骸久已化（物慾之軀、貪婪之心早已
　　　　化除），心在復何言。（主體心、真心已立，則生命已具價值。）

再如〈與子儼等疏〉：

　　　　天地賦命，生必有死，自古聖賢，誰能獨免？子夏有言：「死生有命，
　　　　富貴在天」。四友之人，親受音旨。發斯談者，將非窮達不可妄求，
　　　　壽夭永無外請故耶！

二、除了早有這些心理準備之外，他也老早做出一些身後的安排；如，
　　　〈飲酒十一首〉：

客養千金軀，臨化消其寶，裸葬何必惡？人當解意表。

這是有意採取死後薄葬，甚至裸葬而做出之事先交代。又如，

〈與子儼等疏〉：

汝輩稚小家貧，每役柴水之勞，何時可免？念之在心，若何可言？
然汝等雖不同生，當思四海皆兄弟之義，鮑叔、管仲，分財無猜；
歸生、伍舉，班荊道舊；遂能以敗為成，因喪立功。他人尚爾，況
同父之人哉！穎川韓元長，漢末名士，身處卿佐，八十而終；兄弟
同居，至於沒齒。濟北氾稚春，晉時操行人也；七世同財，家人無
怨色。《詩》曰：「高山仰止，景行行止」。雖不能爾，至心尚之。汝
其慎哉！吾復何言。

除了身後事的處理，早已安排妥當之外，他還樂於捕捉臨終之際「魂神
我」檢視平生各種逢遇、成就、失落的感受與恍想，以及樂於描述死後的世
界或情態，但在最後都不忘提及超越生死之道。

第二節　陶潛的生死學

一、對生死瞬間或彌留之際的描述

〈形贈影〉：

適見在世中，奄去靡歸期。奚覺無一人，親識豈相思？但餘平生物，
舉目情悽洳。

〈自祭文〉：

天寒夜長，風氣蕭索，鴻雁于征，草木黃落。陶子將辭逆旅之館，
永歸于本宅；故人悽其相悲，同祖行於今夕。饈以嘉蔬，薦以清酌，
候顏已冥，聆音愈漠。

二、對死亡之心理準備

〈神釋〉：

三皇大聖人，今復在何處？彭祖愛永年，欲留不得住。老少同一死，
賢愚無復數。

〈歸園田居〉：

一世異朝市，此語真不虛。人生似幻化，終當歸空無。

〈與子儼等疏〉：

天地賦命，生必有死，自古聖賢，誰能獨免？子夏有言『死生有命，富貴在天』。四友之人，親受音旨。發斯談者，將非窮達不可外求，壽夭不可外請故耶？……，自恐大分，將有限也。

〈讀山海經〉之八：

自古皆有沒，何人得靈長？

三、因「知死」而帶來之勉已好活、惜生之信念與激勵

〈神釋〉：

甚念傷吾身，正宜委運去。縱浪大化中，不喜亦不懼。

〈讀山海經〉之一：

孟夏草木長，繞屋樹扶疏。眾鳥欣有托，吾亦愛吾廬。既耕亦已種，時還讀我書。窮巷隔深轍，頗回故人車。歡言酌春酒，摘我園中蔬。微雨從東來，好風與之俱。泛覽《周王傳》，流觀《山海圖》。俯仰終宇宙，不樂復何如。

〈遊斜川〉：

開歲倏五日，吾生行歸休。念之動中懷，及辰為茲遊。
氣和天惟澄，班坐依遠流；弱湍馳文魴，閑穀矯鳴鷗。
迴澤散遊目，緬然睇曾丘；雖微九重秀，顧瞻無匹儔。
提壺接賓侶，引滿更獻酬；未知從今去，當復如此不？
中觴縱遙情，忘彼千載憂。且極今朝樂，明日非所求。

四、超脫死蔭的生死學

(一) 務求精神之融入自然

〈戊申歲六月中遇火〉：

形迹憑化遷，靈府長獨閒，貞剛自有質，乃石乃非堅。

〈神釋〉：

縱浪大化中，不喜亦不懼。

〈讀山海經〉之一：

俯仰終宇宙。

〈歸去來辭〉：

聊乘化以歸盡。

〈飲酒〉之五：

採菊東籬下，悠然見南山。山氣日夕佳，飛鳥相與還。此中有眞意，
欲辨已忘言。

（二）臨終之際，「魂神我」會以快速合成的方式，檢視平生成敗或逢遇，而
抒發成一種快速放映的自我寫照。

〈自祭文〉：

自余爲人，逢運之貧，簞瓢屢罄，絺綌冬陳。含歡谷汲，行歌負薪，
翳翳柴門，事我宵晨。春秋代謝，有務中園，載耘載籽，乃育乃繁，
欣以素牘，和以七弦，冬曝其日，夏濯其泉，勤靡餘勞，心有常閒，
樂天委分，以至百年。

（三）前述之所謂「快速放映的自我寫照」乃爲了認取本我〔註1〕及超我〔註2〕
的存在、互動之歷程，以凝譜出一個『眞我』。

〈自祭文〉：

惟此百年，夫人愛之，

懼彼無成（「彼」指社會化之我、身我、俗我），愒日惜時。

嗟我獨邁，曾是異茲。

寵非己榮，涅豈吾緇？

捽兀窮廬，酣飲賦詩。

〔註1〕弗洛伊德著，呂俊、高申春、侯向群翻譯《夢的解析（Die Traumdeutnng）》，
臺北：知書房，2000年，頁19。現代心理學大師弗洛伊德（Sigmund Freud 1856
～1939）將人格結構分爲：本我（id）、自我（ego）、超我（superego）。本我
（id）：「爲個體與生俱來的一種人格原始基礎，是主要心裡動力的能量所在
地，日後分化出自我及超我的母體；行爲動機只在追求生物性需要的滿足與
避免痛苦。本我不能忍受任何因緊張造成的能量上升，並會立即用一切手段
來降低這種緊張的能量，恢復系統原有舒適、穩定的低能量，即稱作『唯樂
原則 Pleasure principle』。運作的方式有兩種，一種爲天生對刺激之生理反應
如打噴嚏等之『反射動作』，另一種爲處理較複雜的心理反應，當緊張的能量
上升時形成一種可以消除該緊張之物體之影像以釋放該張力（discharge
tension）稱作『初級歷程』。弗洛伊德將本我稱作『純綷的精神現實』它對客
觀現實沒有任何概念。」

〔註2〕弗洛伊德著，呂俊、高申春、侯向群翻譯《夢的解析（Die Traumdeutnng）》，
臺北：知書房，2000年，頁19。超我（superego）：「來自社會環境中經由獎
勵與懲罰的歷程而建立的是傳統道德及規範的代表，如個人的行爲與超我的
自律標準不符，即會受到良心的譴責。父母的道德標準會內射成超我的次系
統叫『理想自我 ego-ideal』，良心透過讓個人感到自豪或罪惡來獎勵或處罰
他。超我的功能有三個：（1）抑制本我的不被社會接受的衝動，特別是性及
攻擊等。（2）勸自我向善。（3）努力表現成熟卓越。」

（四）眞我若在生前已朝向契道、道體，則眞我主體能當下超越死蔭之威脅。

　　〈詠貧士〉之四：

　　　朝與仁義生，夕死復何求？

　　〈詠二疏〉：

　　　誰云其人亡？久而道彌著。

第三節　〈自祭文〉所含生死學之分析

　　〈自祭文〉三個字多麼地悚動，多麼地驚目駭矚，也多麼地驚心動魄啊！祭文一般都是由別人爲死後的自己寫的，那有自己生前便替自己做祭文的？陶淵明是以什麼樣的自我來面對自己的生命啊？

　　〈自祭文〉一開始，動用想像力，揣摹自己臨終之時序與氛圍：

　　　歲惟丁卯，律中無射，天寒夜長，風氣蕭索。

　　　鴻雁於征，草木黃落；陶子將辭逆旅之館，永歸於本宅。

　　一股陰森、淒寂、枯索之感，油然而生。值得注意的是：陶淵明以人間之世界爲逆旅之館，亦即只是過客投宿之暫憩片時一夜的旅館，而死後世界反而是「本宅」——生命本來的屋宅。根據陳寅恪先生之考察，〔註3〕認爲此種異於常人之分別，顯示出陶公的家世是信奉天師道〔註4〕的。

　　接著，文筆揣摩著親故明友前來送行之狀況：

　　　故人悽其相悲，同祖行於今夕。饈以嘉蔬，薦以清酌。

　　　候顔已冥，聆音愈漠；嗚呼！哀哉！

　　陶淵明文學想像力之豐沛，由此可見一斑。

　　接下來才是〈自祭文〉之主文部分。主文一開始先敘述自己的生平；包

〔註3〕陳寅恪《陳寅恪先生論文集》之〈陶淵明思想與魏晉清談之關係〉，臺北：三人行出版社，1974年，頁323～325。

〔註4〕指魏晉南北朝時期北方的天師道。北天師道得到寇謙之的改革。寇謙之，原名謙，字輔眞。祖籍上谷昌平，爲北魏著名道士和新天師道的代表人物。自稱是東漢光武帝時雍奴侯寇恂的十三世孫。寇謙之夙好仙道，有絕俗之心，少年時曾修張魯之術，後遇仙人成公興，隨之入華山，採食藥物不復饑。繼隱嵩山，修道七載，聲名漸著。寇謙之早年信仰天師道，修張魯之術，並對其進行改造。他假托自己在嵩山見到太上老君，老君封他爲「天師之位」，並賜給他《雲中音誦新科之誡》二十卷，啓示他。其採取儒家的禮教爲道教的第一要義，寇謙之改造道教，主要是制定了一套戒律軌儀，從組織上進行清整，革除早期道教和國家爭租稅的經濟措施。

括家道、逢遇、生計，以及在務農生涯中力求安身立命之方式：

> 茫茫大塊，悠悠高旻。是生萬物，余得爲人。
>
> 自余爲人，逢運之貧。簞瓢屢罄，絺綌冬陳。
>
> 含歡谷汲，行歌負薪。翳翳柴門，事我宵晨。
>
> 春秋代謝，有務中園。載耘載耔，迺育迺繁。
>
> 欣以素牘，和以七絃。冬曝其日，夏濯其泉。
>
> 勤靡餘勞，心有餘閒。樂天委分，以至百年。

接著，評比自己這一種安身立命之道與一般人汲汲於追求功業、成就，以期留名於世之差異：

> 惟此百年，夫人愛之；懼彼無成，愒日惜時。
>
> 存爲世珍，沒亦見思。嗟我獨邁，曾是異茲。
>
> 寵非己榮，涅豈吾緇？捽兀窮廬，酣飲賦詩。

緊接著，述說自己的立命之道，何以何以自以爲彌足可貴，有何獨特於常凡之處：

> 識運知命，疇能罔眷？余今斯化，可以無恨。
>
> 壽涉百齡，身慕肥遁。從老得終，奚所復戀？

這簡直是奉行柳下惠、黔婁的生活方式與生命哲學；孟子曾讚嘆柳下惠之人品、節操說：

> 「柳下惠，不羞汙君，不辭小官。進不隱賢，必以其道。遺佚而不怨，阨窮而不憫。與鄉人處，由由然不忍去也。『爾爲爾，我爲我，雖袒裼裸裎於我側，爾焉能浼我哉？』」〔註5〕

按，柳下惠的事跡，早見於《論語·微子篇》之記載：

> 柳下惠爲士師，三黜。人曰：「子未可以去乎？」曰：「直道而事人，焉往而不三黜？不枉道而事人，何必去父母之邦？」〔註6〕

此爲孟子所謂「遺佚而不怨，阨窮而不憫」之所本。

另外，黔婁的事跡見《高士傳》：

> 黔婁先生，齊人也，修身清節，不求諸侯，又立言著書四篇，言道

〔註5〕 《孟子·萬章下》，清·阮元編《十三經注疏》之《孟子注疏》，卷十上，頁1～2。

〔註6〕 《論語·微子第十八》之第二則。日人·竹添光鴻《論語會箋》，下冊，卷十八，臺北：廣文書局，1961年，頁4。

家之用，號《黔婁子》。〔註7〕

柳下惠的行事風格，就是陶淵明所提出自己的風操已達到「寵非己榮，涅豈吾緇」之典範；而黔婁的守節安貧，隱居著書則是「肥遯」之最佳寫照。「身慕肥遯」四字，最見陶公隱逸田園之價值觀與生命哲學。

「肥遯」一詞出自《周易。遯卦。上九》：

> 肥遯，無不利。

王弼注曰：

> 最處外極，無應於內，超然絕志，心無疑顧，憂患不能累，矰繳不
> 能及，是以肥遯無不利也。〔註8〕

何以隱居安貧，卻稱「肥」遯呢？唐孔穎達的《周易正義》說得好：

> 最在外極，應無於內，心無疑顧，是遯之最優，故曰肥遯。〔註9〕

不過，當事人雖視死亡為「化」，為「歸於本宅」，沒什麼大不了；在親友眼中，仍是視為「死生亦大矣」〔註10〕的一件大事，所以陶公又動用想像力，再次描寫親朋好友來弔唁、治喪、營葬之諸項行事，以及揣想自己墳墓樸素、簡陋之構築模樣；同時仍然不忘加帶一筆與他人墳塋之務求奢闊的風尚做一比較，藉以襯托自己的超脫與達觀：

> 寒暑逾邁，亡既異存。外姻晨來，良友宵奔。
>
> 葬之中野，以安其魂。窅窅我行，蕭蕭墓門。
>
> 奢恥宋臣，儉笑王孫。

這「奢恥宋臣，儉笑王孫」八字，表示陶淵明衷心期望自己將來的墳墓務需簡樸到不能再素陋的地步，憑此可以在天上或地下譏恥那些奢於營造身後邱墳如宋國桓魋之輩的貪婪，而且也可與提倡羸葬的西漢楊王孫之倫取得會心的一笑。

他用的是《孔子家語》及《漢書》的典故來作對映。

《孔子家語‧曲禮子貢問》：

> 孔子在宋，見桓魋自為石槨，三年而不成，工匠皆病。

〔註7〕皇甫謐《高士傳》。
〔註8〕《周易‧遯卦》，清‧阮元編《十三經注疏‧周易注疏》，卷四，頁6～7。
〔註9〕同上。
〔註10〕東晉‧王羲之〈蘭亭集序〉中語。參見清‧嚴可均編《全上古三代秦漢魏晉南北朝文》之〈全晉文〉之王羲之項。

夫子愀然曰：「若是其靡也，靡侈死不如朽之速愈。」〔註11〕

《漢書・楊胡朱梅等傳》：

楊王孫者，孝武時人也。學黃、老之術，家業千餘，厚自奉養生，亡所不致。及病且終，先令其子，曰：「吾欲贏葬，以反吾眞，必亡易吾意。死則爲布囊盛屍，入地七尺，既下，從足引脫其囊，以身親土。」〔註12〕

有人說，陶公自揣其墳塋猶有行階、墓門，恐並不贊成贏葬之簡；其實〈自祭文〉此處所謂的「我行」、「墓門」皆想像中一個眾葬岡共有之構物，非陶公自己一墳所獨擁。況且他在〈飲酒詩〉第十一首已說：「裸葬何必惡？人當解意表！」可見他是不反對裸葬的，當然他的標準並非全無彈性，只要到「薄葬」就符合他的期待了。所以，他的「簡笑王孫」一句的笑，不是譏笑，而是會心一笑。

最後，陶公再度展現他不求成名以虛取形式上的不朽，而務求性靈升遐與大自然融合之生命哲學：

廓兮已滅，慨焉已遐。不封不樹，日月遂過。

匪貴前譽，孰重後歌。人生實難，死如之何。

嗚呼哀哉！

「廓」指軀殼，軀殼因死而散滅，無足可悲。「慨」指節慨，亦即指性格，心靈；性格、心靈離開軀殼，可以來去自如，或者昇返上清，陶公則自期性靈與日月同遊而按時經過己墓，可以俯臨自己樸拙素簡之墳隴而自賞自得；樹碑封銘之虛飾比起這種純全自得之眞，算得了什麼？而一般人太重死後排場，難於從簡，殊不知死後之軀殼已無足輕重，裝飾、穿戴、殮以華棺，封以豪墳，有何意義？生時不講最難的安身立命之道，死後卻不放性靈自在來去，還要呼喊、延留它七七四十九日，眞是倒末劫本，顛倒價值；這才最需要長嘆一聲嗚呼哀哉的。

〔註11〕王肅《孔子家語》，卷十，〈曲禮子貢問〉，第四十二

〔註12〕東漢・班固《漢書》，卷六十七，〈楊胡朱梅等傳〉，第三十七。

第五章 〈形、影、神贈、答、釋〉所揭顯的生命哲學
——對生命盡與不盡兩層意義的探索

〈形、影、神贈、答、釋〉詩之標題，指向主體三層結構間之對話，頗為聳動，令人眼睛為之一亮；形（形軀）與影（影像，引伸可以兼指操行或意識）與神（心靈）不就是一個人從外到內的三層構屬嗎？一個正常人的構屬諸部一定是協同一致、並聯運作的，怎麼會有相贈、酬答及判釋的狀況呢？那不是一種分裂或撕裂嗎？

〈形、影、神贈、答、釋·序文〉說：

> 貴賤賢愚，莫不營營以惜生，斯甚惑焉。

> 故極陳形影之苦言，神辨自然以釋之。

此謂，一般人都遺忘心靈，單用意識搭配形軀去忙碌地營生，而又怕忙壞身體，於是一面營求名利，一面想盡辦法惜生。這種一面忙著營生，一面急著惜生的狀況，歸納可為三類：一、崇名教者，孜孜為善以求立名。二、服食者，餌丹藥以求長生。三、放達者，沉湎於酒，行遊任誕。〔註1〕但，一個人正常人的諸部構屬以協同一致、並聯運作來全力經營事業，並投入珍惜生命之行動，這是對的、是好的呀！是自然的阿！哪會是「甚惑」呢？

〈序文〉之意，似乎只指形、影兩部分之忙於經營生業名利、並苦於惜愛生命之耗時耗力，為「甚惑」之兩型，而神（心靈）則以不惑之身份，分析何者始是正確之生命哲學來作通判而開釋他們。假如〈序文〉之意真是這

〔註1〕 參見陳寅恪先生〈陶淵明思想與魏晉清談之關係〉，見《論文集》下冊，臺北：
三人行出版社，1974年，頁326。

樣的話，那麼這三首詩裏，是否會先呈示出兩種不太正確的自然論及人生觀，最後才由心靈提出正確的自然論與人生觀？

以上之問題，都是筆者在看到這麼聳動的標題，以及乍讀其序文之際，一一設想到的疑點，在在誘使筆者急於進一步涉入其詩文，並索玩其中生命哲學之意涵。

第一節　〈形贈影〉之解析

> 天地長不沒，山川無改時。草木得常理，霜露榮悴之。
> 謂人最靈智，獨復不如茲。適見在世中，奄去靡歸期。
> 奚覺無一人，親識豈相思？但餘平生物，舉目情悽洏。
> 我無騰化術，必爾不復疑。願君取吾言，得酒莫苟辭。

形，從字面看，似只指形軀；但，從詩文上索玩，應還包括生理、心理相通之機能，即：感官功能及情緒、嗜好等專門應接現實面生活需求或環境刺激之生理面、心理面的我，簡易言之，即原我或本我，相當於戰國告子所謂「生之謂性」、「食色，性也」〔註2〕的本然之性的我。

影，此處先視為形之忠實伴侶、監護者、守視者；詳細內涵待接觸下一首詩〈影答形〉時再予分析。

形軀我，或原我，從人壽命限與悠悠大自然界的對比上，感受到天年有限、人生苦短、世事無常，又無羽化登仙之術，因而主張及時行樂，以多多享受人間之歡愛為務；所以他邀影一起奉行一個原則，即：有酒就喝，莫管來處正不正當，或有否任何後遺症之顧慮。

形的這種主張，只達到「得酒莫苟辭」，也就是「有酒就喝」、「及時行樂」的放浪程度，並不指向「縱慾」、「躭溺」、「放蕩」、「狂妄」；似乎自有一套拿捏放浪與放蕩兩者的區隔之分寸，雖然兩者之間並沒有明確的溝牆做為限隔，而且很容易就會跨越中線而混染為一；但陶公的原我似乎就是自信滿滿，自認為他掌握中的分寸會在情感達到「清狂」「放浪」之極致時，守住雷池，不致跨越；而這也就是魏晉時代真正名士派作風的可愛之處——容許感官、形軀我達致清狂放浪，卻巧妙地避免掉可能會陷入的放蕩狂亂之地步；下列幾則名士的故事足可說明此義：

〔註2〕見《孟子・告子篇》，第三十一，告子曰。四部叢刊本，卷十一，頁2。

一、魏末阮籍

《晉書·阮籍傳》：

> 籍本有濟世志，屬魏晉之際，天下多故，名士少有全者，籍由
> 是不與世事，遂酣飲爲常。文帝初欲爲武帝求婚於籍，籍醉六十日，
> 不得言而止。鍾會數以時事問之，欲因其可否而致之罪，皆以酣醉
> 獲免。

> 籍聞步兵廚營人善釀，有貯酒三百斛，乃求爲步兵校尉。遺落
> 世事，（雖去佐職，恒遊府內，朝宴必與焉。會帝讓九錫，公卿將勸
> 進，使籍爲其辭。籍沈醉忘作，臨詣府，使取之，見籍方據案醉眠。
> 使者以告，籍便書案，使寫之，無所改竄。辭甚清壯，爲時所重。）

> 籍嫂嘗歸寧，籍相見與別。或譏之，籍曰：「禮豈爲我設邪！」
> 鄰家少婦有美色，當壚，酤酒。籍嘗詣飲，醉，便臥其側；籍既不
> 自嫌，其夫察之，亦不疑也。兵家女有才色，未嫁而死，籍不識其
> 父兄，徑往哭之，盡哀而還。其外坦蕩而內淳至，皆此類也。〔註3〕

二、西晉張翰

《晉書·張翰傳》：

> 翰任心自適，不求當世。或謂之曰：「卿乃可縱適一時，獨不爲身後
> 名邪？」答曰：「使我有身後名，不如即時一杯酒！」〔註4〕

《世說·識鑒10》：

> 張季鷹辟齊王東曹掾，在洛，見秋風起，因思吳中菰菜、蒓羹、鱸
> 魚膾。遂命駕便歸。俄而，齊王敗；時人皆謂爲見機。〔註5〕

三、西晉竺叔蘭

梁僧祐《出三藏記集·卷十三·竺叔蘭傳第八》：

> 性嗜酒，飲至五、六升方暢。嘗大醉，臥於路旁，吏拘執之，送河
> 南獄，……河南尹樂廣，與賓客共酣已醉，謂蘭曰：『飲酒可爾，何

〔註3〕《晉書校注》清·吳士鑑校注本，卷四九，頁4～5。
〔註4〕《晉書》校注，卷九二，頁21。
〔註5〕《世說新語》楊勇校箋本，香港，頁298。

以狂亂乎？』答曰：『民雖狂而不亂，猶府君雖醉而不狂。』廣大笑。
〔註6〕

此三則故事中的主角皆展現「不爲酒困」〔註7〕、醉後仍能恪守道德最後防線——雖狂而不至於亂——之名士派作風，此所以連崇奉名教，主張「名教中自有樂地」的河南尹樂廣都要賞識竺叔蘭的回答。〔註8〕而陶公這首〈形贈影〉最末一句「得酒莫苟辭」亦儼然表示自己也是醉後仍能拿捏分寸之藝術格調，而把此意豪爽地寄附在言外，讓讀者自行體會這份豪放自持的言外之意。

換言之，這首詩代表了魏晉名士雖走告子重視「本然之性」、「生之謂性」的「原我」、「本我」之自然表現，卻不願再走入楊朱派之「縱慾」、「耽溺，」及竹林七賢派末流之「放蕩」、「妄亂」，而頗自負、自矜於此種「清狂而不亂心性」的分寸操持之藝術。

陳寅恪先生說這首詩只是「淵明非『舊自然說』（指服食、學仙、沉湎於酒三類）之言也。」〔註9〕似猶未盡研明此詩之涵蘊。因爲，筆者認爲，陶淵明此詩，還有另一層用意，是在展現自己的酒品、酒量之高雅瀟灑，已到達操控自如、狂而不亂之藝術境界；吾人觀其每與客飲，先醉，必語客曰：「我醉欲眠，卿可去。」〔註10〕及「每一醉則大適融然」〔註11〕之醉後分寸與行徑，猶展現如此眞率而不陷狂亂；史傳詳載，必是實錄，可思過半。

第二節　〈影答形〉之解析

存生不可言，衛生每苦拙；誠願遊崑華，邈然茲道絕。

與子相遇來，未嘗異悲悅。憩陰若暫乖，止日終不別。

此同既難常，黯爾俱時滅。身沒名亦盡，念之五情熱。

立善有遺愛，胡爲不自竭？酒云能消憂，方此詎不劣！

〔註6〕《大正藏》第五十五冊，目錄部，頁98，中。

〔註7〕《論語・子罕第九》孔子自道其品酒之語，子曰：「出則事公卿，入則事父兄，喪事不敢不勉不爲酒困；何有於我哉！」

〔註8〕《世說新語・任誕篇第十九》劉注引河南尹樂廣譏之曰：「名教中自有樂地，胡爲乃爾？」

〔註9〕陳寅恪先生〈陶淵明思想與魏晉清談之關係〉，見《論文集》下冊，頁329。

〔註10〕見《宋書・隱逸傳》，或陶澍・注《靖節先生集》之〈誄傳雜識〉，頁3。

〔註11〕同註10，頁6。

影，就字面意思而言，是形體的隨伴、影跡；頂多只能說是形體的友侶、守視者。這樣就把它限定在物理影像或物質現象了；但它既可以當作形體的守視者，則亦可引申而指形體背後的監護者，更可引申為形體內在的導護——靈魂或理智——了。

觀陶公此詩，謂「影」積極致力於衛育生命、立善留名，而捨棄攀仙、逃醉等消極生活層面來看，真有指實「影」是形軀內在理智、意識、志操這一範疇無疑。

說它是意識，因為它認識到或意會到「與子（形）相遇來，未嘗異悲悅；憩蔭若暫乖，止日終不別」的自身永遠是形的忠實夥伴或隨從這一狀況。

說它是理智，因為它判斷出人求藥長生、攀學仙道的不可能，以及天年有限，形散影滅，酒難消憂的必然性——「存生不可言」、「崑華道邈絕」、「黯爾俱時滅」、「消憂酒云劣」。

說它是志操，因為它一念及「身沒名亦盡」便五臟發熱而立意抗拒此一種宿命上的限制或一種幻滅，於是乃一方面積極於衛生，另一方面立志在有生之年竭力行善，遺愛人間，以求名立聲留而獲不朽之績。

陳寅恪先生說這是一種「期精神上之長生，此正周孔名教之義」，〔註12〕換言之，這首詩代表了儒家型態的生命哲學。

第三節 〈神釋〉之解析

> 大鈞無私力，萬理自森著。人為三才中，豈不以我故？
> 與君雖異物，生而相依附。結托既喜同，安得不相語？
> 三皇大聖人，今復在何處？彭祖愛永年，欲留不得住。
> 老少同一死，賢愚無復數。日醉或能忘，將非促齡具？
> 立善常所欣，誰當為汝譽？甚念傷吾生，正宜委運去。
> 縱浪大化中，不喜亦不懼。應盡便須盡，無復獨多慮。

在三首詩之前的〈序文〉說，三詩的結構是「極陳形、影之苦言，神辨自然以釋之」，意謂神先讓形、影各自縷述其惜生之方式，並闡說此方式在觸抱自然之真上有何意義之後，再提出另一種真能融擁自然之生命境界。形主寄酒以行放逸之樂，影主立名以期靈魂不朽，此即各抱持某一種自然主義；

〔註12〕陳寅恪先生〈陶淵明思想與魏晉清談之關係〉，見《論文集》下冊，頁328。

前者是放浪形骸、歸返自然之竹林七賢式或名士派之自然論；後者是遺愛留名、靈魂不朽之叔孫豹式〔註13〕或崇有派之自然論。〔註14〕「形」、「影」各持自以爲是的自然主義，苦苦邀勸對方納從己方之意見。「神」於兩方各陳己是，相持不下之際，提出一種嶄新的或改良的自然主義來通判兩方之偏礙或不足。但第三首詩之文面上，全然不著「自然」兩字，何以知其必是提出某種自然主義？實有必要依詩文之進展脈絡，做出推敲與分析：

一、詩文一開始，「神」以主格出場而提到「大鈞」，此詞用的是《莊子》的術語，指的是大公無私、雕馭萬物的天道。《莊子·齊物論》：「休乎天鈞」〔註15〕《莊子·大宗師》：「今一以天地爲大鑪，以造化爲大冶」。〔註16〕天鈞、大冶二詞合而爲「大鈞」，概指超越界實體或大公無偏的天道。陶公以爲：超越實體（天道）無私無偏，普遍撫馭及觀照萬物，故萬物各順其所得於天道之理而繁衍茂盛；唯，人所得於天道之理，不像萬物只是本然之性（生理機能、感知作用），而還有心識及靈性，合稱心靈；心靈之最大功能，在創造德行、建構理智、創作藝術。人憑此而與天地並列爲弘道三才；蓋：天以周普照撫，覆育萬物之行動弘道，地以默默承載、奉獻資源予萬物之行動弘道，而人以心靈創造善、智、美，增添天地所缺之精神文明及價值層面來弘道。故，人之所以得爲三才之一，關鍵在於有創造力之心靈；而自古以來，學界大率以「神」字表示心靈（不涉及神祇時始適用），如：

《周易·繫辭》：

唯神也，故不疾而速，不行而至。（上9）

又：

神而明之，存乎其人。（上12）

又：

知機其神乎！（下4）〔註17〕

《莊子·逍遙遊》：

〔註13〕春秋時代，魯叔孫豹謂人有三不朽：立德、立功、立名。

〔註14〕魏晉時代，玄學家崇有派之大將裴頠所撰〈崇有論〉曰：「人之既生，以保生爲全，全之所恃，以順感爲務。」順感者，一般人皆感天年有盡，思以名勵而擁不朽，此所以俗話有「豹死留皮，人死留名」之說；裴頠之意，謂人莫不順其年命有限之感而偕勉立善留名，以保生命之不朽。

〔註15〕《莊子今注今譯本》頁69。

〔註16〕《莊子今注今譯本》頁209。

〔註17〕《周易注疏·卷七》，十三經注疏本，頁25，32。《周易注疏·卷八》，頁13。

藐姑射之山有神人居焉，……其神凝，使物不疵癘，而年穀熟。〔註18〕

《莊子‧列禦寇》：

明者唯爲神之使。〔註19〕

基此，陶公相當肯定地在詩中，由神以主格之身分宣示：人之所以有弘道之能，實由擁有心靈之故。天與地的弘道之運作都被稱作自然；人的弘道行動，雖出之於心靈的創造精神文明價值，何嘗不也是一種自然？

二、「神」又自謂在生命範疇上與「形」、「影」相異；蓋「形」者，形軀兼感官、生理情欲之範疇；「影」者，人之外部影像兼內部意識、志思、理知之範疇；而「神」者，靈性創造力之範疇。雖然如此，卻結合相倚而撐顯生命活潑動態之整體；既有同命、同體之誼，當然要參預「形」、「影」對如何惜生、觸抱自然之討論，且要暢所欲言，貢獻意見，以明自然之眞諦。

三、「神」先提到天年有限是所有人必須接受之現實，再破解「形」欲藉酒以達惜生之方向上的偏謬，重點在指出：逃醉反而是傷身滅齡之舉，而讓一腔惜生求壽之情快速落空；引申出名士派之率性作風，雖得騁一時之傲達，於生命意義之建立上，亦如曇花一現，毫無提攜社會優良風範之穩實牢靠的情操可言；於所嘔欲追求的歸向自然、觸抱自然的境界，亦將隨年命之盡而趨於幻滅。

四、「神」也破解「影」汲汲於立善留名之志思，指出立善之舉，應基於無心無欲，不求報酬，不爲名譽之澄懷或虛靜之心；以澄懷虛靜之心而順機行善，則當下會有一種「爲善最樂」之自然欣悅可供自我品嘗，否則有心於爲善，求酬以行善，爲名而立善，皆會把善之高超層次拉沉下來，淪落到世俗層次或物質層次，反而把善的價值大打折扣；善一失其獨立之價值，則善已不是全善、眞善、純善；也就毫無自然欣樂可言。

晉末、宋初高僧竺道生曾撰〈善不受報論〉，其文今雖已佚，近世哲學家馮友蘭在其《中國哲學史》第二篇第七章說，當時另一高僧慧遠所撰〈明報應論〉謂：「罪、福之應，唯其所感，感之而然，故謂之自然，自然者即我之影響耳。」意謂：「報應即心之所感召；若無心而應物者，則雖有作爲而無所感召，超過輪迴，不受報也。」是受道生之影響，〔註20〕不知確否？唯，慧

〔註18〕《莊子集釋‧卷一》，清郭慶藩編，1975年，臺北：大明新校標點本，頁28。
〔註19〕《莊子集釋‧卷一》，清郭慶藩編，1975年，臺北：大明新校標點本，頁1064。
〔註20〕馮友蘭《中國哲學史》，臺北：藍燈文化公司，1989年，頁687～688。

遠在廬山，夙服膺陶淵明之高士風範，屢遣信使邀約陶公上山加入其「蓮社」，陶公雖不入社，然亦曾兩度入山與慧遠見面談晤。〔註21〕而道生於長安被同修擯擠而南下江東之後，亦一度在廬山居止經年。〔註22〕是否道生、慧遠皆受陶公此詩之影響而提出「善不受報」、「明報應」之論？亦未可知；要者，陶公與遠公、生公既一時同在廬山，且各有一番對善的獨立價值與超俗之高度實已昇居於超越層，超拔於世俗層次之上的見解，則三人於此一學術課題上，必有交流、磋切互動，殆無可疑。

況且，落在世俗層之為善行動，雖目的正在求名，其名亦終將淪為虛幻，至少不盡如實；何以言之？

陶公已明白指出「立善常所欲，誰當為汝譽？」蓋所謂名譽、名聲，非由行善之當事人己自封加，而須由受惠之第二人來做宣頌，但第二人既身受吾惠，其所頌所宣，恐多溢美之詞，或其間竟有暗盤交易，故一般人不予片面採信；轉而須由第三人從旁予以評量及稱揚，始形成所謂客觀可採之名譽聲望。然此第三人已非受惠之第二人，更非當事之第一人，其所評量不管來自目睹、聽聞、事後採訪，皆多少會受到主觀心理、意識形態及客觀環境矇蔽、隔礙之影響，是否能做到如實、客觀、正確之報導或稱揚？不無可議，一般知識界或史界人士皆承認：由第三人所寫述之事蹟、史料之如實度，多少要打上一些折扣。然則，「名」只是第三者所願意給出之事後估量的名，非當事人行善本身之全整，當事人若欲藉此不恰準、不當實之名而求聲譽、求價值、求不朽，實際上多少會有落空、虛幻之感。總之，希企立名以建生命價值者，名既不當準，價何能建實？則此人可謂猶於生命哲學之義理上有一間未達之蔽。

何況名氣之得，也有不少負面累贅，《莊子・養生主》：「為善無近名？」〈逍遙遊〉：「名者，實之賓也，吾將為賓乎？」，〈德充符〉：「彼且蘄以諔詭幻怪之名聞，不知至人之以是為己桎梏邪？」，〔註23〕名望在道家看來是負面之累贅，甚至是一種桎梏。陶公基於以上諸義，破解「影」想藉留名而握取生命意義之言。

五、又開解形、影謂：過分講求惜生、立名而汲汲營營、孜孜懸念於茲，

〔註21〕清・陶澍編《陶淵明年譜》考異，下，頁5～6。
〔註22〕見《高僧傳・道生傳》。
〔註23〕《莊子今注今譯》，臺北：商務印書館，1981年，頁20；104；169。

只會傷害活潑生命之發展。而最好的生活方式，毋寧是委順時運而行所當宜。但這並不是消極或被動的生活方式，陶公怕讀者有所誤解，故進而提出「縱浪大化中」這一既正面而又積極的委運方式：在大自然之推移運化中，由心靈以創造真善美之浪漫活動，而與自然之脈動合融為一。至於名位利祿之得失喜懼，實不足經懷。天年應盡，便隨順自然之節奏讓它走盡，不必多慮於個人身齡之久長；蓋，在創造真善美之浪漫活動時，已同步做出揭顯主體、傳續弘道不竭之心靈火苗了！莊子在〈養生主〉篇中不也揭示這同樣的道理嗎？〈養生主〉最後一段說：

> 指窮於為薪；火傳也！不知其盡也！〔註24〕

生活上處處不乏具有創造性之活動的機會，一些看似稀鬆平常的為職業、為謀生的行為，似沒啥意義，殊不知從整個文化進展之大流上縱觀，這些行為都是在「續薪傳火」——長養生命主體，同時傳續心靈之火苗——，這種意義及價值，是無窮無盡的，相對於個人小我的年壽，文士所維護、傳衍之心靈的苗火，正是文化之命根，只要有心人在，有器識的文士、哲士在，文化的慧命與光輝便恆受耕、溉、呵養、拉拔，而傳於無窮無盡的。

第四節　本章小結

陶公表面上說出「應盡便須盡」，看似消極，其實他早已熟稔莊子「薪盡火傳」之喻，故意提「盡」以示達觀，骨子裡實確信「神」在「縱浪大化」——創造真善美以體現自然——的行動上，已建取生命上無窮之意義與證成生命價值無盡之境界了。

這是凡讀陶公〈神釋〉詩到最後幾句的人，不得不小心推敲這本乎莊子而故意「正言若反」、故做俏皮輕鬆狀的詼諧筆法之處。

陳寅恪先生謂：

> 「此首詩之意，謂：『形』所代表之舊自然說與影所代表之名教說之兩非，且互相衝突，不能合一。但己身別有發明之新自然說，實可以皈依，遂託於神之言，兩破舊義，獨申創解；所以結束二百年學術思想之主流、政治社會之變局，豈僅淵明一人安身立命之所在而已哉！……新自然說之要旨在委運任化，夫運化亦自然也，既隨順

〔註24〕《莊子今注今譯》，臺北：商務印書館，1981年，頁114。

自然、與自然混同，則認己身亦自然之一部。……新自然説不似舊
自然説之養此有形之生命，或別學神仙，惟求融合精神於運化之中，
即與大自然爲一體。因其如此，既無舊自然説形骸物質之滯累，自
不致與周孔入世之名教説有所觸礙。……實爲中國中古時代之大思
想家，豈僅文學品節居古今之第一流、詳爲世所共知者而已哉？」
〔註25〕

　　以上陳寅恪先生所肯定、稱許於陶公者，皆非溢美之詞。惟，於詩文最
後一句「應盡便需盡」之言外之意乃本乎莊子〈養生主〉「續薪傳火，不知其
盡」之義，而故意以反言出之者，不及察述，是其不足。然此種察述乃哲學
研究者之事，陳先生是史學界之大師，能言及於前者，已屬難能，筆者欽佩
之餘，不憚煩、不揣陋而特爲補揭陶公此詩與莊子哲學之關聯呼應處，並論
析如上。

〔註25〕陳寅恪《陶淵明思想與魏晉清談之關係》，見《陳先生論文集》下冊，臺北：
　　　　三人行出版社，1974年，頁333。

第六章 〈乞食〉所展現的放達、任運與知命之人生境界與生活美學

第一節 引 言

　　〈乞食〉詩在陶集中是相當奇特的一篇，單看標題，就令人納悶：乞食討飯這種卑賤行爲也可以入詩嗎？這位素有「不食嗟來食」〔註1〕、「不爲五斗米折腰」〔註2〕骨氣的人，在乞食時是如何壓抑他的自我呀？或者說，在乞食時，是由哪一層自我來主導其行爲呢？是「本我」嗎？是的話，那麼他的另外兩層自我——即「理我」（社會化的我）、「超我」（超越俗情的我）——能容得下本我不顧顏面地亂來嗎？不會有天人交戰的對諍嗎？

　　凡此種種，都是筆者乍看到「乞食」這一標題，立即聯想思索並質疑的課題；也立即引發筆者必然要細細閱讀此詩的好奇心與決心。

　　筆者再三咀嚼之後，發現其中寓寄著許多陶公特有之人生哲學，尤以文中出現其內在人格中之「三層自我」在整個乞食行動中各有立場而浮現迴諍、對話之現象，最最值得咀嚼與翫味。以下擬以逐句解析述論之方式，闡述吾人對此詩之解讀心得。

〔註1〕 《禮記·檀弓下》：「齊大饑。黔敖爲食於路，以待餓者而食之。有餓者蒙袂輯屨，貿貿然來。黔敖左奉食，右執飲，曰：『嗟！來食！』揚其目而視之，曰：『予唯不食嗟來之食，以至於斯也！』從而謝焉，終不食而死。曾子聞之，曰：『微與！其嗟也可去，其謝也可食。』」

〔註2〕 《晉書·陶淵明傳》：「歲中，會郡遣都郵至，縣吏請曰：『應束帶見之。』淵明嘆曰：『我豈能爲五斗米折腰，拳拳事鄉里小兒！』即日解綬去職。」

第二節　主文分析

饑來驅我去——

覺飢之我，乃生理之我、本我，〔註3〕而被驅前行之我乃社會化我、理知之我。〔註4〕

不知竟何之——

社會化之我，久受禮教約制，本不願行乞，故淵明說此時似乎只有軀體肯憑生理之我帶引而行。理知之我因不願參與，故不知軀殼與生理我循向何方，只能渾噩隨行。

行行至斯里——

軀殼及生理之我於無意識下，行至某里，即以該處之家戶為行乞之對象；此亦當時人「隨順自然」之生活寫照。

叩門拙言辭——

社會化之我、理智之我，因皆不願出面，故顯現，只由生理之我出面，做叩門之舉動，故無法以言辭說明來意。社會化我、理知我雖藏居背後，卻免不了展露不安羞赧於忸怩、拙僵之肢體動作中。

主人解余意，遺贈豈虛來——

應門而出之主人亦一自然派性情中人，一見淵明之肢體語言即領會這是一種名士派作風，相當珍視陶公此種灑脫純真之風姿，故歡迎之，並具酒、辦食，熱情招待。

談諧終日夕——

能與主人談諧終日之我，必理智之我也。此殆理知我見主人竟不見怪，反而熱烈招待，始願出面與主人談笑取樂。

觴至輒傾杯——

〔註3〕 按弗洛伊德（Sigmund Freud 1856～1939）的理論，本我（id）是人格結構中最原始部分，從出生日起算即已存在。構成本我的的成分是人類的基本需求，如飢、渴、性三者均屬之。本我中之需求產生時，個體要求立即滿足，故而從支配人性的原則言，支配本我的是唯樂原則。

〔註4〕 按弗洛伊德（Sigmund Freud 1856～1939）的理論，超我（superego）是人格結構中居於管制地位的最高部分，是由於個體在生活中，接受社會文化道德規範的教養而逐漸形成的。超我有兩個重要部分：一為自我理想，是要求自己行為符合自己理想的標準；二為良心，是規定自己行為免於犯錯的限制。因此，超我是人格結構中的道德部分，從支配人性的原則看，支配超我的是完美原則。

生理之我，唯洒食盤飱是識，趁理知我忙於與主人談笑之際，自行主
持軀體進飲之行動，理智我、社會我敬其為本我率真之舉，故意放任
其行，或故意視而不見。

情欣新知歡，言詠遂賦詩——

此時超越主體，亦即審美心靈，發顯、主導交心言歡以及審美創作之
活動，生理我、社會化我不能也，只能默旁坐陪。

感子漂母意，愧我非韓才——

審美主體聯繫理智之我援韓信故事，而自愧此生無法如韓信以千金報
答洗衣婦人一餐之惠。

銜戢知何謝，冥報以相貽——

超越主體確信「精誠所至，海可填平」之理，故誓願傚法精衛鳥之精神，
不放棄任何報恩答惠之機會。此種誓願大有精神願力面之效果，儒、釋、
道各家皆肯定其能通三世而續踐，非濫用「空頭支票」可比。〔註5〕

陳寅恪先生論之曰：「或疑陶公〈乞食〉詩『冥報以相貽』之句，與釋氏
之說有關，不知老人結草之物語，實在佛教入中國之前；〔註6〕且釋氏冥報之
義，復由後世道家採入其教義。」〔註7〕可見以精誠而做出冥報之功，在儒、
道、釋三家之倫理中都認為是可能的、可行的、有效的，王文煥的懷疑它不
能兌現，是不必要的。

清何焯曰：「銜戢思謝，胸中亦將以有為也；冥報相貽……以遺逸終焉之
志，亦以久矣。」《荫江詩話》曰：「志不能遂，欲以死報，精衛填海之意見
矣。」〔註8〕這兩家的意見，才是中肯而值得參考的。

〔註5〕清‧王文煥對此詩的批評，即指向陶公得食後，濫開冥報支票，譏其無法兌
現，其文曰：「淮陰能輔漢滅項，乃報漂母。不然，亦何由報哉？……生不能
伸志於世上，乃死欲伸志於地下，尚可得乎？果何物可貽哉？（見陶澍對此
詩之注文所引）」

〔註6〕見《左傳‧宣公十五年》，原文如下：「秋七月，秦桓公伐晉，次於輔氏。壬
午，晉侯治兵於稷以略狄土，立黎侯而還。及洛，魏顆敗秦師於輔氏。獲杜
回，秦之力人也。初，魏武子有嬖妾，無子。武子疾，命顆曰：『必嫁是。』
疾病，則曰：『必以為殉。』及卒，顆嫁之，曰：『疾病則亂，吾從其治也。』
及輔氏之役，顆見老人結草以亢杜回，杜回躓而顛，故獲之。夜夢之曰：『餘，
而所嫁婦人之父也。爾用先人之治命，餘是以報。』」

〔註7〕參見陳寅恪《陳寅恪先生論文集》之〈陶淵明思想與魏晉清談之關係〉，臺北：
三人行出版社，1974年，頁329。

〔註8〕參見清‧陶澍注《靖節先生集》，卷二，頁9之注文引。

第三節　綜結本詩旨趣

綜觀〈乞食〉一詩，共展現了三種人生境界或生活美學：

一、放達——淵明與招待他的主人，都展現名士派的放達、率眞之作風。

二、任運——萍水相逢，竟一見傾心，談笑交歡，結爲知己，最後賦詩示志，賓主無猜，雙方展現一副委運任化之情操。

三、知命——知恩圖報，精誠可貫三世；體現儒釋道三家共同推崇肯定之超越生理生命極限而以精神創造體踐生命意義之不朽境界。

第七章 〈飲酒〉第二、第九、第廿所展現的固窮志節與文化擔當

〈飲酒詩〉系列是陶公歷次獨飲下的酒後心聲，所指向的人生境界，面向極多；其中之第二、第九、第廿首則爲挺顯、展現君子的固窮志節與文化擔當，境界尤高，茲分別析論之於下：

第一節 〈飲酒·二〉之解析

> 積善雲有報，夷叔在西山。善惡苟不應，何事空立言？
>
> 九十行帶索，飢寒況當年。不賴固窮節，百世當誰傳？

此詩一開始興起一股對「善有善報」的一套世俗價值觀之質疑；一如司馬遷在《史記·伯夷叔齊列傳》中對「善惡有報」的天道、天理之懷疑。司馬遷在這篇〈伯夷叔齊列傳〉中提出兩個互相對反的例子來增強他的控訴：一個是盜跖殺人無數，卻一生坐享富貴及長壽之天年；另一例即是伯夷叔齊兩兄弟讓出孤竹國之君位予其三弟而入周躬耕，如此廉潔謙讓之操守，最後卻餓死在首陽山上。陶公則特別針對後一例而發出酒後的強烈質疑之心聲。

由此，陶公進一步導出「立名」恐怕也是空言的慨歎，因爲有人會說，伯夷叔齊餓死於首陽山，但因而立下了不朽之潔名，這就是最好的報償了啊！但陶公認爲，世間之人只要舉措一時顯出特立獨行、異於凡俗，即可立名；譬如榮啓期一生本無籍籍名，只因九十歲那年，鹿裘帶索，歌於路上，孔子正好路過，下車問之，知其九十歲矣，因而執敬、存問一番，榮啓期即因之而得有名；相較於伯夷、叔齊，長年忍飢受凍，最後餓死首陽之山而始得名，則所謂立名即是伯夷、叔齊之最佳報償，仍然是不公平的，是無天理的，是

空的。然而陶淵明接下來卻肯定固窮、守節，這不是前後矛盾嗎？此非淵明本意，他認為固窮、守節，另有其超越於立名之境界。

淵明認為：君子的固窮、守志、持節，旨趣不在立名，境界不在天理之報償；而在「傳」，傳百世以來君子們的主體心靈所共同建構的「貧賤不能移」之「固窮」的志節、操守、擔當。這一種志節、操守、擔當並非只靠孔、孟等少數幾個人的提倡即能往下傳，而要靠每一代、每一地的君子共同撐起這固窮而不濫、守節而不苟、持志而不移的主體心靈、發顯創造之大旗，志節、操守、擔當這一文化上不可或缺的氣骨及慧命，才克往後傳續於千代萬代而不絕的。

此詩代表了陶淵明對隱居田園的君子仍然無時無刻不在傳衍文化上「固窮」慧命的肯定與強調。是深具文化擔當意識的一首〈飲酒詩〉。

表現此種固窮不移之情操與擔當的，還有〈飲酒〉系列中的第九首：

第二節　〈飲酒‧九〉之解析

清晨聞叩門，倒裳往自開。問子為誰與？田父有好懷。

壺漿遠見候，疑我與時乖。襤縷茅簷下，未足為高棲。

一世皆尚同，願君汨其泥。深感父老言，稟氣寡所諧。

紆轡誠可學，違己詎非迷。且共歡此飲，吾駕不可回。

這首詩描述著某天清晨，忽聞一陣叩門之聲傳來，急忙間，不顧衣裳反穿，便跑去應門，門一開，見一田父（農夫）打扮、兩手提壺而素未謀面的人站在門口，於是淵明請問對方的身份，對方只說是鄰村老農，因聽說淵明以文士而躬耕於此，恐怕會遇上青黃不接、乏糧缺飲之時節，故特攜一壺好酒及餚饌，來相慰勞云云。

淵明忠厚老實、不疑有它，當然欣喜迎納，展開歡飲並對談。但此父老隨即把話鋒轉向勸進陶公出仕，他說道：

「衣裳襤褸、蝸居茅簷之下，並不適合您的高雅身份，現在大家都向新勢力認同而靠攏了，希望您也委屈一下志節，不要太堅守特定的政治立場嘛！……」

原來此父老乃新勢力所派，替劉裕做說客的！農夫打扮只是假象；陶淵明心中有了一番警覺，但對方已有虛禮在先，不好發作，只好也以禮接招，

答道：

「這位父老的好意，我深受感動；不過我的稟性孤陋、內向，不善交際；紆青拖紫的官袍、按轡巡視的排場，雖然學一學也就會穿、會擺，但總覺得多了一層拘束、多了一層矯飾，渾身不自在，真的不合我的個性。勉強接受，就成了自甘迷障自我、蒙蔽自我；且讓我倆盡此今日之歡飲，至於我的人生方向是不可能迴旋更改的。」

陶公以四兩撥千金的方式，但也義正辭嚴地婉拒了這位劉裕方面派來的說客之遊說；堅守住君子固窮、貧賤不移、威武不屈的志節，樹立了文化上不事二姓、忠於舊人之典範。

〈飲酒〉第廿首是整個飲酒詩系列的最後一首；陶公在這最末一首飲酒詩中，並不總結飲酒的好處或寄託，反而檢討了飲酒的缺點——多謬誤；要求讀者諸君要體諒他不得已而飲的苦衷——君當恕醉人；這所謂不得已當中隱含著什麼樣的志節、懷抱？在在引發筆者的好奇與研探之心。

這首詩全文如第三節所示：（筆者為解析方便，特予分做四段）

第三節　〈飲酒·廿〉之解析

1. 羲農去我久，舉世少復真。
　　汲汲魯中叟，彌縫使其淳。
　　鳳鳥雖不至，禮樂暫得新，

2. 洙泗輟微響，漂流逮狂秦。
　　詩書復何罪？一朝成灰塵。
　　區區諸老翁，為事誠殷勤。

3. 如何絕世下，六籍無一親。
　　終日馳車走，不見所問津。

4. 若復不快飲，空負頭上巾。
　　但恨多謬誤，君當恕醉人。

這詩前半兩段，簡直就是一部簡潔扼要的儒學發展史，提綱挈領地檢討了儒學的興衰：從伏羲神農開立以真馭政、以淳化民之儒治傳統，經五帝、三代，統緒相承，到春秋末季，政教失序，敗德喪真，禮崩、樂壞；他用「舉世少復真」，深深致其慨嘆。此時出現一位文化偉人——孔子，付出一生心血，

矢志恢復三代以前之眞淳、周公之禮樂，雖然孔子在這方面沒有獲致最大的成功，卻在周遊列國後，從事平民教育、私人講學的行動中，創建了儒學的新基點，以「仁」與「君子」的推講而一新禮樂的內涵，他薰陶出的七十二位賢能弟子，散佈於洙水、泗水、清水、沂水諸流域間，導致全魯一片弦歌而治、揖讓而昇之和樂淳雅的社會氣象。

可惜的是到了戰國末期，洙泗弟子領導的敦正溫雅之儒風式微了；被急功近利的名法之學，被富國強兵、興霸立業的縱橫家、兵家之學，及好言迂闊的陰陽家之學所衝擊、所席捲而飄盪沉落了。更慘的是遇到狂秦暴君嬴政，下令焚書、坑儒；儒學的厄運達至極點。

漢代的經學家，如伏勝、孔安國、劉向、馬融、鄭玄諸老，嘔心瀝血地想恢復經儒舊貌；殷勤度極夠，可是以訓詁章句爲主的學風實爲絆腳石，除了導致今、古文之爭而競相迎納讖緯、五行思想，以壯大己說之外，別無貢獻。

第三段提到：魏晉時人，棄守了漢代的彆扭儒學，另覓思想出路，除了重新研探老、莊、周易而建立以形上學本體論爲主流之「玄學」而外，還接納、引進了印度傳來的「佛學」；整個學術界、文化界幾乎一頭栽進了這兩套新學之中，儒家的六經被知識份子忽視而遺忘了，至少是不親近了。（周易雖猶被研治，但已是玄學的法寶，不再是儒家式的要籍）陶公稱這樣的狀況、這樣的世代爲「絕世」，六經已無人問津。只有陶淵明卻是整個「絕世」中，唯一體認到六經才是引領世道人心走向正確健康之路的重要資產與津樑。他以嚴肅而帶批判的口吻指出：魏晉的玄學家、佛學家們，終日奔走著尋找人生意義、生命價值的出口及歸宿，卻如蒼蠅亂鑽、茫無頭緒，絲毫不知最正確的出口、最佳的歸宿點就在儒學及其修持寶典——六籍之上。

這樣的時代環境，這樣的世道人心，陶公每天還是堅持在頭頂戴上一方儒巾，以示孤忠赤忱（雖然有時候索性解下儒巾來充當濾酒布使用），也代表他對儒運傾圮危厄的憂心；難怪清末民初之國學大師王國維先生在其《人間詞話》中特舉陶公此詩而做爲「此詩人之憂世也」的顯例。〔註1〕在在可以看出陶公對儒學、對文化大有「力挽狂瀾」、「捨我其誰」的擔當勇志與砥柱中流的使命感。

他的飲酒詩系列，以這樣的氣節做結，也稱得上大奇而讀來盪氣迴腸、氣壯山河，如飲醇醪而醍醐灌頂了。

〔註1〕 王國維《人間詞話》第廿五首。1983年，台南文國書局本，頁18。

第八章 〈責子詩〉〈與子儼等疏〉〈家書〉所展現的「生命無價」與「生命平等」觀

從陶淵明的〈責子〉、〈家書〉等一系列關於家庭教育的篇章中,除了可以看到陶公的慈祥、幽默、舐犢情深的人品一面,更可以領略陶公胸襟中那份對生命平等、生命無價的堅持與認真。

茲分別就標題所提之三首詩、文,做出析論:

第一節 〈責子〉詩之解析

> 白髮被兩鬢,肌膚不復實。雖有五男兒,總不好紙筆。
> 阿舒已二八,懶惰故無匹。阿宣行志學,而不愛文術。
> 雍端年十三,不識六與七。通子垂九齡,但覓梨與栗。
> 天運苟如此,且進杯中物。

此詩以負面表列諸兒之劣跡、缺點,似一無是處,其實都是一般健康正常的孩子們所會犯的一些芝麻綠豆般的小事,並非什麼人品上的大奸、大惡、大瑕疵。陶公故意以此責備諸兒,反而展現他的慈祥、幽默,兼樂天,也展現他的家庭教育必然是採取半開放、半身教式的引導教法,而非持笞執鞭、嚴督急責式的苛刻管教。

最後他接受天運的安排,只要諸兒們健康、天真,其餘皆無所復求;不過,對於自己文采滿腹,卻無人克紹箕裘,只有把憾與歎,寄託在杯中物——老酒——之中了。

第二節 〈與子儼等疏〉之解析

> 告子儼、俟、份、佚、佟：
>
> 　　天地賦命，生必有死，自古聖賢，誰能獨免？子夏有言：「死生有命，富貴在天」。四友之人，親受音旨。發斯談者，將非窮達不可妄求，壽夭永無外請故耶！
>
> 　　吾年過五十，少而窮苦，每以家弊，東西遊走，性剛才拙，與物多忤。自量為己，必貽俗患，僶俛辭世，使汝等幼而飢寒。余嘗感孺仲賢妻之言，「敗絮自擁，何慙兒子？」此既一事矣。但恨鄰無二仲，室無萊婦，抱茲苦心，良獨內愧。少學琴書，偶愛閒靜，開卷有得，便欣然忘食。見樹木交蔭，時鳥變聲，亦復歡然有喜。常言五六月中，北窗下臥，遇涼風暫至，自謂是羲皇上人，意淺識罕，謂斯可以保；日月遂往，機巧好疏，緬求在昔，眇然如何！
>
> 　　病患以來，漸就衰損，親舊不遺，每以藥石見救，自恐大分將有限也。汝輩稚小家貧，每役柴水之勞，何時可免？念之在心，若何可言！然汝等雖不同生，當思四海皆兄弟之義。鮑叔、管仲，分財無猜；歸生、伍舉，班荊道舊；遂能以敗為成，因喪立功。他人尚爾，況同父之人哉！潁川韓元長，漢末名士，身處卿佐，八十而終；兄弟同居，至於沒齒。濟北氾稚春，晉時操行人也；七世同財，家人無怨色。《詩》曰：「高山仰止，景行行止」。雖不能爾，至心尚之。汝其慎哉！吾復何言。

　　相對於〈責子詩〉的詼諧及反諷，〈與子儼等疏〉展現著陶公以正面、懇切的方式進行著對諸兒的家庭教育；這可從以下兩點文字上頗為突出之觀點，做出說明：

（一）余嘗感孺仲賢妻之言，「敗絮自擁，何慙兒子？」

　　表現著他以安貧顯節而挺立「君子固窮」的身教方式，引導著兒子們的價值觀、情操觀之建立。這個身教的典範是來自《後漢書・王霸妻傳》，茲引錄如下：

> 　　太原王霸妻者，不知何氏之女也。霸少立高節，光武時連徵，不仕。霸已見《逸人傳》。妻亦美志行。初，霸與同郡令狐子伯為友，後，子伯為楚相，而其子為郡功曹。子伯乃令子奉書於霸；車馬服

> 從，雍容如也。霸子時方耕於野，聞賓至，投耒而歸，見令狐子，
> 泪怍不能仰視。霸目之，有愧容。客去，而久臥不起。妻怪問其故，
> 始不肯告，妻請罪，而後言曰：「吾與子伯，素不相若，向見其子，
> 容服甚光，舉措有適，而我兒曹，蓬髮歷齒，未知禮則，見客而有
> 慚色。父子恩深，不覺自失耳。」妻曰：「君少修清節，不顧榮祿。
> 今子伯之貴，孰與君之高？奈何忘宿志，而慙兒女子乎！」霸屈起
> 而笑曰：「有是哉！」遂共終身隱遁。〔註1〕

可見陶公除了平時以躬耕養節之身教導率諸兒之外，必然或至少在此〈與子儼等疏〉中，會以東漢王霸及妻這段守貧抗祿、衣絮破敗而無慚於清介，以及兒女天然稚氣勝過虛矯禮飾之價值觀，來教誨諸子，讓他們感染這份乃父一向堅持而自豪的「自然勝過虛矯」、「清高優於祿仕」、「生命平等而不能依身份、排場來自行吹擂、叫價」的價值觀。

（二）汝輩稚小家貧，每役柴水之勞，何時可免，念之在心。

這幾句話透露出陶公諸兒並非真的「懶惰故無匹」、「但覓梨與栗」，而是必須每天負擔家庭日常生活所需之薪柴收集及汲井、挑水等粗重工作的，這樣的家庭教育、勞作教育，想必更會加強諸兒們對於「天然稚氣勝過虛矯排場」、「生命平等而無價」等正、健的價值觀之體認。

第三節 〈家書〉之解析

《南史‧隱逸傳》：

> 陶淵明為彭澤令，不以家累自隨。送一力給其子，書曰：「汝旦夕之
> 費，自給為難。今遣此力，助汝薪水之勞；此亦人子也，可善遇之。」

從這一段記載中，可看出：陶公的家庭教育之方針果然是「生命平等而無價」這一倡導與堅持；連出外任縣令之職期間，依晉家之法：若主官之家小未隨同前來官舍共住，則該主官可派遣衙內一廝役，赴主官之本宅助其家小張羅柴、水等日用之事務，此一廝役乃一般所謂的「苦力」、「差役」、「長工」、「傭人」之身份者，在一般官宦之家皆以卑微低賤之傭差階層視之；而彼亦不敢且沒有資格抗議，只能默默忍受而聽命行事。但陶淵明並不以自己是一地方之縣令而自我貢高，也不願其家人以縣官眷屬之優越感對待差僕傭

〔註1〕 王先謙《後漢書集解‧烈女傳第七十四》，頁1～2。

人；故特寫一封家書告誡、勸勉其眾子曰：「今遣此力，助汝薪、水之勞；此亦人子也，可善遇之。」陶公這樣的人品，這樣的情操，真是可欽可佩；這樣的生命平等、生命同值同貴之價值觀，更是令人讚嘆。

像陶公這樣的人品，這樣的風操，這樣的家庭教育方式，整個東晉時代的朝野各階層，看來只有謝安之風持、家教差堪與陶公比擬：

（一）謝安反對把子弟們雕塑得個個都撐演一副只適合仕宦之氣派或排場，他說：

「子弟亦何（須）預人事？而正欲使其佳？」〔註2〕

「預人事」三字指：參政入仕、效忠於一家一姓之政權。整段話翻譯為白話就是：

「我們的子弟何必一定要插手參預政壇？何須涉足於奉戴一家一姓之事？何以要這麼地以『佳兒』的標準把子弟雕塑得個個都成制式的參政人才？」

比起謝玄接下來的回答「譬如芝蘭玉樹，欲使其生於階廷耳」〔註3〕的滿口滿腹想要倚傍政權以保障家族富貴之濁穢、臭腐之氣，謝安的開放式、順自然之性式的教育方針，才是妥適而正確的。此所以下列另兩則謝安的家庭教育之故事，更顯出他的優雅而豁達之氣度。

（二）謝太傅，，寒雪日，內集，與兒女講論文義。俄而雪驟，公欣然曰：「白雪紛紛何所似？」兄子胡兒曰：「撒鹽空中差可擬。」兄女曰：「未若柳絮因風起。」公大笑，樂。〔註4〕

謝安以朝廷重臣之身份，平時忙於公務，偶而得暇，與諸兒女輩在宅邸內讌集，不趁此時機訓兒女們以儒家禮教、或所謂修齊治平之理，反之，竟是講論文學創作、欣賞之道，可以想見謝安之優雅、悠閒、慈祥之人品，以及家庭教育必然採用開放、溫馨、有趣之處。

而當白雪驟降，謝公因機施教，遂問：「白雪紛紛何所似？」兄子答：「撒鹽空中」，這除了粗俗、無趣之外，因其寓有「表面上普施濟眾，實際上是專撒小惠而收人心」之所謂王、霸、治、平之義，故不予欣賞。當兄女謝道蘊應之以「柳絮因風起」，這除了藝術意象深刻生動之外，天真、自然之趣韻洋

〔註2〕《世說新語・言語篇》第九十二。楊永《世說新語校箋》，香港，頁115。
〔註3〕同註2。
〔註4〕《世說新語・言語篇》第七十一。楊永《世說新語校箋》，香港，頁101。

溢,更是難能,故謝公聞之大悅,由此可以想見謝公平素之看重「自然」兩字。

（三）謝公夫人教兒。問太傅:「那得初不見君教兒?」答曰:「我常自教兒。」〔註5〕

謝公平素在家屢以「身教」導引諸兒,而不倚重或依賴言教。夫人不察,以為公未嘗執戒尺等物嚴厲督促兒女之功課;因而質疑謝公是否太過慈祥而不肯扳起臉孔來親自教兒。公答:「我常自教兒。」即謂:我平日居家之一行一止,皆在從事身教之業。身教始克薰感兒輩,言教只是一時之督促,其效果大異;由此可見,謝公之家教風範,足堪典式。

陶淵明未必全學謝安,只能說兩人因崇尚自然,甚至是「質性自然」,〔註6〕以致兩人在人品上、情操格調上,以及家庭教育之模式上,甚至是生命境界、生命哲學上,都如此地接近吧!

〔註5〕《世說新語‧德行篇》第三十六。
〔註6〕陶淵明《歸去來辭‧序》,曰:「質性自然,非矯厲所得;飢凍雖切,違己交病。」

第九章 〈五柳先生傳〉的自我形象所揭示之生命哲學

　　一般而言，自傳的本質在於表現主體充分呈現之過程，故自傳所展現的人生，多半是作者篩檢過的生命構成，經由文字之重整，倘若再由他者執筆，立傳者之生平事蹟與生命本質，至此已歷經了多重詮釋。

　　陶淵明的〈五柳先生傳〉乍看標題，讀者多以傳記視之，陶公亦採取傳記的書寫形式，以時間順序進行敘述；首先敘述名號，接著在正文說明性向、志趣，以及行事風格，文末並附上贊言，以作爲此人在當時社會中之評價。然而，細究自傳文體的本質，〈五柳先生傳〉更像一篇陶公藉以表志抒懷的散文小品；其行文自然、文字灑脫，不若一般傳記之主題嚴肅、形式拘謹。其篇幅精簡，卻寓意深遠，茲可視爲陶公藉以展現其自我形象、揭示其生命哲學之標的的散文小品。

　　除了文字敘述風格不似傳統自傳體之外，本章亦擬從陶淵明的家譜考，以及魏晉時代之時代背景、政治型態、社會轉向等，說明〈五柳先生傳〉的內容，實則爲陶公藉以反應當時士人之內在自覺與反省的作品之一例。

　　〈五柳先生傳〉之全文如下：

　　　　先生不知何許人也，亦不詳其姓字；宅邊有五柳樹，因以爲號焉。閒靜少言，不慕榮利。好讀書，不求甚解；每有會意，便欣然忘食。性嗜酒，家貧，不能常得，親舊知其如此，或置酒而招之。造飲輒盡，期在必醉。既醉而退，曾不吝情去留。

　　　　環堵蕭然，不蔽風日；短褐穿結，簞瓢屢空，晏如也！常著文

章自娛，頗示己志。忘懷得失，以此自終。

　　贊曰：「黔婁之妻有言：『不戚戚於貧賤，不汲汲于富貴。』其言茲若人之儔乎？銜觴賦詩，以樂其志，無懷氏之民歟？葛天氏之民歟？」

第一節　〈五柳先生傳〉的自我形象

　　在魏晉時期之「人物學」，將「才性」視爲人格主體之重要一環。郭泰品評人物，著重於「完型人格」之特色；劉劭在《人物誌》中，探討人物內在材質與外在發展流別之關係。而透過陶淵明的詩作，作者以「才性」作爲人格主體所呈現之自我形象，即反應了魏晉時代藝術精神之內涵。此外，魏晉時代的藝術精神，與中國傳統之生命哲學息息相關，透過陶淵明此篇「虛擬式」的自傳，吾人將探討陶淵明將自我形象寓寄於此，藉以展現才性與玄理融和的人格主體。

　　以陶公慣有的行文風格，〈五柳先生傳〉仍舊展現其曠達不羈、自由奔放的內在性格。然而，若將〈五柳先生傳〉視爲陶公之傳記，似乎未能符合傳記闡述事實之書寫特性。例如，〈五柳先生傳〉行文一開始即敘述：

　　　　先生不知何許人也，亦不詳其姓字；宅邊有五柳樹，因以爲號焉。

參照歷代爲陶公作傳之諸本，例如：《宋書・隱逸傳》〔註1〕《晉書・隱逸傳》〔註2〕、《南史・隱逸傳》〔註3〕、《蓮社・高賢傳》〔註4〕、蕭統《陶淵明傳》〔註5〕等，均詳細考證陶公之家族譜系，各種典籍文獻，對陶公之族譜亦記載甚詳；其中尤以他的好友顏延之，在陶公初卒之時爲他所作的《陶徵士誄》，〔註6〕史料尤爲翔實可靠。此外，陶公所作的詩文，亦可理出其家族淵源及歷代沿革。以陶公爲十四歲的長子儼所作的《命子》〔註7〕詩爲例，詩中盡舉歷代先祖之功績德澤，藉由敘述其光榮之典範，以勉勵其子不辱高尚門風。

〔註1〕梁，沈約《宋書・隱逸傳・陶潛傳》記：「曾祖侃，晉大司馬。」
〔註2〕《晉書・隱逸傳》記載：「陶侃字士行，本鄱陽人也。吳平，徙家廬江之尋陽。」
〔註3〕《南史・隱逸傳》記載：「晉大司馬侃之曾孫。」
〔註4〕《蓮社高賢傳》同《南史・隱逸傳》之記載：「晉大司馬侃之曾孫。」
〔註5〕梁，昭明太子蕭統作《陶淵明傳》，同《宋書・隱逸傳・陶潛傳》之記載：「曾祖侃，晉大司馬。」
〔註6〕南朝，顏延之《陶徵士誄》記載：「有晉徵士潯陽陶淵明、南岳之幽居者也。」
〔註7〕《命子》：「悠悠我祖，爰自陶唐。」

　　由上述史料之考證，實不能將〈五柳先生傳〉誤以爲陶公之自傳，僅能以文中虛構之人物寄託陶公之感懷視之。

　　吾人將〈五柳先生傳〉以散文的方式分析，由文中闡述其不慕名利、好學不倦的志向，最能展現陶公的自我形象：

　　　　閑靜少言，不慕榮利。

　　　　好讀書，不求甚解；每有會意，便欣然忘食。

　　由漢末興起，而在魏晉蓬勃發展的人物品評之風，實則帶有強烈的個體自我反省的思潮；相較於魏晉玄學發展以前，克己復禮的名教之風，魏晉此一時期的內省思潮，具有深刻的自我懷疑和批判的態度。所以本章不以〈五柳先生傳〉爲陶公的自傳視之，而是將此一作品解析爲，彼一時期文人對自我內在價值之重新審視與評定，由此觀點，當能理解何以陶公將傳記的開頭寫成「先生不知何許人也，亦不詳其姓字」；陶公假托其「自我價值懷疑」之態度於此段文字當中，實爲魏晉時代思潮，由宇宙論轉向爲本體論之例證，由此，凸顯鮮明的自我形象，也肯定了個體存在的自我價值。

第二節　〈五柳先生傳〉的主題思想

　　綜觀〈五柳先生傳〉之中心思想，當以淵明辭官歸隱之後，不亢不卑、自明己志之宣言：

　　　　不戚戚於貧賤，不汲汲于富貴。

　　魏晉時代承襲了漢末的亂世，在此價值重新被評估的時代中，陶淵明顯現遺世獨立的生命本懷。

　　　　環堵蕭然，不蔽風日；短褐穿結，簞瓢屢空，晏如也！

　　　　常著文章自娛，頗示己志。忘懷得失，以此自終。

　　陶淵明擅長假物托情，在淵明詩作中，常以簡單通俗之自然萬物寄寓玄理。本章探討的主題思想，即以柳樹自然灑脫之姿態，暗喻作者雖辭官歸隱，卻仍怡然自得之性情；並以傳記的形式，使其假托的對象——五柳先生，更加具體化。淵明將自覺反省的內在驅力化爲藝術創作的形式，其內蘊的生命形式，是魏晉時代特有的思想產物。以當時的社會價值觀而論，淵明的行徑，無疑是對權威的挑戰。例如，其描述「五柳先生」爲「性嗜酒」之人，吾人可由其率性、任眞的性情，看出陶公不拘於禮教之一面。故陶公之思想，必

然是不拘泥於一家之言。

綜觀陶淵明之思想，融合了儒、道、玄三家的精髓，在〈五柳先生傳〉一文中引「無懷氏、葛天氏」，陶公頗有對老子「雞犬相聞，老死不相往來」小國寡民嚮往之情。

> 無懷氏之民歟？葛天氏之民歟？

陶公除了受儒家之浸潤，修養道德，飽讀詩書以作為淑世濟民之方以外，其詩文中亦流露濃厚的佛教和道家的思想。陶公在《飲酒·二》所闡述的果報觀念，融合佛教宗教思想於其中。

> 積善雲有報，夷叔在西山。善惡苟不應，何事空立言？

此外，淵明出世之行徑，與佛教之出世行為頗為相近。若從淵明的外在軀體之慾念淡薄、躬耕畎畝而言，頗有佛教刻苦修行的意味，例如，《飲酒·五》：

> 結廬在人境，而無車馬喧。問君何能爾？心遠地自偏。
>
> 採菊東籬下，悠然見南山。山氣日夕佳，飛鳥相與還。
>
> 此中有真意，欲辨已忘言。

然而，根據吾人在前述若干章節之分析，淵明之淡薄出世，並非出於積極面——體悟佛法而悟道修行；反之，淵明對仕途其實心生嚮往，無奈世亂不堪，淵明之出世是出於消極面——內心對世衰道微所作的無言的抗議。所以，客觀而言，淵明「出世」之思想，實則表現為「避世」之作為。即便如此，綜觀淵明詩作，仍流露濃郁的佛教出世之氛圍；倘若不溯及淵明內心原始之動機，單就其詩作對後世的影響而言，仍不減損其思想中融合佛教精華之價值。

陶淵明的詩作中，亦融合道家思想於其中，以《飲酒·八》為例，足為淵明不貪慕富貴、嚮往老莊的生命境界作一註腳。

> 青松在東園，眾草沒其姿，凝霜殄異類，卓然見高枝。
>
> 連林人不覺，獨樹眾乃奇。提壺撫寒柯，遠望時復為。
>
> 吾生夢幻間，何事紲塵羈。

第三節　〈五柳先生傳〉所揭示的生命哲學

人格精神賦予詩文等藝術創造更豐富的生命，陶淵明在亂世之中，辭官

歸隱，成為魏晉時代士人尋求生命安頓與心靈歸宿的例證。此一時期，由士人開始推展而發展成熟的生命情調，例如，自然任真、重意輕言、縱情山水等等，都在此一時期奠定實踐模式與理論基礎。

在此同時，文人雅士隨同世局的脈動，由外在的政治參與轉向內在的價值省思。陶淵明的生命哲學，亦明顯透露身處此一時代背景中的「文化轉向」；陶公對此一時代，頗具有精神性指向，士人的內在價值思考，由經世之學，逐漸轉向玄學思辯，哲學思潮也由宇宙論轉向本體論。

〈五柳先生傳〉文中不乏此類抒發本懷的文字：

> 環堵蕭然，不蔽風日；短褐穿結，簞瓢屢空，晏如也！

> 常著文章自娛，頗示己志。忘懷得失，以此自終。

身為魏晉時代的士人，陶公的生命本懷，由傳統汲汲於追求功名的價值取向，轉向為風流名士的灑脫奔放。陶公原本期望以一己之所學，以達通經世用之事功，若以哲學本體論來看待此一轉折，陶公可藉由政壇之失意，換來生命之得意，由此展現個體之生命價值。

第十章　結　論

陶淵明的生命哲學，思想來源有四：

一、儒家思想

二、道家思想

三、玄學思想

四、自己的創獲

茲分項論之如下：

第一節　來自儒家思想者

主張陶淵明的生命哲學是依據儒家思想的人，大都舉〈榮木〉詩中「先師遺訓，余豈云墜。四十無聞，斯不足畏。脂我名車，策我名驥。千里雖遙，孰敢不至。」以及〈癸卯始春懷古田舍〉「先師有遺訓，憂道不憂貧。」以及〈始作鎮軍參軍經曲阿作〉「弱齡寄事外，委懷在琴書。被褐欣自得，屢空常晏如。」之諸句，乃至引〈桃花源記並詩〉對桃花源中社會秩序之描述，如「黃髮垂髫，並怡然自樂」、「俎豆猶古法」等為證。

殊不知〈飲酒〉詩系列中的第二首「不賴固窮節，百世當誰傳。」第九首「紆轡誠可學，違己詎非迷。」第二十首「羲農去我久，舉世少復真。汲汲魯中叟，彌縫使其淳。鳳鳥雖不至，禮樂暫得新，洙泗輟微響，漂流逮狂秦。詩書復何罪？一朝成灰塵。區區諸老翁，為事誠殷勤。如何絕世下，六籍無一親。終日馳車走，不見所問津。」以及〈詠貧士〉第四首「朝與仁義生，夕死復何求。」諸句，更能顯契儒家之固窮精神與對文化做出擔當之淑

世懷抱。

　　儒家思想雖豐沛博富，要而言之，不外「修己安人」、「固窮淑世」、「立命成化（文化）」。一般人所舉以為證者，皆只落在修己之上，筆者所舉乃能進包「安人」、「固窮」、「淑世」、「立命」、「成化」七項。

第二節　來自道家思想者

　　集中凡展現恬淡自適、樂天委分之思想者所在多有；皆來自道家哲學，比如〈歸去來辭〉「聊乘化以歸盡，樂夫天命復奚疑？」〈歸園田居〉「久在樊籠裏，復得返自然。」等極明顯之文字，俯拾皆是，此固不必再興贅言；以下所提，乃意藏於言外，須經反芻、翫味始得領會者。

一、身慕肥遯

　　「肥遯」一詞，來自儒道兩家共同秉承之《周易》。《周易・遯・上九》〔註1〕：「肥遯，無不利。」遯是隱居，隱居乃極貧樸清苦之生活，哪得肥腴？肥字必有深意，據王弼的注，是指隱居時心境上的「超然絕志，心無疑顧」。而這一點，道家做得比儒家深刻切實；所以陶淵明自言嚮往「肥遯」，並身體勵行之，與其說來自儒家，不如說，這是來自道家思想較為貼切，或較近乎事實。

二、寵非己榮，涅豈吾緇

　　《老子・十三章》：

> 寵辱若驚，貴大患若身。何謂寵辱若驚？
>
> 寵為下，得之若驚，失之若驚。

　　受辱須驚，這是一般人都會表現的心理反應；但得寵居上之時，一般人都視為榮耀、爽樂，哪會驚之？獨老子說，得寵的心在不知不覺中會展現凌人之勢，而且居上位容易遭人嫉妒、傾軋，是極危險的事，故得寵比得辱更須先自警惕忧屬。

　　《論語・陽貨第十七》：

> 不曰堅乎？磨而不磷；不曰白乎？涅而不緇。

〔註1〕《周易》卷四《遯卦》：「上九，肥遯，無不利。」唐・孔穎達疏：「子夏傳曰：肥，饒裕也。……上九最在外極，無應於內，心無疑顧，是遯之最優，故曰肥遯。」

一般認爲這是引述上古世代道家原型人物之言，〔註2〕而奉行這一道家原型格言最切實深摯的人，莫過於春秋時期之道家人士柳下惠，

> 柳下惠，不羞汙君，不辭小官。進不隱賢，必以其道。遺佚而不怨，
> 厄窮而不憫。與鄉人處，由由然不忍去也。『爾爲爾，我爲我，雖袒
> 裼裸裎於我側，爾焉能浼我哉？』〔註3〕

這樣的人品，眞正做到了「堅而不磨，涅而不緇」；而最後幾句所謂「袒裼裸裎，焉能浼我」就是「涅而不緇」的最佳寫照，也最見柳下惠「坐懷不亂」之風操。陶公自言「嗟我獨邁……寵非己榮，涅豈吾淄」，思想來自道家原型人物之生命哲學，或亦來自柳下惠之身行實踐，皆言之可喻。

第三節　來自玄學思想者

〈飲酒十三〉

> 結廬在人境，而無車馬喧。問君何能爾，心遠地自偏。
> 採菊東籬下，悠然見南山。山氣日夕佳，飛鳥相與還。
> 此中有眞意，欲辨已忘言。

此篇展現之宇宙觀、人生哲學可謂融貫自魏晉玄學；尤其最後兩句「此中有眞意，欲辨已忘言」更明顯看出運用了魏晉玄學大將王弼的學說。王弼在其《周易略例·明象篇》提出：

> 象生於意而存象焉，則所存者乃非其象也；
> 言生於象而存言焉，則所存者乃非其言也。
> 然則，忘象者，乃得意者也；忘言者，乃得象者也。
> 得意在忘象，得象在忘言。〔註4〕

王弼說的「言」、「象」乃指卦辭、爻辭及六十四卦之符式結構，而「意」則指易卦之原理、眞意，進而指向道體之眞、道境之意，強調治易者必須超越卦、爻辭之文字障礙及卦象、爻象之符式障礙，始能進一步向上透悟道體之眞、道境之意。陶淵明運用王弼此一學理，而說廬山之景緻日夕皆佳，但

〔註2〕《莊子·天下》所提「古之道術有在於是者」中出現「不累於俗，不飾於物，不苟於人，不忮於眾，願天下之安寧以活民命，人我之養，畢足而止，以此白心。」之典型，可謂道家原型人物。

〔註3〕《孟子·萬章·下》，十三經注疏本，孟子注疏，卷十，上，頁1～2。

〔註4〕王弼《周易略例·明象》，漢魏叢書本，頁9～10。

只是「象」，用「言」、「文」足可描寫，但象中或象外之眞境、道意，則必須運用超越「言」、「象」的虛靜之心，直接透上，以悟會道的眞體之意境。可說陶公的美學理論既來自玄學而又能更上一層樓地運用於生活上、審美上，以及對道體的揭眞融境上。

第四節　來自自己的創獲

〈形影神贈答釋詩〉中的〈神釋〉一首，可說最展現了淵明在生命哲學上最大的創獲。他認爲，一般人在生命進程中，容易犯兩大戕損生命的過份照顧：

一、太過於重視有形生命之養育——不管是及時行樂式的縱欲放情、大肆恣任感官求取刺激，還是服食補藥、仙丹，以求取筋強骨健、脾勁腎旺，甚至輕身、羽化。

二、太過於想要建業、樹聲，揚名立萬，求取聲譽榮望上之不朽，這是一種過份的念想，只會戕傷生命的眞純——「甚念傷吾生」。

他提出另外一種賦予生命價值與意義的生活之道，即「縱浪大化中」。「縱浪」絕非放浪，放浪只是橫向的蕩逸，只是即興式的放懷、散漫；縱浪卻是富有創造力的上下貫明、四方融合；上接千載〔註5〕、尚友古人〔註6〕、上與造物者遊，而下與外生死者爲友，〔註7〕融合天、地、神而爲一個「四極整體」；〔註8〕這些都是縱浪二字的最佳寫照或典範。「大化」是指大自然或全整宇宙，包括物質世界、精神世界、人文世界、價值界。縱浪大化中的意思面向因此可以很廣、很博、很沛然，若簡言之，則指主體心靈以創造眞、善、美的活動，樹立生命的意義與價值，而與大自然的脈動合結合拍，一同邁進，既浪漫又充實，既縱橫大千又能傳續主體創造力之火苗於無窮無盡之未來，此所以後面接云「不喜亦不懼」及「應盡便須盡，無復獨多慮」。表面上，似乎對於個體生命之有盡有限而表示無可奈何，只能安之若素，其實言下之意已肯定一個「人藉創造活

〔註5〕《文心雕龍・神思》：「文之思也，其神遠矣。故寂然凝慮，思接千載；悄焉動容，視通萬里。」

〔註6〕《孟子・萬章下》：「以友天下之善士爲未足，又尚論古之人。頌其詩；讀其書，不知其人可乎！是以論其世也：是尚友也。」

〔註7〕《莊子・天下》，清・郭慶藩《莊子集釋》，卷十下，頁1097。

〔註8〕此參考自海德格在其《里程碑》一文中的說辭。Martin Heidegger, Wegmarken, s.405。參見項退結《海德格》，臺北：東大圖書，1989，頁164；172。

動,可『續薪火傳』般地傳續心靈之火苗而樹立了不朽之境界」。這當然是由《莊子·養生主》「指窮於為薪。火傳也;不知其盡也」這三句話脫胎換骨而創獲出來的最富生命不朽、無盡意境的生命哲學。

　　《莊子·養生主》那三句話的意思是,人以十指忙於治薪而維生,朝朝如此,代代如此,似毫無意義與價值,但一家人溫飽所賴之灶即仗此治薪行動而得傳,「火傳也!」即是每日窮於治薪所換取來之價值,而「不知其盡也」便是其意義;在物質生活上,續薪傳火的意義與價值如此,精神生活上,心靈之火苗何嘗不是仰賴每代的人兢兢業業於開發自我、樹顯主體並積極參與創造性活動而始得傳續於不絕的?

　　莊子所譬喻或強調的在此,但未明文詳言;陶公則特以「縱浪大化中」五字道出人生要活得既浪漫又有意義、有價值,只需藉由虛靜主體以心靈進行創造真、善、美之活動而又與大自然之脈動合節合拍,便能達臻;於此便擁有了不朽、不盡之境界,至於形軀壽命之何時應盡,只要「委運而去」,便仍然是與大自然之脈動合節合拍,實無多慮之必要。故陶公此詩之末兩句雖看似消極(「應盡便須盡,無復獨多慮」),其實仍與「縱浪大化中,不喜亦不懼」兩句同樣具有積極之意義。

　　陶淵明既有如此豐沛、深厚的儒、道、玄三家生命哲學之淵源,復能建構自家思想之系統以樹立安貧固窮、樂天知命、全性保真之道,自然在面對各層由生活環境所帶來之難題時,能處理得有條不紊、頭頭是道,甚獨樹風格、獨標境界,綜計他在詩文中共處理了七大生命課題:

一、仕、隱抉擇
二、生命意義
三、生死之學
四、家庭教育
五、感惠冥報
六、人格平等
七、文化擔當

　　每一課題,他處理起來,都展現異於凡常之風格,都揭顯飄逸、正健之境思:

一、於仕、隱抉擇上,選擇謝仕返耕、保性全真之路。
二、於生命意義上,揭顯主體創造、融入自然,則生命無盡之道。

三、於生死之學上，勉人惜生、好活，而以達觀、知命，超脫死亡之蔭。

四、於家庭教育上，採開放、引導式的身教重於言教之方式。

五、於感惠冥報上，肯定受惠必報，精誠之至、冥報可能之諦。

六、於人格平等上，標揭生命無價、人格等貴、四海同胞之義。

七、於文化擔當上，以固窮志節、心靈創造來傳世代相續之弘道火苗，庶文化之慧命長流不竭，挺顯捨我其誰之文化擔當。

這七大由陶淵明透過詩文創作所揭舉之生命哲學，或所挺顯之生命境界，比起一般人唯知標榜〈桃花源記〉爲陶公生命哲學之代表作，來得深刻而周延許多。〈桃花源記〉固然是陶淵明寄寓其生涯理想國、人生烏托邦之作，但其中之生命哲學、生命境界並不深刻，其中值得稍予注意的，不過「雞犬相聞。其中往來種作，男女衣著，悉如外人；黃髮垂髫，並怡然自樂。」以及「問今是何世，乃不知有漢，無論魏晉。」數句，只展現一種不受政治機制干擾之自治村邦的悠閒風情；當地人可以活出一種無政府、沒有政權起落變化之侵擾，而人人以自我管理來達到怡然自得之生活意境。但這只是生活意境，且只存在於理想化的烏托邦中的，不是面對現實的嚴苛困苦環境，而毅然挺顯的高潔情操、正健志節、雅逸人格，與超越境界之生命哲學。

此所以本論文並未特別處理陶公詩文中相當膾炙人口，爲一般人所津津樂道之〈桃花源記〉的緣故，僅在此結論章中，交代一過，以襯托本論文所分析陶淵明的生命哲學之重點所在，舉凡論述之旨趣與進向之掌握，皆在上述之七項課題中，而不隨一般人之意見起舞，亦即不依一般坊書介紹陶淵明時必獨舉〈桃花源記〉、〈歸園田居〉、〈歸去來辭〉等爲篇、爲目之習慣；〔註9〕因上列之篇，雖膾炙人口，而屢見選推，筆者卻秉持信念，專挑生活哲學或生命境界較深刻者作出析論，而起筆落毫成一系統如上。

〔註9〕〈歸園田居〉之最深刻兩句亦不過是：「久在樊籠裏，復得返自然。」道出辭官，重返自然之心境而已；〈歸去來辭〉之最深刻數句，亦不過是：「聊乘化以歸盡，樂夫天命復奚疑。」說出順應自然，樂盡天年之義而已。

參考書目

一、典籍部份

1. 清・阮元編《十三經注疏・周易注疏》。
2. 阮元《十三經注疏・詩經注疏》。
3. 阮元《十三經注疏・左傳》。
4. 梁・皇侃編；清・馬國翰《論語集解義疏》，玉函山房輯書本。
5. 朱子《四書集注》。
6. 阮元《十三經注疏・孟子注疏》。
7. 阮元《十三經注疏・禮記注疏》。
8. 王弼《周易略例》，漢魏叢書本。
9. 揚雄《法言》，商務印書館四部叢刊本。
10. 班固《漢書》，明・武英殿廿四史本。
11. 宋・劉義慶編《世說新語》，梁・劉峻注本。
12. 《晉書斠注》，清・吳士鑑、劉承幹校注本。
13. 梁・釋僧祐《出三藏記集》，《大正藏》，第五十五冊，目錄部。
14. 清・郭慶藩編《莊子集釋》，臺北：大明新校標點本，1975 年。
15. 皇甫謐《高士傳》。
16. 梁・釋慧皎《高僧傳》，《大正藏》，第五十冊，史傳部。
17. 劉勰《文心雕龍》，臺北：三民書局，1996 年。
18. 清・陶澍注《靖節先生集》，四部集要本，新興出版，1959 年。
19. 王肅《孔子家語》。
20. 王先謙《後漢書集解》。

二、專書著作

1. 容肇祖《魏晉的自然主義》，臺北：臺北商務印書館，1964 年。
2. 方祖燊《中國文學講話‧五》，臺北：巨流圖書公司。
3. 方祖燊著《陶淵明》，臺北：河洛圖書出版社，1978 年。
4. 方祖燊著《陶潛詩箋註校證論評》，臺北：臺灣書店，1988 年。
5. 郭維森、包景誠譯注《陶淵明集》，臺北：臺灣古籍出版社，1996 年。
6. 李公煥箋註《箋註陶淵明集‧十卷》，臺北：國立中央圖書館特藏組。
7. 項退結《海德格》，臺北：東大圖書，1989 年。
8. 陳寅恪《陳寅恪論文集》，臺北：三人行出版社，1974 年。
9. 湯一介《郭象與魏晉玄學》，臺北：谷風出版社，1987 年。
10. 楊勇《世說新語校箋》，香港：香港中文大學。
11. 楊勇《陶淵明集校箋》，香港：香港中文大學。
12. 楊勇《陶淵明年譜》，香港：香港中文大學。
13. 劉大杰《中國文學發展史》，臺北：中華書局，1974 年。
14. 劉大杰《魏晉思想論》，臺北：中華書局，1967 年。
15. 錢鍾書《管錐篇》，香港：太平圖書公司，1980 年。
16. 陳榮波《哲學、語言與管理》，桃園：逸龍出版社，1994 年。
17. 湯用彤《魏晉玄學論稿》，臺北：廬山出版社，1965 年。
18. 馮友蘭《中國哲學史》，臺北：藍燈文化公司，1989 年。
19. 黃錦鋐注譯《莊子今注今譯》，臺北：三民書局，1996 年。
20. 蕭望卿《陶淵明批評》，臺北：開明書店，1957 年。
21. 李辰冬《陶淵明評論》，臺北：中華文化出版事業委員會，1956 年。
22. 王貴苓《陶淵明及其詩的研究》，臺北：臺大文學院，1966 年。
23. 梁啓超著《陶淵明》，臺北：臺灣商務印書館，1996 年。
24. 王國維《人間詞話》，臺南：文國書局，1983 年。
25. 孫守儂著《陶潛論》，臺北：正中書局，1978 年。
26. 李華著《陶淵明新論》，北京：北京師範學院出版社，1992 年。
27. 宋丘龍著《陶淵明詩說》，臺北：文史哲出版社，1984 年。
28. 陳怡良著《陶淵明之人品與詩品》，臺北：文津出版社，1993 年。
29. 陳美利著《陶淵明探索》，臺北：文津出版社，1996 年。
30. 沈振奇著《陶謝詩之比較》，臺北：臺灣學生書局，1986 年。
31. 葉嘉瑩著《陶淵明飲酒詩講錄》，臺北：桂冠圖書公司，2003 年。

32. 王叔岷箋證《陶淵明詩箋證稿》，板橋：藝文印書館，1975 年。

33. 林庚、陳貽焮、袁行霈編《魏晉南北朝文學史參考資料》。

34. 李辰冬著《陶淵明評論》，臺北：東大圖書公司，1991 年。

35. 阮廷瑜著《陶淵明詩論暨有關資料分輯》，臺北：國立編譯館，1998 年。

36. 高大鵬著《陶淵明新論》，臺北：時報文化出版公司，1981 年。

37. 鄧安生著《陶淵明新探》，臺北：文津出版社，1995 年

38. 錢玉峰著《陶詩繫年》，臺北：臺灣中華書局，1992 年。

39. 鍾優民著《陶學史話》，臺北：允晨文化實業公司，1991 年

40. 李錦全《陶潛評傳》，南京：南京大學出版社，1998 年。

41. 郭銀田《田園詩人陶潛》，臺北：裏仁書局，1996 年。

42. 楊家駱主編《陶淵明詩文彙評》，臺北：世界書局，1998 年。

43. 蕭望卿《陶淵明批評》，臺北：開明書店，1978 年。

44. 王國瓔《古今隱逸詩人之宗——陶淵明探析》，臺北：允晨出版社，1999 年。

45. 李清筠《時空情境中的自我影像——以阮籍・陸機・陶淵明詩為例》，臺北：文津出版社，2000 年。

46. 徐巍選注，《陶淵明詩選》，臺北：遠流出版事業，1993 年 7 月。

47. 廖仲安《陶淵明》，臺北：群玉堂出版公司，1992 年。

48. 劉放桐等編著《新編現代西方哲學》，北京：人民出版社，2003 年。

49. 常健、李國山編著《歐美哲學通史・現代哲學卷》，天津：南開大學出版社，2003 年。

三、期刊論文

1. 林顯庭〈論「觀己文學」之傳統、發展與應用〉，《哲學雜誌》第十一期，1995 年 1 月。

2. 陳寅恪《陶淵明思想與魏晉清談之關係》，清華學報第 40 卷，1951 年。

3. 儲皖峰〈陶淵明述酒詩補注〉，《輔仁學誌》，Vol. 8. No.1. 1938 年。

4. 逯欽立〈述酒詩題注釋疑〉，《史語所集刊》，No. 18. Sept. 1948 年。

5. 吳怡〈陶淵明的思想研究〉，《憲政論壇》，Vol. 6, No. 10. Dec. 1951 年。

6. 劉持生〈陶淵明及其詩〉，《人文雜誌》，No. 2. Apr. 1959 年。

7. 公盾〈關於陶淵明的思想〉，《學術月刊》，Vol. 62, No.3. Mar. 1962 年。

8. 東方溪〈陶淵明閒情賦十願淺譯〉，《華僑日報》，14th, Jan. 1963 年。

9. 葉嘉寶〈從「豪華落盡見真淳」論陶淵明之「任真」與「固窮」〉，《微信

新聞》，26th, Oct. 1964 年。

10. 孫克寬〈陶淵明詩中的儒家思想〉，《孔孟月刊》，Vol.5, No. 12. Aug. 1967 年。

11. 潘重規〈陶詩析疑〉，《清華學報》，Vol. 7, No. 1. Aug. 1968 年。

12. 金達凱〈論桃花源詩的思想根源〉，《中華文化復興月刊》，Vol. 2. No. 7. Jul. 1969 年。

13. 楊鍾基〈陶淵明的歷史情懷和歷史述作〉香港中文大學主編《魏晉南北朝文學國際研討會論文集》，臺北：文史哲出版社，1994 年。

14. 楊玉成 〈詩與存有——論陶淵明「飲酒·其五」〉，國立彰化師範大學國文系主編，《第三屆中國詩學會議論文集——魏晉南北朝詩學》，彰化：國立彰化師範大學，1996 年。

15. 楊玉成：〈田園組曲：論陶淵明「歸園田居」五首〉，《國文學誌》，2000 年 12 月，頁 193～231。

16. 潘重規《陶詩析疑》，《清華學報》，Vol. 7，No. 1. Aug. 1968 年。

17. 陳寅恪《論陶淵明思想與清談關係》，《清華學報》，No. 40. Jun. 1951 年。

18. 陳寅恪《魏書司馬叡傳江東民族條辯證及推論》，《史語所集刊》，Vol. 11，No. 1. Jun. 1907 年。

19. 但值之《裴頠崇有論義本儒家考》，《制言半月刊》，No. 20. Jun. 1936 年。

20. 逯欽力《形神詩與東晉之佛道思想》，《史語所集刊》，Vol. 16，No. 1. Jun. 1948 年。

21. 陳寅恪《天師道與濱海地域之關係》，《史語所集刊》，Vol. 3，No. 4. 1933 年。

22. 傅懋勉《論晉代的隱逸思想與隱逸詩人》，《文史哲》，Vol. 58，No. 4. Apr. 1958 年。

23. 郭紹虞《陶集考辨》，《燕京學報》，No. 20. Dec. 1936。

24. 吳怡《陶淵明的思想研究》，《憲政論壇》，Vol. 6，No. 10. Dec. 1951。

25. 劉持生《陶淵明及其詩》，《人文雜誌》，No. 2. Apr. 1959 年。

26. 葉嘉寶《從「豪華落盡見真淳」論陶淵明之「任真」與「固窮」》，《徵信新聞》，Oct. 1964 年。

27. 王貴苓《陶淵明的思想》，《思與言》，Vol. 3，No. 3. Sep. 1965 年。

28. 孫克寬《陶淵明詩中的儒家思想》，《孔孟月刊》，Vol. 5，No. 12. Aug. 1967 年。

29. 盧紹昌《談談陶淵明詩的飲酒詩第五集》，《新社學報》，No. 1. Dec. 1967 年。

30. 胡楚生〈陶淵明詠詩三首探微〉，《興大中文學報》，第 8 卷，1997 年。

31. 王叔岷《陶淵明詩的飲酒詩第五集箋證》,《現代學苑》, Vol. 5, No. 10. Oct. 1968 年。

32. 廖文麗〈飲酒詩的意境〉,《人文及社會學科教學通訊》, 4 卷, 4 期, 1993 年 12 月, 頁 98～117。

33. 王國瓔〈陶淵明對聲名的重視〉,《中國文哲研究通訊》, 1992 年 6 月, 頁 49～65。

34. 陳怡良〈陶謝兩家理趣詩之比較〉, 國立彰化師範大學國文系主編《第三屆中國詩學會議論文集》——魏晉南北朝詩學》, 彰化:國立彰化師範大學, 1996 年。

35. 方瑜〈抉擇、自由、創造——試論蘇東坡筆下的陶淵明〉,《臺大中文學報第 12 期, 2000 年 5 月, 頁 259～284。

36. 朱榮智〈中國傳統文人的三種生命情調——以屈原、陶淵明、蘇東坡為例〉《國文天地》第 16 卷 11 期, 2001 年 4 月。

37. 李劍鋒〈論唐代人接受陶淵明的原因和條件〉,《文史哲》, 第 3 期, 1999 年, 頁 83～87。

38. 張娣明〈戰爭動亂中的陶淵明及其解脫之道〉,《中國學術年刊》, 第 23 期, 2001 年, 頁 327～355。

39. 顏崑陽〈從飲酒論陶淵明的生命境界〉,《鵝湖》, 11 卷 12 期, 1986 年 6 月。

40. 李華〈陶淵明的仕隱與陶詩的藝術風格〉,《首都師範大學學報——社科版》, 1995 年 5 月, 頁 27～32。

41. 張子剛〈蘇軾對陶淵明〈閑情賦〉評價之正解〉,《延安大學學報——社會科學版》, 2001, 3 期, 頁 58～59。

42. 衛軍英〈陶淵明在南北朝時的被誤解與被理解〉,《浙江學刊》, 第 1 期, 1992 年。